CEO가 알고 싶은
중동이야기

문성환

박영사

세계 곳곳에서 생존을 위한 투쟁과
꿈을 이루려는 시도를 멈추지 않는
한국의 기업인들께 이 책을 바칩니다.

　이 책은 중동에 관심은 있으나 그간 특별한 사업적 인연이 없었거나 사업적 인연은 있었으나 중동에 관해 보다 포괄적인 시각을 갖고 싶은 분들, 특히 기업인들을 염두에 두고 만들어졌다. 물론 일반인이 봐도 충분히 이해할 만한 내용들이다. 각자가 자기 인생의 CEO라는 의미에서 굳이 책의 제목을 그렇게 정한 것이다. 필자는 중동 전문가로 외교관에 입직하지는 않았고 경제를 따로 공부한 사람은 아니지만 우연과 인연이 겹쳐 세 번이나 중동에서 근무할 수 있었다. 덕분에 중동에서 한국과 전 세계 유수 기업들의 흥망성쇠를 관찰할 수 있었다. 그 과정에서 중동과의 거래에서 성패는 경제적 변수만이 아니라 이슬람과 아랍문화와 같은 문화적 변수나 중동을 둘러싼 지정학적 변수에 대한 이해를 같이 하는 종합적 시각이 있어야 실패의 확률을 줄일 수 있다고 생각하게 되었다. 경제적 측면에만 치중하여 성과를 보겠다는 협소한 마인드는 적어도 중동 비즈니스에서는 통하지 않는다고 본다. 그러므로 필자와 같이 포괄적으로 기업의 해외활동을 측면에서 지원하고 관찰해 온 외교관적 시각에서 지금의 중동과 기업의 과제를 들어보는 것도 의미가 있다고 본다.

우리나라의 경제발전에 중동의 역할이 적지 않았음은 누구나 공감하는 사실이다. 그럼에도 사회 전반의 중동에 대한 관심과 지식의 수준은 우리의 국력이나 경제의 대외의존도에 비해 부족하다고 본다. 작년 11월 사우디 무함마드 빈살만 사우디 왕세자의 방한에서 보인 국내 여론과 같이 불꽃처럼 일어났다가 사그라지는 패턴을 반복한다. 사우디의 '네옴시티'와 같은 초대형 프로젝트 수주에 대한 기대감으로 중동 관련 이슈가 떴을 때만 반짝 관심을 가지다 말 정도로 중동이 단순한 상대는 아니다. 동과 서를 잇는 세계화의 역사에서 중동의 중심적 역할은 우리를 능가해 왔으며 지금도 여전히 중요하다. 중동과 거래를 해도 좋고 안해도 좋다는 편의적 시각은 우리의 경제적 위상이 월등히 상승함에 부작용으로서 발생한 단견이라고 본다.

이 책은 단순히 중동에 대한 지식적 당위성이나 시장 진출 필요성을 역설하려는 것이 아니라 중동에 대한 호기심을 가진 기업인을 위해 친절하지만 현실적인 입문서가 되고자 하였다. 첫 부분은 우선 1차적 관심인 경제를 다루었는데 진출 국가 선정의 기준이라든지, 산유국들의 탈석유 산업다변화 노력, 현지 스폰서와 사기(詐欺)의 문제, 중동의 국부펀드와 중동 내 우리 기업 브랜드의 현황과 중동 진출이 어려운 현실적 이유 등을 다루었다. 두 번째는 문화에 관한 장인데 중동에 대한 고정관념과 원인, 이슬람의 핵심 내용, 비즈니스 에티켓, 국적에 따른 서열화와 여성의 지위, 중동인의 행복도와 같은 삶에 관한 문제들을 다루었다. 마지막 부분은 정치에 관한 부분인데 수니-시아파 대립이나 알카에다 같은 테러 무장단체와 같은 비교적 익숙한 주제뿐 아니라 미중경쟁과 우크라이나 전쟁과 같은 시사적 주제들을 다룸으로써 중동 주변의 지정학적 경쟁이 기업환경에 어떠한 영향을 미치는지 강조하고자 하였다. 주제를 막론하고 되도록 사실을 나열하는 설명문이 아니라 흥미있고 쉽게 읽히도록 쓰고 싶었지만 실력의 부족인지 많은 아쉬움이 남는다.

평소 공직자의 저술 활동에 호의적이지 않던 필자가 이 책을 쓰도록 결심하는데 많은 분들의 도움이 있었다. 인생의 고비마다 충고를 아끼지 않으시는 경만호 전 대한의사협회장님과 기세도 위본그룹 회장님, 정종승 리트코그룹 회장님, 흔쾌히 출판을 맡아주신 김윤회 라이언자산운용 대표님, 안상준 박영사 대표님, 선배의 온갖 부탁에도 굴하지 않는 신희복 변호사와 양병찬 박사, 그리고 만년서생 필자에게 기업인의 희로애락을 기꺼이 나눠준 서울대 경영대 최고경영자과정(AMP) 93기 모든 동기 분들께 심심한 감사의 마음을 전한다. 끝으로 필자를 아랍인의 정서와 문화 속으로 고맙게 안내해 준 정 많은 오랜 친구 카타르의 무함마드 이브라힘 사가르와 인생의 든든한 버팀목이자 삶의 근거인 사랑하는 아내와 딸, 아들에게 깊은 고마움을 전한다.

오랜 지인 무함마드 이브라힘 사가르와 함께 필자

추천사

● **코스닥협회 회장 오흥식**

중동에서 오랜 경력을 쌓은 대한민국 외교관의 소중한 경험과 지혜를 담은 이 책은 중동 진출을 고려하는 우리 기업인들에게 방향성을 제시하는 훌륭한 지침서입니다.

"중동은 글로벌 비즈니스의 필수과목"이라고 설파하는 이 책의 가장 중요한 메시지 중 하나는 '왜 기업들이 중동에 주목해야 하는지'입니다. 중동 지역은 오랫동안 에너지 산업의 중심지로 알려져 있지만, 이 책은 그 이상의 가능성을 열어줍니다. 포스트 오일 시대를 대비하는 국가주도의 다각화 개발 전략이 한국 기업들에게 무한한 가능성을 제시하기 때문입니다.

이 책을 통해 중동시장의 매력을 발견하고 성공으로 가는 지름길을 발견하시길 바랍니다.

● **현대글로비스 대표이사 이규복**

적지 않은 기간 동안 여러 나라에서 주재원 생활을 하면서 많은 외교관들을 만나보았지만, 문성환 대사는 외교관보다는 기업인을 했으면 더 잘했을 거라는 생각이 들만큼 주재국의 이슈를 기업의 시각에서 바라보는 탁월한 외교관이다. 중동에서 세 번씩 주재하면서 그가 몸으로 체득한 중동의 정치, 경제, 종교, 사회, 문화에 대한 깊이 있는 탁견을 책으로 펴냈다.

한국 기업들의 중동 진출은 1970년대 중동 건설 붐에서 시작해서 최근 네옴시티 프로젝트까지 중동을 기회의 땅으로 만들어 왔으나, 또 한편 오일 쇼크, 걸프전 그리고 최근의 이스라엘-하마스 분쟁에 이르기까지 예측하지 못한 리스크에 직면하기도 해왔다. 그럼에도 불구하고 오일 머니를 향한 우리 기업의 도전은 계속될 것이며, 이 책은 중동 진출을 고민하는 한국의 기업인들에게 기원전 알렉산드리아 파로스 섬의 등대와 같은 길잡이가 될 것이라 믿는다.

이 책은 문성환 대사가 외교관으로서 중동시장에서 경험한 중동 문화에 대한 근본적 이해, 그들의 가치관, 객관적인 시장 현황들이 체계적이고 깊이 있으면서도 편안하게 저술되어 있어, 가보지 않은 길에 대해 어떤 준비를 해야 할지, 현지 사람들과 어떻게 소통해야 할지, 빈틈없는 관점에서 안내를 해주는 책이다. 책을 읽다 보면 중동 지역에 대한 역사적, 문화적 이해를 넘어 그들의 사고방식과 의사결정에 대해 공감하고 소통하고 있는 나 자신을 발견할 수 있게 된다. 정보와 네트워크가 부족한 해외시장에 진출할 때 기업들이 안고 가는 상당한 리스크를 줄이는 데 많은 도움이 되리라 생각되어 중동을 이해하고 싶어하고 시장진출을 고민하는 지인들에게 자신 있게 추천하고자 한다.

차례 ———
CONTENTS

PART

1

⋮

왜 중동인가?

중동의 지리적 정의

우리가 일반적으로 쓰는 '중동(Middle East)'이란 말은 지리적으로는 중동과 북아프리카를 포괄하는 개념이다. 유럽인들이 유럽과의 거리를 기준으로 근동(Near East), 극동(Far East)으로 동양을 구분했는데 지금의 중동을 '근동'으로 불렀으며, 나중에 미국 중심으로 서양 사회가 재편되고 미국이 이 지역을 중동이라 부름에 따라 중동이란 용어가 표준화되었다. 중동이란 말이 갖는 제국주의적 어원에 대한 거부감 때문인지 중동인들 중에는 '중동'이란 용어에 거부감을 갖고 '아랍'이란 말을 써달라고 요청하는 사람도 제법 많다. 외국 언론이나 경제 관련 보고서 등에는 중동 대신 'MENA(Middle East and North Africa)'란 말이 많이 사용되는데 북아프리카와 우리가 일반적으로 아는 중동이 지리적은 물론 종교(이슬람)와 민족(아랍인), 언어(아랍어) 등 문화적 일체성을 갖기 때문이다. 지리적 차원에서는 이란과 이스라엘도 중동에 물론 포함되는데 튀르키예(옛 터키)와 더불어 이 세 나라는 대체로 '아랍'으로 대변되는 중동 국가들의 정체성과 구분되는 독립된 변수로 설명되는 경우가 많다.

중동을 지리적 권역으로 구분하자면 (1) 걸프협력기구(GCC): 아라비아반도와 이란 사이의 만(Gulf) 일대를 가리키며 사우디아라비아, UAE,

카타르, 쿠웨이트, 바레인, 오만, (2) 마그레브(북아프리카): 모로코, 알제리, 리비아, 튀니지, (3) 레반트: 요르단, 이라크, 시리아, 레바논 (4) 독립권역: 이란, 이집트, (5) 기타: 이스라엘, 예멘 등의 권역으로 구분하는 경우가 일반적이다.

'마그레브(Maghreb)'란 말은 아랍어로 해가 지는 곳, 즉 지중해의 서쪽을 의미하며, '레반트(Levant)'는 라틴어로 해가 뜨는 곳, 지중해의 동쪽을 의미한다. 이와 같은 구분은 지리적 개념과 더불어 시장의 규모나 권역별 경제 통합의 정도와도 대략 일치한다. 이란과 이집트는 지리적 측면에서 독립권역으로 분류한다.[1]

참고로 튀르키예는 일반적으로 중동으로 분류하지 않는다. 튀르키예는 지리적으로 중동과 아시아의 교량 위치에 있고 종교(이슬람)는 같되 언어도 튀르키예어를 사용한다. 국가 경제의 성격도 중동 일반과는 다르게 제조업과 농업이 발달했다. 또한 자신들 스스로 역사적 정체성을 중동보다 유럽에 일치시키려는 노력을 해왔다. 정치외교 분야에서도 자신들을 중동이 아닌 유럽의 하위개념으로 보는 경우가 많고 다른 나라에게도 그렇게 요구하고 있어 우리나라를 포함해 대부분의 나라들은 튀르키예를 유럽 업무의 일부분으로 상대하는 경우가 일반적이다. 물

---

1 중동 경제에 있어 이란, 이집트는 다른 권역에 속하지 않은 독립권역으로 자주 분류한다. 이란의 경우 언어(페르시아어)도 다르고 종파(시아파)도 다르며 엄청난 산유국이긴 하지만 '79년 이슬람 혁명 이후 줄곧 미국의 제재(sanction) 하에 있으면서 2000년대 중반부터는 핵개발 문제까지 가세하여 국제사회의 제재가 강화된다. 이에 따라 원유와 가스 수출이 등락을 거듭하여 국가경제가 좌우되면서 대미국 관계와 제재 자체가 국가 경제의 정체성이 되면서 중동 내 다른 권역과 묶기가 곤란한 특성이 생겨났다. 이집트도 산유국이긴 하나 생산량이 걸프국가에 비해 매우 적고 1억 명이나 되는 내수 충당을 위해 수입해야 하는 처지에 있다. 대신 철광석 같은 석유 외 광물의 수출이 더 활발하며 피라미드와 같은 관광, 식량자급을 위한 농업, 섬유와 같은 제조업이 비교적 발달해 있으며 지리적 이점을 이용해 수에즈 운하를 통해 재정 수입을 확충하면서 경제를 이끌어가고 있다.

론 실제 튀르키예는 시리아 내전에서 보듯이 중동 이슈나 중동 내 영향력 확대에 각별한 이해를 갖고 있고 특히 현재의 에르도안(Erdogan) 대통령 체제하에서는 사우디아라비아나 이란 못지않게 이슬람권내 맏형 노릇과 세력균형자 역할을 하려는 의지를 적극 보이고 있다. 중동의 실물경제 곳곳에서 발견되는 튀르키예의 위상을 보자면 유럽, 중동 분류를 떠나 튀르키예가 갖고 있는 현실적 영향력을 실감할 수 있다.

중동은 기회의 땅인가?

중동이 우리에게 기회의 땅인가라는 질문을 한다고 하면 열이면 열 그렇다는 답이 나올 것이다. 중동과의 직접적인 경험 유무나 지식의 많고 적음을 떠나 중동이 뭔가 우리에게 경제적으로 중요한 대상인 것 같다는 직감은 공통적이다. 현대, 삼성, 대우, 동아와 같은 재벌 대기업은 물론이고 한 동네에 몇 집은 중동에 근로자로 다녀온 식구들이 있을 정도로 우리의 경제발전과 중동의 역사는 긴밀하다. 지금도 여전히 석유 수입을 절대 의존하고 있고 건설 진출도 과거 만큼은 아니더라도 여전히 활발한 편이며 오히려 지금은 과거에 비해 상전벽해(桑田碧海)라고 할 정도로 우리의 과학기술과 문화적 역량을 바탕으로 경제는 물론이고 교류의 범위와 깊이가 비약적으로 업그레이드된 상태이다.

그런데 우리 경제가 커지고 글로벌화된 만큼 중동에 대한 관심과 지식이 비례해서 커지진 않은 것 같다. 해외 시장 진출 여부를 결정하기 위해서는 시장의 환경과 특성을 파악해야 하지만, 그에 앞서 기업가가 직관적으로 갖는 '정서적 거리감'이 진출 여부에 사실상 결정적 역할을 하곤 하는데 이 거리감 차원에서 중동은 아직 먼 곳에 있다는 느낌이다. 70년대 우리 기업이 지역 단위로서 최초로 세계 시장의 문을 두드리고 성공을 거둔 곳이 중동이었는데 지금은 진출 여부를 저울질하는 격세지감(隔世之感)의 땅이 되고 말았다.

이렇게 된 원인에는 우리가 경제적으로 발전하면서 그만큼 중동에 대한 의존도가 크게 낮아진 것이 큰 역할을 했을 것이다. 한마디로 덜 절박해졌고 관심이 준 것이다. 외화수입의 80% 이상을 중동 건설수주에서 벌어들인 달러가 차지하던 시절이 지금은 아니잖은가. 그러니 꼭 부정적으로 보기도 어렵다. 다만 우리가 많이 변한만큼 중동도 많이 변했으므로 상호간에 균형 잡힌 인식과 관심이 필요하다고 본다. 지금은 짝사랑이라고 할 정도로 한국에 대한 관심과 협력에 대한 수요가 큰 반면에 여기에 부응할 만큼 우리 기업과 사회 저변의 중동에 대한 관심과 이해의 수준이 못 미치는 것 같다. 더 정확히는 꼭 중동에만 한정되는 것이 아니라 전반적인 해외마케팅을 위한 의지와 능력이 우리 종합적인 경제력에 비해 부족한 것이 아닌가 하는 생각이 든다.

특정 해외시장에 대한 '정서적 거리감'에는 문화, 경제, 정치·제도적 환경에 대한 선입견이 모두 녹아져 있다고 볼 수 있는데, 중동의 경우 석유 경제, 이슬람 문화, 권위주의 체제 등의 복합적 환경이 대체적으로 세계 10위권 경제를 이룩한 현재 한국의 기준으로 우리와의 정서적 거리감을 좁히는데 유리한 요소로 보기는 힘들다고 할 수 있다.

이슬람이라는 중동의 문화적 환경, 석유부문과 탈석유 정책이 혼재된 경제적 환경, 군주제 중심의 권위주의적 제도적 환경은 중동 경제의 구조적 특성들을 말할 때 빼놓고 말할 수 없는 필수적인 요소들이다. 또한 이슬람(문화), 석유(경제), 권위주의(정치)라는 이 세 가지 요인은 별개로 존재하는 것이 아니라 서로 얽히고 설켜 중동 경제의 독특한 특성을 형성하는 것이며 하나하나 개별적이 아닌 복합적으로 봐야 한다. 물론 중동도 산유국과 비산유국, 걸프와 북아프리카 등 그 안에 내적 다양성이 존재하지만, 앞서 말한 이 세 가지 핵심 요소는 나라마다 정도의 차이는 있을지언정 중동 전체를 관통하는 특질로 봐도 크게 무리가 없다. 이슬람교라는 압도적 사회·문화적 환경 속에서 21세기에 세습왕정이 석유자원 의존경제 국가를 통치하는 모순적이고 다양한 변종의 중동 각 나라의 현재 모습은 후술할 문화와 정치 부문에서 더 자세히 다룰 예정이다. 이 책은 중동의 경제를 볼 때 '경제'만을 따로 떼어 내어 보려는 시도는 불완전하고 '문화'와 '정치'가 중동의 경제와 사실상 한 몸처럼 움직인다는 점을 시종일관 강조할 예정이다.

중동시장에 진출하려는 기업의 입장에서는 이렇게 '거리감'을 만드는 요소들이 도전과 극복의 대상이 될 것이며 현재의 기준에서는 중국이나 동남아에 비해 확실히 중동 진출이 더 어렵고 거리감이 느껴지는 것이 사실이다. 필자의 경험을 일반화하기에는 한계가 있지만 국내 기업인들의 중동에 대한 개인적 혹은 업무적 경험은 기대 이상으로 적었다. 우리 경제가 상대적으로 중동에 의존했던 초창기의 세계화 시절을 한참 지나 G20권은 물론 G7을 바라보는 시대적 변화가 큰 원인일 수 있고 그에 따른 경제적, 문화적 자만심도 일부 발휘된 측면도 있다고 본다. 그러나 차차 후술하겠지만 이런 것은 큰 착각에 불과하다.

기업의 크기나 업종을 막론하고 글로벌이 되지 않으면 장기적 생존을 보장할 수 없는 우리의 현실 속에서 우리 경제의 중동에 대한 종합적인 이해력은 더 이상 있으면 좋고 없어도 무방하다고 믿는 수준에 머물러서는 안 된다고 본다. 최소한 글로벌 비즈니스를 위한 교양의 차원에서라도 기업가의 중동에 대한 관심과 지식이 확산될 필요가 있다. 알면 걱정과 두려움도 줄어들고 거리감도 자연스럽게 좁혀질 것이다.

한국과 중동의 경제관계

해외시장에 진출한다고 하는 것은 일반적으로 교역과 투자를 말한다. 중동의 경우 우리나라 해외 건설플랜트 진출의 산파였던 만큼 여전히 이 분야의 비중도 크다. 그러므로 한국과 중동과의 경제적 연관성은 수출입과 인프라 시장, 그리고 아직은 서로 비중이 크지 않지만 직접 투자라는 세 형태로 구분하여 살펴볼 수 있겠다.

교역적 측면 첫째, 교역적 측면을 보자면 사우디, UAE, 카타르 등 걸프 산유국은 우리나라 석유·가스의 제1 수입원으로서 우리 경제를 지탱해 나가는데, 사활적 이해가 걸린 곳이다. 이는 60~70년대 한국의 경제발전 초기부터 세계 10위권의 경제 규모가 된 지금까지 변함이 없다. 80%의 원유 수입이 중동발이며 한국으로부터는 산업과 기술 분야가 중동에 수출되는 구조를 보이고 있다. 우리의 중동에 대한 수출의 증감은 일정한 패턴을 보여주는데 유가가 오르던 시기에는 중동으로의 수출도 늘어나고 유가 하락 시기에는 증가율도 감소한다. 우리의 수출품이 중동 내 경기에 민감한 품목들이 많고 특히나 건설 기자재 수출은 우리의 건설·플랜트 수주와 정비례하기 때문에 유가 상승기에 수출이 늘 수밖에 없다. 수출이 중점되는 중동 내 지역도 초기에는 산유국 중심의 걸프국가(GCC)에 70% 이상 쏠려 있다가 점차 마그레브(북아프리카)와 레반트(이라크, 이란 등)로의 수출 비중도 갈수록 확대되는 추세이다.

2022년 기준 우리의 중동 수출이 251억 불(전체 수출의 3.7%), 수입이 1,103억 불(전체 수입의 15.1%)로서 수입이 수출의 3배 이상인데 수입이 압도적으로 많은 것은 석유, 가스 수입의 비중이 크기 때문이다. 그러므로 산유국이 몰려 있는 걸프국가(GCC)로부터의 수입 비중이 중동 전체의 80% 이상을 차지한다. 수출 품목은 자동차와 부품의 비중이 가장 크고 그 외 방산, 철강, 전력용 기기, 석유화학제품 순으로 비율이 높다. 수출 대상국은 사우디와 UAE가 1, 2위를 번갈아 가면서 하고 있는데 전통적으로 사우디, UAE, 쿠웨이트, 이란, 이집트 등이 5대 수출국을 형성하다가 대수로 공사 시절엔 리비아가 들어갔고 이란에 대한 국제제재가 시행된 다음엔 이란이 빠지기도 했다. 최근에는 제조업이 발달한 튀르키예로의 수출이 꾸준히 늘어 사우디, UAE를 능가하는 경우가 종종 있다. 중동으로부터의 수입은 석유 수입 때문에 사우디의 비중이 압도적으로 높고 천연가스를 도입하는 카타르로부터의 수입이 2위를 차지하는 경우가 많다.

우리나라 수출의 중동 수입시장 점유율은 대략 4%가 조금 안 되는데, 70년대 고작 0.7%에서 2000년대 2.9%, 2010년대 3.4%로 꾸준히 증가하는 추세이다. 중동 수입시장의 최대 강자는 중국, 미국, 독일, 인도, 일본 순으로 점유율이 높으며, 한국도 꾸준히 10위권 내에는 들고 있다. 중동 현지에서 보자면 한국산 제품의 실제 점유율보다는 한국산 제품(Made in Korea)의 가시성이 좋고 인지도도 높은 편인데 수출 주력상품이 자동차, 스마트폰, 가전제품, 화장품, 식품 등 소비재 중심이기 때문일 것이다. 이런 수출 제품 구성이 중동인들로 하여금 한국이 과학기술 선진국이라는 이미지를 갖게 하는 효과를 낳는 것으로 보인다.

건설·인프라 수주 측면   둘째, 건설·인프라 분야 수주에서 중동은 한국 경제발전의 효자 노릇을 해왔다. 우리나라의 해외 건설시장 진출의 시작이 70년대 초반 중동에서부터였으며 지금은 동남아 등 아시아 건설시장의 비중이 더 커졌지만 중동은 여전히 해외에 진출하는 우리 건설사들의 핵심 시장의 역할을 지속하고 있고, 지금도 전체 해외 수주액의 30% 이상을 차지하고 있다. 70년대 205억 불, 80년대 561억 불 등 1차 석유파동으로 조성된 고유가 붐에 중동 수주시장에서 호황을 누리던 우리 업계는 90년대 저유가 시대를 맞아 수주가 189억 불대로 급락했다. 그러다가 제2의 중동 붐이라고 하는 2000년대에 다시 반등하여 전체 1,142억 불을 수주했고 그 후 꾸준히 증가세를 보이다가 2021년에는 112억 불을 수주하여 전체 해외 수주 300억 불 중 36%를 차지했다. 최근 몇 년 급등세를 보이는 아시아 지역 수주는 2위로 30%를 기록했다. 중동 내 수주 최다 지역은 전통적으로 산유국인 걸프 지역에 집중되어 오다가 90년대 리비아 대수로 공사로 잠시 사우디를 제치고 리비아가 1위를 차지한 적이 있었으며 유가가 다시 살아난 2000년대에 들어서는 다시 걸프 지역이 수위를 차지했다. 걸프 국가 중에는 UAE가 대규모 인프라 건설 붐이 일면서 사우디를 제치고 1위로 부상했다. 지난 50년간의 수주액을 종합해 보면 사우디, UAE, 쿠웨이트, 리비아, 이라크 순으로 나타나 산유국 중심으로 수주가 집중되고 있음을 알 수 있다.

건설 수주의 내용도 크게 토목·건축이 있고 산업시설을 짓는 설비 플랜트로 나뉘는데 70~80년대에는 저임금, 단순 기술이 투입되는 토목

(항만, 다리, 도로 등)과 건축 중심(주택, 상용빌딩)이었다가 2000년대부터는 기술력이 요구되는 정유공장, 발전소, 화학공장, 가스처리시설 등 산업 설비 위주의 플랜트로 주력이 바뀌었다. 우리가 중동에서 외화를 처음으로 벌어들이던 70~80년대 당시 우리 대기업들이 가서 하던 사업들은 토목이나 건축이었던 것이고 지금은 고기술, 고부가가치의 플랜트 설비 비중이 70%를 상회한다.

프로젝트 발주를 하는 방식도 초기에는 수의계약의 비중이 높다가 2010년 이후에는 경쟁방식이 일반화되고 있다. 수의계약의 비중이 높던 시기에는 기업이 평소에 확보해 놓은 인적 커넥션과 발주처와의 신뢰가 수주에 중심적 역할을 했지만 공개경쟁 방식에서는 인맥이나 신뢰와 같은 비공식 요인이 아닌 기술력과 자금력 같은 객관적 능력치가 더욱 중요한 변수가 된다. 또한 단순히 발주처의 발주를 받아 시공만 해주는 방식이 아니라 시공사가 금융까지 조달하는 개발형 발주방식도 갈수록 비중이 높아지고 있다. 전통적으로 시공 용역만 제공하고 대금을 받던 방식에 익숙한 우리 기업들로서는 투자개발형 발주가 부담이 아닐수 없는데 발주처와 더불어 시공사가 사업의 성공에 공동부담을 가지게 되는 이러한 방식은 발전소, 공장, 항만, 오피스, 호텔 건설 등 거의 대부분에 확대되고 있다. 우리나라의 전체 해외건설 수주에서 투자 개발형이 차지하는 비중은 약 3% 선이며 중동 시장에서도 이와 비슷하다. 이 방식은 정부재정이 취약한 국가가 민간투자를 통해 신속하게 인프라 확충을 하고자 할 때 선호되는 방식이지만 정부재정이 상대적으로 좋은 산유국에서도 금융부담을 줄이기 위해 시공사가 참여하는 투자개발형이 확산되는 추세이므로 우리 기업도 금융 조달 능력이 중요해지게 되었다. 우리는 수출입은행이나 산업은행 등 국책은행을 중심으로 이런 역할을 하는데 일본, 유럽 등 경쟁국에 비해 수출금융 자본역량이 부족한 편이라 기업이 자체적으로 조달하는 기업금융의 부담이 큰 셈이다.

셋째, 우리 기업의 중동에 대한 해외직접투자의 보자면 전체 해외투자의 5% 정도에 불과하다. 북미, 아시아로의 직접 투자가 현지 생산거점이나 저임금 활용의 목적이었다면 중동에 대한 직접 투자는 주로 건설·플랜트, 자원개발을 위한 투자에 집중되었으며 투자지역도 사우디, UAE가 있는 GCC에 거의 집중되었다. 저임금 활용을 위한 북미식 생산거점 투자는 9% 정도에 불과했다. GCC 지역 투자는 주로 현지 진출 우리 건설기업의 공사 지원을 위한 지사 설립이나 금융기관 설립(과거 외환은행 등), 유전개발 공동 참여 등 자원개발에 몰려 있다. 중동의 한국에 대한 외국인직접투자의 비중도 매우 낮은 편이다. 중동이 문제라기보다 한국 시장 자체가 GDP 대비 투자 유치율이 OECD권 내는 물론 전 세계 중하위권에 속할 만큼 투자환경이 좋지 않은 이유도 있을 것이다. 2022년 기준 전체 투자 유치액 300억 불 중 중동발 투자는 채 1%가 되지 않았다.

●──────────────
기업 진출 현황과 교민 규모

중동에 진출해 있는 한국 기업의 숫자는 코트라(KOTRA) 통계(2022)에 의하면 모두 280여개(튀르키예 포함), 전체 11,567개 해외진출 기업 중 2.4% 수준이다. 동남아가 절반이요 중국까지 합치면 70% 이상이 아시아에 몰려 있다. 동남아와 중국에 생산법인이 많은 반면 중동은 해외 지사의 비중이 높다. 주업종이 건설플랜트 위주이기 때문일 것이다. 가장 많은 기업이 진출해 있는 나라는 중동의 관문으로서 중동 지역 지사들이 집결해 있는 UAE(89개)와 그 다음 튀르키예(67), 이집트(31), 사우디(18), 카타르(13) 순인데 의외로 제조업 등 상대적으로 비석유 부문이 발달한 튀르키예와 이집트에 진출사가 많다. 코로나가 걷히면서 2020년 보다 전체적으로 우리 기업의 해외진출은 11%가량 늘어났고 중동 지역에도 이런 추세가 확인되고 있다. 코로나 시기에 글로벌 추세에 맞추어 우리도 제조업을 중심으로 해외진출 기업을 국내로 유턴시키려는(리쇼어링) 움직임이 잠시 있었으나 큰 효과는 없었던 것으로 보이며 소수 중소 제조업체만 유턴하였다. 수출입은행 통계에 따르면 코로나로 주춤했던 기업들의 해외진출(신규 해외법인 설립)은 다시 늘어나는 추세이다. 우리 수준의 세제나 노동환경으로 제조업 기반 우리기업을 국내에 묶어두기는 어렵지 않을까 한다.

중동내 재외동포의 규모는 대략 2만여명(2021) 수준인데, 코로나 이전에 2.4만명 선 수준을 유지하다가 코로나 시기에 귀국자가 많았던 것으로 보인다. 중동 지역내 국가들의 성격상 미주나 아시아처럼 영주권자나 시민권자의 비율은 매우 낮으며 우리 진출기업 분포와 마찬가지로 전체의 절반 이상이 두바이가 있는 UAE에 있고 사우디, 카타르, 이라크, 이집트 순으로 많다. UAE 교민도 2010년대 초반 바라카 원전 시공이 시작되면서 비약적으로 늘게 되었다.

한국은 중동 지역에 모두 22개의 재외공관을 운영 중인데 이중 총영사관은 두바이와 사우디 젯다 두 곳이다. 일본의 경우 33개를 운영하고 있는데 우리보다 총영사관의 숫자가 많은 만큼 기업진출과 경제적 관여의 규모도 크다는 것을 방증한다고 본다. 중동을 포함해 갈수록 공관에 부여되는 경제통상 외교의 비중이 커지고 대사와 총영사 등 공관장의 인사(人事) 고과에도 반영되는 추세가 높아지고 있는 점을 감안하여 기업은 재외공관에 대한 접촉과 활용을 보다 전향적으로 생각해 볼 필요가 있다. 공관의 문턱이 높고 까다롭거나 결과적으로 별 도움이 안된다는 선입견이 있긴 하나 한번 넘어 본 문턱은 갈수록 넘기 쉬워진다는 점을 명심하면 좋겠다. 코트라도 15개의 현지 무역관을 운영 중이다. 기업의 재외공관과 코트라의 역할을 혼동하는 경우가 종종 발견되는데 기본적으로 대사관이나 총영사관은 우리기업과 교민이 해당국 정부와의 관계에서 발생하는 문제를 직접 해결하는 역할을 하는 것이고, 코트라는 주재하는 나라의 비즈니스 정보나 규제 변동 등을 전파하고 민간 영역의 비즈니스를 연결하는 역할을 주로 한다. 기업을 우선적으로 상대하는 일은 코트라가 맡지만, 최종 트러블슈터로서 정부를 상대하는 일은 공관이 하게 된다. 그러므로 기업-코트라-재외공관의 유기적 팀워크가 중요한데 원칙은 그러하지만 리더십이나 분위기에 따라 잘 이뤄지는 곳도 있고 그러지 못한 곳도 있어서 편차를 보이는 것이 현실이다. 정부나 협회 등은 늘 민관 간의 '원팀(One Team)' 협조를 강조하지만, 개별 기업의 입장에서는 원할 때 원하는 만큼 협조를 받는데 늘 아쉬운 것이 현실이다.

2
PART

:

중동의 경제

중동 경제의 전반적 성격

❶ 중동 경제의 성격과 국가간 차이점

●────────
중동 경제의 핵심 석유,
중동의 산업 다변화

중동 경제의 핵심은 석유와 가스 자원이다. 세계 최대의 석유와 천연가스 매장지이자 수출지역으로서 우리보다 시간적으로 훨씬 앞서 세계 경제에서 중심적 역할과 위상을 갖고 있던 경제권이다. 포스트 오일 시대가 새로운 화두가 된 지 오래지만 아직까지 세계 경제는 화석연료 없이 작동되지 않는다. 그러므로 중동경제는 여전히 세계경제를 좌지우지하는 핵심 변수의 역할을 하고 있다. 그러나 자원이 풍부한 만큼 그 이점을 충분히 살리기 위한 제반 여건은 늘 불완전하고 위기를 겪어 왔다. 정치적 불안정, 지역 내 종파 간 갈등, 제도적 취약성 등이 자원 경제의 이점을 상쇄해 왔다.

세계은행(WB) 기준에 따르면 중동 경제는 전체 4.4조 달러, 전 세계 GDP의 약 4.4%를 차지(2022)한다. 여기에 석유 부문이 전체 생산의 50% 이상, 수출의 80% 이상으로 압도적 비중을 차지한다. 그만큼 국제유가의 등락에 따라 경제 전체가 울고 웃는 치명적인 약점도 갖고 있다. 그래서 근래의 중동 경제의 새로운 화두는 탈(脫)석유 시대를 대비한 대대적인 산업다변화(diversification) 정책 추진이다. 석유 종속 경제의 한계를 벗어나겠다는 것이다. 한국이 1970년대 생존의 방편으로 제조업과 수출을 선택했듯이 중동도 자신들의 새로운 생존의 방편으로 관광, 물류, 과학 기술에 기반한 제조업 육성에 미래의 명운을 걸고 있는 것이다.

물론 필자를 포함해 현장에서 보는 시각은 중동 스스로 석유에 중독됐다고 인정할 만큼 석유경제에 오랫동안 의존해온 체질이 과연 그들의 공약대로 이른 시간 안에 종속에서 벗어날 수 있을지 의구심을 갖고 보기도 한다. 물론 현재 산유국들이 발표하는 수많은 정책과 제도가 탈(脫)석유를 지향하고 있지만 실제 관행이나 사람들의 마인드가 거기에 맞춰 준비되어 있는지는 다른 문제이다. 시간이 걸릴 것이다. 탈석유라는 용어에 과도한 기대나 평가를 갖는 것은 당분간 유보해도 좋을 것이다. '두바이'에서 보는 것과 같은 첨단 서비스 경제는 중동 전체의 특징을 대변한다기보다는 가장 비(非)석유적이고 개방적인 중동경제의 한 부분으로 봄이 타당하다. 중동은 생각보다 넓고 다양하다. 100층 마천루와 낙타가 다니는 사막이 지척에 공존하는 것이 중동이다.

경제 다변화를 선도하는 산유국으로는 사우디, UAE, 카타르 등을 들 수 있다. 나란히 걸프 지역(GCC)에 있는 이들 국가들은 2010년대 중반, 미국의 셰일가스 생산과 신흥국 경제의 성장률 정체로 인한 유가 하락을 맛본 경험이 있다. 재정능력의 한계를 일찍이 경험한 이들에게 산업 다변화란 먼 미래의 비전을 위한 정책적 수사(rhetoric)가 아닌 반드시 실현해야 할 당면 목표이다. 이들을 중심으로 석유의존을 벗어나고자 하는 거대한 몸부림이 진행되고 있다. 무(無)세금 정책이 사라지고 앞 다투어 부가세와 같은 세금이 도입됐고, 외국인 투자 유입을 늘리기 위해

텃세를 내려놓고 규제도 대폭 완화했다. 변하지 않고서는 지금의 풍요를 미래에 유지할 수 없다는 자각이 있는 것은 분명하다.

국가독점 자본주의와 기업국가

중동 경제의 특징 중 강조되어야 할 다른 한 부분으로 중동 특유의 국가독점 자본주의와 외국인 노동자 의존경제라는 부분도 살펴볼 필요가 있다. 국가독점 자본주의라는 것은 원래 20세기 초에 등장한 국가와 독점기업 간 결탁을 통해 정부가 독점기업의 이익을 보호하기 위해 시장에 개입하는 것을 말한다. 20세기 초 대공황을 맞은 미국이 그랬고 독일 나치의 국가사회주의도 같은 맥락이었다. 정부가 독점기업에 보조금을 지급하거나 유리한 제도를 도입하고 경쟁을 제한하는 법률을 도입한다. 지금은 중국이 대표적인 예라고 할 수 있다.

중동의 산유국을 중심으로 볼 수 있는 국가독점 자본주의는 '국가=기업'이고 영구 집권하는 세습 군주가 기업의 총수 역할을 한다고 볼 수 있다. 우리 기업이 진출해 있는 중동 국가들 대부분이 정도의 차이가 있을지언정 국가가 고용, 투자, 규제 모든 부문에서 압도적 역할을 하는 경제이고 민간 부문이 없지는 않으나 정부 부문에 비해 불균형적으로 작다는 점은 거의 공통적이다. 국가가 석유와 가스 산업을 통제하면서 얻은 막대한 재정을 바탕으로 국내 경제를 좌지우지 하고 국영기업이 교육, 교통, 의료 등 핵심 공공서비스뿐만 아니라 부동산 개발, 도소매 유통, 관광 등의 분야에서도 민간 자본의 간판 뒤에 국가가 사실상 핵심 주주의 역할을 하는 경우가 일반적이다. 이는 국가가 강력한 재정 파워가 있어야 가능한 것인데 주로 사우디, UAE, 카타르 등 걸프 산유국들이 대표적으로 여기에 해당되고 우리 기업들이 진출해 있는 중동 대부분 나라들도 정도의 차이는 있지만 이러한 특성에서 크게 벗어나지 않는다.

이러한 경제를 가진 중동국가는 '기업국가'라는 표현이 잘 어울린다고 보는데 본디 기업국가란 싱가포르와 같이 비교적 작은 나라의 정부가 국가를 마치 하나의 기업처럼 효율성과 이윤극대화에 방점을 두고 운영한다. 국영기업 또는 핵심 기업의 지분 대부분은 국가가 소유하며 국가가 경제의 핵심 주주로서 지배적 위치를 점하고 있다. 이런 나라들은 국가의 수장이 곧바로 국가경제를 책임지는 핵심 기업들의 수장이 되며 결국 국가 자체가 기업화된다. 중동 산유국들을 보자면 정치인(통치자)이 기업인의 역할을 하는 것이 아니라 거꾸로 기업인이 정치를 하고 있다는 인상을 받는다. 우리나라로 치면 정주영, 이병철, 김우중 같은 대기업 총수가 국가운영을 하고 있는 모습인 것인데 최고 국왕이나 대통령이 대기업의 회장이라면 장관들은 계열사 사장 역할을 한다. 이런 나라들이 장관급 이상의 개각을 하는 것을 보자면 철저히 실적에 따라 대기업이 사장단 인사를 하듯이 국왕이 지시한 목표치에 미달하면 바로 교체되거나 신임을 받으면 여러 부처 장관을 겸직시키는 경우를 종종 보게 된다. 관료적 형평이나 공정성 등의 가치는 부차적이다.

선거로 교체되는 정부에서는 거의 보기 힘든 경우인데 최고 통치자의 자의적 운영이 가능하다는 비판도 있지만 반대로 그만큼 일사불란한 통치(경영)가 가능한 면도 있다. 다만 우리의 경우와 비교하여 어느 쪽이 더 효율적이다, 비효율적이라고 하는 판단은 섣부르다고 본다. 국왕이나 통치자에 대한 국민의 신임 여부가 국가운영에 결정적 변수가 되지는 못하지만 이 나라들도 여론과 민심에 민감하며 기업 총수가 기업의 생존에 무한 책임을 갖는 것과 마찬가지로 국가 정책이나 인사(人事)에 있어 잘되면 좋고 못 되도 그만이라는 자세를 갖고 있는 중동 왕정은 찾아보기 어렵다.

기업 국가식 운영의 장점이 부각될 때는 정부부문과 기업부문이 통합되어 고도의 효율성이 발휘되면서 성장과 고용을 촉진하고 필요한 기술의 전략적 개발도 수월할 것이다. 반대로 단점이 부각될 때는 국영기업의 이익이 소수에게만 돌아가고 불평등과 사회적 불만이 커지고 환경은 고려하지 않고 효율에만 집착하며 지속가능한 개발이 무시되고 부의 독점과 견제의 부재로 부패가 만연할 것이다.

그러므로 이런 국가들에 진출하는 외국 기업은 예고 없는 자의적인 법집행이나 제도의 변경, 핵심 거래 인물의 변경(또는 실종)의 위험에 주의를 기울여야 한다. 또한 이러한 리스크 예방을 위해 핵심 정보의 소통과 불이익 방지를 위한 유력인사나 고위층과의 인적관리에도 상당한 비용이 소요될 수 있다.

많은 안팎의 모순에도 불구하고 절대왕정 권위주의 체제하의 중동 산유국들이 이만큼 국가운영의 성과를 보여 온 것은 기업식 국가운영의 효율성이 단점을 능가하면서 국가역량을 유지해 온 부분이 크다고 본다. 석유로 번 돈을 허투루 쓰지는 않았다는 것이다. 비록 여전히 석유와 같은 자원 의존적이지만 외국 기업과 인력이 유입되고 성장이 이뤄진다는 것은 제도와 법의 집행 부분에서도 자의적 운영이 상당히 제한되었기에 가능한 결과로 보여진다.

압도적인 외국인 노동력 비중

마지막 특징으로는 경제활동 인구에서 외국인 노동력의 비중이 압도적이라는 것인데 이는 인구가 적은 산유국일수록 두드러진다. 세계노동기구(ILO) 통계에 따르면 산유국인 걸프 지역 전체 인구 5천 7백만 중 약 전체 75% 가량이 외국인으로 집계되고 있는데 제일 비율이 높은 나라로는 UAE 89.1%, 카타르 86.1% 등이고 낮은 나라로는 사우디 36.4%, 오만 38.2% 등이다. 반대로 같은 중동 내에서 경제력이 한참 처지는 이집트(5.6%), 요르단(4.1%) 등은 오히려 인근 걸프 국가로 인력을 수출하는 나라들이다. 두바이에 여행을 가면 두바이 사람을 한 명도 못 만나고 온다는 말을 종종 듣는데 짧은 여행이라면 정말로 그것이 가능한 것이 외국인들이 많이 찾는 관광지나 식당에는 하루종일 있어도 현지인을 못 볼 경우가 있을 만큼 외국인의 비율이 압도적이다. 참고로 한국의 외국인 인구 비율은 대략 4% 수준인데 선진국 반열 국가에서 외국인 비율이 이토록 낮은 나라는 아마 우리와 일본(2.6%) 정도일 것이다.

〈그림 1〉 중동 건설현장에서 휴식중인 서남아시아 노동자들

걸프 지역에 와 있는 외국인 노동자들의 국적은 주로 인도, 방글라데시, 파키스탄, 스리랑카, 네팔, 필리핀 등 서남아 국가들이 많다. 2000년 중반에 처음 중동 근무를 시작할 때 '인방파스필'이란 용어를 자주 들었는데, 인도, 방글라데시, 파키스탄, 스리랑카, 필리핀 순으로 외국인이 많다고 하여 만들어진 이름이었다. 이들이 없으면 부유한 걸프 국가들의 경제는 단 하루도 안 돌아간다고 할 만큼 거의 모든 분야의 저임금 육체노동을 이들에게 의존한다.

그래서 한국의 기업인이나 여행객들이 중동을 방문해 체류하는 동안 만나게 되는 대부분의 사람들은 아랍 현지인들이 아니라 이들 외국인 노동자층이다. 공항에도 경찰과 출입국 관리를 제외하고 모두 외국인 노동자들이며 호텔로 이동하는 택시의 기사, 호텔의 종업원들까지 모두 외국인이라고 보면 된다. 외국인 인구가 이토록 증가한 것은 70년대 이후 석유자본으로 산업이 비약적으로 발전하면서 자국 내에서 노동수요를 도저히 감내하기가 어려워졌고 경제의 내용도 석유부문 외에도 다양화되면서 부문별 전문인력들을 인구 규모나 전문성 면에서 산유국 내에서 공급할 수도 없었기 때문이다. 우리 기준에서 턱없이 낮은 월 수백 달러 수준의 임금이 태반이지만 본국인 서남아에 비해 상대적으로 고임금인 것도 외국인 인력이 몰려온 배경이다. 한국도 70년대~80년대에는 우리 기업이 수주한 공사 현장의 인력들 대부분이 한국에서 갔다. 지금의 서남아 노동자의 역할을 한 것이다. 현재는 우리 기업이 수행하는 공사가 수천억~수조 규모의 공사라고 하더라도 한국인 현장 인력의 비중은 미미한데 본사에서 직접 파견한 관리직 직원들과 협력 도급을 맡은 한국업체 직원들을 제외하면 거의 없는 편이다.

외국인 노동자의 비율이 비정상적으로 높음에 따라 파생되는 문제도 생기기 마련이다. 한 나라의 식량 자급률이 너무 떨어지면 유사시 식량안보 문제가 대두되듯이 노동 문제도 외국인 노동자에게만 절대 의존하면 노동 안보의 문제가 생길 수 있다. 또 외국인 인구가 그 사회의 거대 하류층을 형성하고 있으면 사회불안의 잠재적 요소가 되며 이들에 대한 차별적 대우는 인권 문제와도 연결이 된다. 2022년 카타르 월드컵 당시 서구 언론이 월드컵 시설 공사 현장에 투입된 서남아 출신 외국인 노동자들의 가혹한 노동 상황에 관한 문제를 집요하게 제기했다. 월드컵이 임박해 오면서 많은 외국인 노동자들이 안전사고로 사망하고 가혹한 노동조건이 없었던 것은 아니겠지만 오일머니를 바탕으로 무리해서 월드컵을 중동에서 개최한다는 것에 대한 서구의 잠재적 반감이 작용한 것이 아닌가 하는 의심도 든다. 그렇다면 인권이 보장된 유럽이나 북미의 노동조건을 찾아서 오는 제 3세계 노동자나 난민들에게 문호를 더 개방하면 될 텐데 오히려 갈수록 빗장은 세게 걸면서 저임금이나마 고용을 제공하는 산유국들의 노동조건을 비난하는 것은 정치적 편견 혹은 이중 잣대가 아닌가 하는 의구심이 들기도 한다.

외국인 노동자를 받아들이는 걸프 국가들은 송출국가와의 관계나 국내 상황을 감안하여 비자 정책을 절묘하게 조정한다. 즉 출신 국가별 외국인 노동자 규모가 늘 일정하지 않도록 수시로 조정함으로써 정치적인 레버리지로 활용한다. 나라에 따라서 불과 수년 만에 특정 국가 출신 노동자가 급감하거나 새로운 국가 출신 노동자들이 대거 유입되는 현상들이 목격된다. 최근 수년간에는 사하라 이남 아프리카 노동자의 유입이 눈에 띄는 변화인데, 보다 저임금이 가능한 요인도 있겠지만 인도, 파키스탄 등 서남아 노동력에 대한 의존 비중을 줄이려는 계산도 있는 것으로 보인다.

외국인 노동자 그룹이 커질수록 이들의 관리를 위한 당국의 감시와 단속도 강력해진다. 즉 이들의 노동 현장에서의 소요나 공공장소에서의 집회나 시위를 억제하기 위한 경찰력과 정보기관의 역량이 생각 이상으로 뛰어나다. 이런 면에서 한국이 이들의 '롤모델(role-model)'이 되곤 하는데 한국 경찰의 시위진압과 정보수집 같은 위기대응 능력을 높이 평가하면서 우리 경찰 인력과 장비 수입에 많은 관심을 보이곤 했다. 필자도 여러 번 우리 경찰력의 중동국가 진출에 관여해 봤는데 장비나 시스템에 대해서는 평가가 좋은 반면 인적 자원에 대해서는 기대와 달리 호기롭게 교류를 시작했다가 흐지부지되는 경우가 많았다. 서로의 기대 수준이 달라서였지 않았을까. 필자의 소감에 정부 부문이나 민간이나 인적 자원의 글로벌화는 아직 기대만큼 빠르게 이뤄지고 있는 것 같지 않다.

●──────────────
중동·북아프리카 국가들의
국가별 특징과 격차

중동에 있다 보면 부자 나라와 가난한 나라의 구분이 유난히 두드러져 보이고 국적이 개인의 가치와 계급을 좌우한다는 인상을 받게 된다. 이슬람권 국가들이 부(富)의 과시에 민감하고 외국인 중심으로 노동시장이 형성됨에 따라 국적에 따라 서열과 일이 정해지는 경우가 생겨서일지 모르겠다.

20여 개에 이르는 중동·북아프리카(MENA) 국가들의 국가 간 격차는 지리적, 환경적 차이만큼 경제적, 인구적, 시장 잠재력 측면에서 나라마다 큰 차이를 보인다. 1인당 GDP로 보자면 카타르나 UAE와 같이 10만 달러에 이르는 명목상 초선진국 수준부터 예멘과 같이 1천불도 안 되는 초개도국까지 스펙트럼이 넓다. 여기에서는 경제적 부(富)와 산업의 특색을 기반으로 중동 국가들을 그룹별로 나눠보고 우리나라 기업이 어느 나라에 많이 진출해 있는지 알아보자.

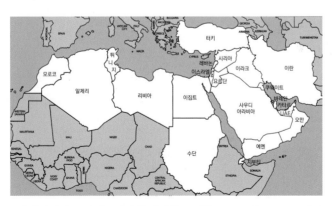

〈그림 2〉 영어권에서는 중동·북아프리카를 Middle East 또는 MENA라고 통칭하고 있다.

일반적으로 우리의 선입견 속에서 '중동=산유국', '산유국 = 부자나라'라는 등식이 성립하곤 한다. 그러나 중동 전체가 모두 사막으로 된 땅이 아니듯이 기름이 나는 산유국의 수도 많지 않다. 산유국으로 간주되는 국가들은 사우디, UAE, 쿠웨이트, 카타르, 오만, 바레인, 이라크, 이란, 리비아 정도이고, 산유국 국민이라고 해서 그 안에서 잘 사는 것도 아니다. 산유국은 지리적으로 아라비아 걸프만 쪽에 몰려 있고 북아프리카에는 리비아와 알제리를 빼고는 기름이 많이 나지 않는다. 자연히 부의 편중도 석유의 유무에 따라 판가름 나는 형국이다. 이스라엘과 같은 예외도 있다. 이스라엘은 중동 땅에 있지만 일반적으로 중동경제의 일부분으로 분류되지는 않는데 자원경제 중심이 아니라 과학기술과 서비스 분야가 발단한 서구 스타일의 경제권이다. 튀르키예도 경우 일반적으로 중동이라고 분류되진 않지만 지리적으로 가깝고 같은 이슬람권인데다 1억에 가까운 인구를 바탕으로 농업과 제조업 중심으로 G20권 경제를 이끌어 오고 있다.

하지만 이외의 중동 국가들은 석유가 나지 않는 대가를 힘겹게 치르고 있다. 요르단, 시리아, 이집트, 레바논, 알제리, 모로코, 예멘 등의 경제가 이들은 중동 내에서 GCC 국가들의 투자와 각종 경제적 지원에 의존하는 경우가 많다.

다음은 중동 국가들을 언급한 권역별로 묶어서 그 특성을 정리했다(표 1). 중동이 전 세계 경제에서 차지하는 비중은 전 세계 생산 비중은 대략 4.4~4.8% 수준인데 아시아(52%), 북미(32%), 유럽(25%), 남미(7.2%)에 이어 5위 수준이며 중동 밑에는 아프리카(3.8%)만 있다.

표 1 중동 지역(MENA) 권역별 특징

권 역	특 징
GCC(6) (사우디, UAE, 카타르, 쿠웨이트, 바레인, 오만)	▸ 걸프 산유국 연합(전 세계 석유 40%, 가스 23%) ▸ 인구 5.2천만 명, GDP 2조2천억 달러(1인당 $23,948), 중동전체 GDP의 60% ▸ 국부펀드(전 세계 35%), 탈석유 산업다변화, 유가에 따라 경제 변동
레반트(4) (요르단, 이라크, 시리아, 레바논)	▸ 자원빈약(이라크 제외), 관광, 농업, 서비스 위주 ▸ 인구 4.8천만 명, GDP1조2659억 달러(1인당 $5,795) ▸ 만성적 정치불안(시리아, 이라크, 레바논)
마그레브(4) (모로코, 알제리, 리비아, 튀니지)	▸ 자원은 풍부하나(리비아, 알제리) 전반적으로 낙후 ▸ 인구 9200만 명, GDP 3,850억 달러(1인당 $4,510) ▸ 경제다변화(외자유치, 민영화), 유럽과 특수관계
독립권역(2) (이집트, 이란)	▸ 산유국(이란), 거대 내수시장(이집트) ▸ 인구 1.7억 명, GDP 8,000억 달러(1인당 $) ▸ 이란은 제재 경제, 이집트는 재정 부족

진출 국가 선정 기준 정하기

우리 기업은 어떤 나라에 진출하는 것이 좋을까? 기업의 해외 진출에서 고려되는 기준으로는 후보 국가의 ▲ 시장 규모와 성장 잠재력 ▲ 정치적 안정성 ▲ 제도적 환경 ▲ 인프라 환경 ▲ 인적 자원 등이 일반적으로 거론된다. 이중 시장 규모나 정치적 환경은 직관적으로 이해가 가는 것이고, 제도적 환경은 비즈니스 환경이라고도 하는 것인데 해당 국가의 정책이나 법률이 얼마나 기업 활동에 편리한지(business -friendly) 여부를 보는 것이며, 인프라 환경은 교통이나 통신과 같은 물리적 환경을 말한다. 또한 저렴하고 양질의 노동력이 풍부하다면 최상의 인적 자원 환경이라고 할 것이다.

이런 보편적 기준 외에 한국적 특수성을 가미하면 △ 지리적 접근성

△ 문화적 유사성 △ 에너지와 건설플랜트 분야 연관성 △ 우호적 외교 관계 등을 추가로 고려할 수 있겠다. 지금은 교통과 항공이 발달해서 과거만큼 지리적 접근성이 중요하지 않지만 중국과 동남아의 예에서 보는 바와 같이 가까울수록 진출이 용이하고 문화적·정서적 거리감도 덜하다. 중동은 북미나 유럽보다도 지리적으로 한국과 가깝지만 에너지, 건설플랜트, 투자의 면에서 중동의 시장으로서 경쟁상대는 북미나 유럽이 아니고 아시아라고 할 수 있으며 석유 자원을 제외하고 중동이 나머지 부분에서 아시아에 비해 매력적 우위에 있다고 할 만한 부분은 많지 않다. 그러나 접근이 어렵다고 해서 중동시장이 방기해도 좋을 시장은 결코 아니다. 세계 10위권 경제대국 한국이 포기해도 무방한 해외시장은 지구상에 없다. 정도의 차이만 있을 뿐이지 관여(engagement)는 당연한 것이고 얼마만큼 시행착오를 줄이고 효율적으로 접근할 것인가가 과제일 뿐이다.

문화적 유사성도 결코 간과해서는 곤란한 부분이다. 제도적, 시장적 여건이 아무리 좋아도 문화적 거리감을 좁히지 못하면 실패는 아니더라도 효율성 면에서 장애가 된다. 한국인만큼 적응력 좋고 근면한 사람들이야 어디에 가서든 현지 동화가 잘 되는 편이지만 문화적 이질감은 만만치 않은 도전이다. 그래서 문화적 적응 비용도 만만치 않은데 해외진출 기업은 문화적 이해의 중요성에 대한 감수성을 높여야 한다. 문화적 원인이 사업 실패의 직접적 원인으로 지목되는 경우는 많지 않으나 다른 실패 이유의 기저에 문화적 적응 실패의 사례가 적지 않다. 현지 기업을 운영하면서 문화적 이질감으로 인한 스트레스를 극복 못하거나 직원 관리의 실패로 사업을 접는 경우가 의외로 빈번하다.

우리의 입장에서는 중동아랍 사람들의 문화가 특수하다고 보겠지만 입장을 바꿔 보자면 우리 문화도 중동인의 시각에서는 매우 특수할 수 있다는 상대성을 가질 필요가 있다. 우리 문화와 가치는 정상이고 중동을 포함해 다른 나라의 것은 낙후되거나 이상하다고 보는 시각은 '정치적인 올바름(Political Correctness)' 여부를 따지기 이전에 비즈니스 효과성 면에서 통하기 어려운 발상이다. 2장에서 보다 자세하게 다루겠지만 중동에 진출하는 기업가라면 문화적 감수성과 지능(cultural intelligence)을 높이는 것이 사업의 성패를 좌우하는 첩경이라는 점을 명심하면 좋겠다.

에너지 공급과 건설플랜트 사업에 대한 수요가 큰 중동 국가라면 마땅히 우리의 진출 후보가 안 될 수가 없다. 우리 기업의 특장점이 잘 두드러지는 부분이기에 이를 최대한 활용할만한 시장을 찾아야 한다. 또한 진출후보 국가와 우리나라가 우호적 외교관계를 갖고 있느냐도 중요한 변수이다. 후발주자로서 한국은 중동에서 인지도와 신뢰도 면에서 아직 유럽, 북미, 일본만큼의 반열에 있다고 보기는 어렵다. 이러한 간극을 좁혀주는 것 중의 하나가 전략적인 외교를 통한 정부 간 신뢰 구축이다. 시리아를 제외하고 한국이 외교관계를 맺지 않은 나라가 중동에 없지만 피차간에 필요한 것들을 교환하면서 실질적으로 돈독한 관계를 유지하는 경우와 명목상의 우호관계만을 유지하는 경우는 차원이 다르다. 국가끼리 정상적이고 안정적인 관계를 유지한다는 것은 물과 공기와 같아서 평소 정상적일 때는 존재의 가치를 모르지만 이것이 흔들릴 때는 감당이 안 될 만큼 기업의 존립 환경을 흔드는 일이다.

정치와 경제를 막론하고 국왕과 같은 최고 통치자가 막강한 권력을 종신으로 행사하는 중동에서 최고 통치자 간의 신뢰와 돈독한 관계 형성은 진출기업의 이익 확대에도 지대한 영향을 미친다. 그런 면에서 5년마다 정권이 교체되는 우리의 정치 환경은 이러한 인적신뢰 조성에 유리하다고 보기는 어렵다. 우리 시각에서는 세습왕정이나 장기집권이 전근대적으로 보이겠지만 중동 사람들 시각에서는 5년의 정부 교체기마다 사람이 바뀌면서 바뀐 정책을 갖고 오는 한국이 오히려 같이 일하기 어려운 파트너로 인식될 수 있다는 측면도 생각해 볼 필요가 있다.

● ────────────
진출 국가 유력 후보군

위에 언급한 요소들을 최대한 감안했을 때 한국 기업이 진출할만한 유력한 후보군을 구분해 보면 아래와 같다. <표-2>에 나오는 경제적 활동성이란 위의 5가지 기준과 한국 기업의 산업적 특수성 등을 종합적으로 고려해 만든 지표이다.

┃ 표 2 경제적 활동성에 따른 진출 후보국가 분류표

국가	경제적 활동성	특징
A	UAE, 사우디, 카타르, 쿠웨이트, (이스라엘)	고	• 주로 걸프 지역, 산유국 • 고소득 국가, 비즈니스 환경 양호, 산업 다양성 우수, 경제적 안정성 우수, 성장률 양호, 문화적 다양성 • 인프라 개발 지속(건설플랜트 수주) • 유가 변동에 취약
B	이란, 이집트, 오만, 바레인, 튀니지, 모로코, (튀르키예)	중	• 레반트, 걸프, 마그레브 골고루 분포 • 바레인·오만은 산유국, 이란은 격리 경제(제재) • 중소득 국가, 투자환경 개선 진행 중, 인프라 개발 진행, 제조업 및 서비스업 성장 중 • 내수 성장 잠재력, 중산층 증가 • 고인플레, 정치 불안정, 재정 취약
C	이라크, 알제리, 리비아, 요르단, 레바논	저	• 레반트, 마그레브 지역 • 저소득, 비즈니스 환경 미흡, 경제적 안정성 및 성장률 저조 • 일부는 산유국, 정치적 안정성 미흡, 재정역량 취약

* 내전 지속으로 경제적 활동이 정체된 시리아, 예멘 등은 논외로 취급

위와 별도로 GDP 기준 중동 상위 10개국을 나열해 보면 다음 표와 같다.

표 3 GDP 기준 중동 상위 10개국

순위	국가	GDP (억 불)	1인당 GDP 중동내 순위 ($)	특 징
1	사우디	11,000	5(31,849)	최대 석유수출국, 강력한 리더십, 산업 다각화(네옴시티), 정치적 영향력, 개방성 미흡
2	이스라엘	5,225	2(54,710)	서구권 경제로 분류, 과학기술력, 내수 양호, 방산 강국
3	UAE	5,075	3(51,305)	산유국, 중동의 관문(항공), 산업다각화 적극 추진, 개방성 가장 우수, 한국과 특수 관계
4	이집트	4,752	11(4,563)	인구대국, 관광산업, 탁월한 지리적 위치(수에즈), 개방성 저조, 제조는 발달, 성장잠재력 미흡, 인구대비 소비역량 저조
5	이란	3,522	13(4,110)	산유국이나 제재 경제, 제조·농업 발달, 정치적 영향력, 사우디와 경쟁 관계, 개방성은 낮음, 성장잠재력 중간, 인적 자원 양호
6	이라크	2,703	9(6,399)	산유국, 정치불안, 소비력 저조, 성장 잠재력 미흡, 인적 자원 양호
7	카타르	2,254	1(84,424)	천연가스 대국, 개방성·성장잠재력 우수, 정치적 안정, 인구력 한계
8	알제리	1,954	10(4,314)	산유국, 인구크기 양호하나 소비력 저조, 개방성 미흡, 성장잠재력 하위, 정치불안
9	쿠웨이트	1,845	4(38,328)	산유국, 개방성·성장잠재력 우수, 작은 내수시장
10	모로코	1,380	15(3,764)	관광산업, 개방성·성장잠재력 미흡, 인적 자원은 양호

중동 국가 간 서열과 이미지

앞에서 기업의 입장에서 일차로 고려해야 할 핵심국가들을 언급했지만 한 나라의 현실적 위세와 그 나라 국민이 받는 처우는 늘 같은 방향으로만 움직이지 않는다. 중국이 미국과 겨루는 G2의 반열에 올랐다고 하지만 중국인이 어디에서든 그에 상응하는 대접을 받는 것은 아니다. 글로벌 여론조사를 보면 반중정서는 더 확대되는 추세이고 이러한 부정적 정서는 중국인이 해외에서 부당한 대우나 차별에 노출될 가능성이 그만큼 커진다는 것을 의미한다.

중국인이 세계 곳곳에 미치지 않는 곳이 없는 세상 속에서 한국인은 일차로 중국인으로 오인받기 십상인데 과거에는 외모가 준수하면 일본인, 누추하면 중국인 취급을 받았다는 말을 하곤 했지만 지금은 외모가 준수해도 '부자 중국인'으로 취급받는 일이 일반적이다. 같은 중동 내에서도 출신국에 따라 이러한 차별과 서열이 존재한다는 인상을 받는다. 예를 들어 이집트의 경우 나라 자체야 누구도 무시 못 할 역사와 위상이 있지만 그 국민들이 밖에서 그만큼 대접을 받는 일은 거의 보지 못했다.

같은 종교에 문화적 동질성에 외모도 크게 다르지 않지만 중동에 존재하는 국가 간 위계와 차별은 엄연한 현실이다. 같은 민족적 뿌리를 갖고 언어도 같지만 국적이 다른 조선족이 한국에 와서 외국인노동자 역할을 할 때 동포적 동질성보다 경제적 계급과 국적이 더 큰 관계적 요소가 되는 것과 같은 맥락이다. 사우디나 UAE에 와서 노동자로 일하는 이집트나 팔레스타인인을 같은 무슬림이자 아랍형제라고 동등한 대우를 해 줄 리는 만무하다. 산유국인 걸프 국가 국민들은 경제적으로 취약한 이집트, 요르단, 레바논, 시리아 노동자나 이민자들을 하대하는 경향이 뚜렷하다. 원래 차별이라고 할 때는 인종, 종교, 문화, 성별 등에 따른 차별을 말하는 것이 일반적인데 같은 문화권 내에서 경제적 부의 차이에 따라 차별하는 것도 차별의 정도는 약해 보이지 않는다. 이러한 차별의 정서를 구조적으로 객관화하기는 어려운 것이며 어디까지나 역외 관찰자로서 필자의 주관적 시선으로 구분한 위계라는 점을 밝혀 둔다. 그럼에도 국력(Power)과 소위 우수한 나라(Best countries)를 기준으로 분류한 지수(index) 랭킹을 보자면 거의 이러한 서열화와 일치하는 것을 볼 수 있는데 컨설팅업체 BAV와 와튼스쿨이 조사한 기준으로 중동 국가들을 서열화하면 아래 표와 같다.

표 4 중동에서의 국력과 우수국가 랭킹(괄호안은 전체 순위)

국력	국가명	우수국가	국가명
1	UAE(9)	1	UAE(21)
2	이스라엘(10)	2	카타르(29)
3	사우디(11)	3	튀르키예(30)
4	튀르키예(17)	4	사우디(34)
5	이란(18)	5	이집트(35)
6	카타르(23)	6	이스라엘(37)
7	이집트(31)	7	쿠웨이트(38)
8	레바논(48)	8	오만(45)

이 표를 보면 중동 내 국민간 서열의식이 대략 객관적 지표와 일치하는 것을 볼 수 있다. 물론 같은 걸프 지역 내 부유한 국가들 사이에서도 갈등과 차별이 없는 것은 아니다. 다만 그것은 객관적 조건에 의한 차별이라기보다는 유사한 환경과 조건을 가진 나라들 사이의 경쟁과 시기심이라고 보는 것이 더 적절할 듯하다. 2017년 사우디와 UAE가 외교적 갈등으로 카타르에 대한 봉쇄를 실시했을 당시 UAE에 거주하던 카타르인들이 고립되어 양국간 갈등이 폭발했던 적이 있었는데

이러한 갈등은 차별이라기보다는 정치적 갈등의 파생효과라고 볼 수 있겠다.

중동 내 국민간의 서열의식은 크게 산유국이 몰려있는 걸프 6개국과 여기에 노동자를 보내는 다른 중동 국가군으로 대조되는데 결국 경제적 서열의 차이라고 할 수 있다. 특히 70년대 오일 쇼크 이래 가파르게 벌어진 산유국과 비산유국 간의 경제적 격차가 고착화되고 이것이 국민들간 계급의식으로 굳어진 것이라고 하겠다. 즉, 사우디, UAE, 카타르, 쿠웨이트 등에 노동자를 보내거나 그 나라 출신으로 걸프 지역에 뿌리를 내리고 사는 타 중동 국가 국민들에 대한 하대가 서열의식으로 굳어진 것으로 볼 수 있다. 걸프 지역에 나와 있는 중동 출신 외국인이 많은 나라 순서로는 ▲ 요르단 ▲ 이집트 ▲ 시리아 ▲ 레바논 ▲ 팔레스타인(이스라엘) ▲ 이라크 ▲ 이란 등을 들 수 있는데, 특히 요르단과 이집트의 숫자가 많은데 이곳 출신들은 걸프 지역에서 아랍권 외국인 노동자층을 두텁게 형성하고 인도, 스리랑카 등 서남아 육체노동자들의 관리자 역할을 하면서 걸프 자국민을 보좌하는 중하위 계층을 형성하는데 그럼에도 이들은 걸프 지역에서 사회 경제적으로 취약한 아랍인 계층을 대표한다고 하겠다.

기본적으로 걸프 국민들과 이들 아랍계 외국인들은 인종적 차이는 크게 구분이 안 되지만 복식부터가 다른데 걸프 지역 남자들은 흰색 베두인 전통복장을 입고 다른 중동 지역 남자들은 오스만 지배의 영향을 받아서 서구화된 간편복을 입기 때문에 외형이 자연스럽게 신분적 지표의 역할을 하기도 한다.

이집트는 앞의 표에서처럼 객관적 지표로는 중동의 강대국에 속하며 우수국가 리스트에서도 비교적 상위에 속하는 나라이나 이러한 객관적 요소들을 국민 개개인들이 향유하기에는 아직 무리가 있어 보인다. 이집트는 인구 1.1억 명의 중동 최대 인구대국이지만 만성적인 저성장과 고실업률에 시달리면서 반복되는 외채상환 위기를 겪으면서 엄청난 수의 국민들이 해외로 유출되고 있다. 특히 같은 언어권인 걸프 지역 진출이 약 140만 명으로 제일 많으며 건설, 농업, 서비스 분야에서 하급 노동에 주로 종사하지만 중간 수준 이상의 사무직이나 전문직도 꽤 된다.

요르단은 국민 대다수가 팔레스타인 계열인데 아랍권 전체가 반이스라엘을 일종의 정치 테마로 삼아 한 목소리로 팔레스타인의 단독 국가 수립을 옹호해 온 것에 비해 실제 팔레스타인인 자체의 처우에 대해서는 그다지 관대하지 않은 것 같다. 요르단은 걸프 지역에 이집트보다도 많은 2백만 명 이상의 노동자가 있다고 하는데 일부는 육체노동에도 관여하나 인도 등 서남아인들에게 맡기기 어려운 중간 수준의 업무에 주로 종사한다.

시리아는 약 130만 명의 시리아 노동자들이 걸프 지역에서 저임금 노동자로 일하고 있는데 요르단, 이집트보다는 육체노동 비율이 적으며 저임금 사무직이나 서비스업 등에 많이 투입되곤 했는데 2011년 시리아 내전 발발 이후 난민이 크게 늘면서 하층 노동자로의 편입이 늘어난 것으로 보인다.

레바논은 가장 서구화된 중동 국가로서 해외에서 육체노동자부터 재벌급 기업가까지 두루 배출한 나라지만 경제상황이 계속 악화되고 정세가 불안해지면서 위상이 추락한 국가군에 속한다. 그래도 레바논인들은 교육수준이 전반적으로 높고 서구적 성숙도가 높아 걸프 지역의 경우 약 170

<그림 3> 걸프 지역 남성 전통의상 칸두라(Kandura) 또는 토브(Thawb) 라고 한다.

만 명의 노동자가 진출해 있으며 서비스, 교육, 보건 분야 종사자가 많고 조직의 중간관리자나 전문직 종사자도 많으며 전통적으로 상업이 발달한 레바논답게 중동 전역에 레바논 상권이 발달해 있다. 그럼에도 불구하고 인구나 국토, 국가적 위상과 열악한 국내 상황으로 같은 노동자 송출 국가지만 이집트와는 달리 중동에서 주도적 역할을 하는 그룹에는 끼지 못한다.

② 네옴시티와 산유국 경제의 탈석유 몸부림

〈그림 4〉 2022년 11월 무함마드 빈살만 왕세자의 방한 당시 재계 숙소인 롯데호텔에서의 기업 총수들과의 단체 면담 모습. 이런 장면을 연출할 만한 지도자가 사우디 왕세자 외에 누가 있을까.

네옴시티와 그 역설과 의견들

사우디를 비롯한 중동 산유국들은 탈석유 시대를 대비해 다양한 경제 다변화 비전을 쏟아내고 경제의 체질 변화를 추진하고 있다. 석유로 부를 축적한 국가들이 석유의 고갈을 대비해 다른 생존 방편 마련을 미래의 국가 어젠다로 삼은 것이다. 사우디의『VISION 2030』, UAE의『VISION 2023』, 카타르의『국가비전 2030』등 이름도 비슷하고 내용도 비슷한 탈석유 경제 비전들이 중동 산유국들에 의해 줄줄이 제시되고 있다. 나라마다 조금씩 주안점은 다르지만 크게 봐서 친환경 에너지, 스마트시티, 항공우주, 바이오제약 등 서구 선진 경제국도 아직 이루지 못한 첨단산업 중심으로 경제를 개편하겠다는 야심 찬 희망을 제시하고 있다.

탈석유 경제 다변화 국가전략을 맨 처음 추진한 나라는 UAE였고 잘 아는 바와 같이 두바이와 같은 세계가 인정하는 독보적인 탈석유 개방경제 모델을 이루어 냈다. 걸프 지역의 맏형 사우디는 이러한 물결에 가장 늦게 동참한 나라지만 사우디의 행보는 중동은 물론 글로벌 전체의 중요한 변수가 된다는 점에서 관심을 끌기에 충분하다. 거기다 논쟁적 인물인 무함마드 빈살만 왕세자는 '비전 2030'의 성공에 국가의 운명은 물론 자신의 정치적 명운마저 걸었다고 할 정도로 사력을 다해 매달리고 있다.

2017년 빈살만 왕세자의 전면 등장과 함께 처음 제시된 사우디 '비전 2030'과 그 핵심인 '네옴시티 프로젝트'는 그간 수많은 중동 인프라 사업에 참여해 온 한국 기업들로 하여금 제2의 중동 붐으로서 기대를 갖게 하기에 충분하다. 이 '메가(mega)'를 넘어 '기가(giga)'라고 일컬어지는 초대규모 프로젝트가 과연 실현이 가능한 것인지에 대한 논의가 분분하다. 최종 완성되기까지 수십년이 걸릴지 모를 프로젝트인 만큼 당장 맞고 틀리고의 문제가 아닐지 모르겠으나 사막 한가운데 세워지는 전무후무한 기가 프로젝트가 실현 가능한 것인지에 대해 의문을 갖는 것이 이상하다고 보기는 어렵다. 두바이 역시 90년대 중반 개발이 본격화되고 2000년대 들어서 현재의 외관을 갖추어 갈 당시만 해도 지금의 성공을 반신반의했던 분위기가 팽배했다는 점을 상기해 본다면 네옴시티 역시 미래에 창대한 역사로 기록될 일에 대해 당대에 비전이 부족한 소심한 사람들이 가진 불안감으로 치부될 수도 있을 것이다.

<그림 5> 네옴이 들어서는 사우디 북서부, 홍해 연안 부지. 바다 건너에 이집트 휴양지 샤름-엘-셰이크

  그리스어로 '새로운 미래'라는 의미의 네옴은 미래형 초대형 메가시티로서 면적이 무려 남한의 1/4, 서울 면적의 44배에 달한다. 현재까지 청사진이 공개된 곳은 세 곳이다. 사막형 직선 도시 '더 라인'에는 복합 주거시설을, 야외 스키장을 지어 동계아시안게임을 개최하겠다는 산악 관광단지 '트로제나', 해상 부유형 산업단지 '옥사곤' 등이다. 이중 단연 관심을 모은 것은 105마일(163km) 길이의 직선 도시 '더 라인'인데 서울에서 강릉 거리의 직선 도시에 길이 75마일(120km), 높이 488m의 초대형 건축물인 '미러 라인'을 만들어 서울시 인구 비슷한 900만 명을 수용하겠다고 한다.
  여기에는 차가 없는 대신 모든 시설을 5분 내에 도보로 이동하고 모든 에너지는 태양열 등 친환경 에너지만을 사용하며 지하에는 고속열차를 만들어 라인의 끝에서 끝까지 20분 만에 주파하고 2030년까지 한국의 GDP의 절반을 넘는 1조 달러를 들여 2030년까지 완공시키겠다는 것이다. 월스트리트저널(Wall Street Journal)이 입수한 내부 보고서에 의하면 드론 택시가 날아다니고 영화 쥬라기공원과 같은 로봇 공룡이 있는 테마파크도 만들고 인공 구름을 만들어 비를 뿌리고 인공달(artifi-

cial moon)까지 만들 계획을 갖고 있다고 한다. 심지어 도시 안에는 이슬람에서 금기하는 술까지 허용한다는 설(說)도 있다. 빈살만 왕세자는 네옴이 과학과 기술에 기반한 도시개발의 최첨단 혁신 모델이 될 것이며, 사우디의 경제를 탈석유 경제로 다변화시켜 외국인 투자를 유치하고 일자리를 창출하며 관광, 물류, 제조의 허브로 도약시키는 관문이 될 것이라고 주장한다. 그렇게 될 경우 중동은 물론이고 세계적 파급력을 가질 것임은 분명할 것이다.

〈그림 6〉 더 라인의 가상 비전. 총 길이가 서울~강릉 거리이다.

과연 그럴 수 있을 것인가? 네옴 프로젝트는 실현 가능한 것인가? 기초공사는 이미 2021년부터 시작되었고 이 분야 잔뼈가 굵은 한국의 토목기업도 다수 참여하고 있다. 국내 굴지의 모 건설사 간부는 과장인지는 모르겠으나 필자에게 네옴으로부터 받은 사업만으로도 회사 전체가 매달려도 모자를 정도라고 한다.

네옴시티 성공 가능성에 대한 회의적 시각들

그럼에도 네옴시티의 성공 가능성에 대해서는 회의적 시각이 많은 것이 사실이다. 회의론은 크게 세 가지로 요약되는데 첫째 재정적인 부분, 둘째 환경적인 부분, 셋째 인권적인 부분으로 나눠볼 수 있다.

가장 우려되는 부분은 천문학적인 사업비를 조달할 수 있을 것인가 이다. 사우디는 처음 네옴시티 발표 당시엔 5천억 불 규모라고 했다가 나중에 전체의 한 부분인 '더 라인'에만 1조 달러를 투입하겠다고 발표했다. 아마 사업비는 계속 늘어날 것이다. 그런데 그 돈을 어떻게 조달한다는 말인가? 공식적으로는 정부 예산과 국부펀드(PIF) 자금, 그리고 민간투자 유치를 통해 조달한다고 한다. 그러나 이 계획도 불안해 보인다. 현재 밝힌 계획으로는 국부펀드에서 2,290억 달러를 조달한 후 1,060억 달러의 투자펀드를 모으고 민간투자를 통해서 약 2,100억 달러를 더 채우겠다는 것이다. 이렇게 긁어 모아 봤자 더 라인 예산 전체 규모의 절반 정도이다. 빈살만 왕세자는 모자라는 부분은 네옴시티의 개발주체를 맡고 있는 공기업을 상장해서 연 13~14%의 수익을 통해 재정적 자립을 이루겠다고 한다. 그러나 이것은 어디까지나 계획일 뿐이고 과연 누가 펀드에 돈을 넣고 어떤 기업이 민간투자에 나설지는 여전히 미지수이다. 이것은 단순히 사우디와 빈살만 왕세자의 미래에 대한 신뢰만이 변수가 아니라 글로벌 유가와 중동 정세는 물론 국제경제 전반의 안정성에도 영향을 받는 문제이다. 더구나 아직 최종 마스터플랜도 나오지 않은 계획에 천문학적인 자금을 투자할 만한 투자가들이 얼마나 나타나 줄 것인지도 관건이다. 여기에 빈살만 왕세자와 함께 '비전펀드'를 만들면서 사업적으로 가장 우군이었던 소프트뱅크의 손정의 회장마저 대규모의 투자손실을 내면서 소프트뱅크에 6조원이 넘는 개인 채무까지 진 것으로 드러나면서 왕세자를 도와줄 여력이 없을 것이라는 분석도 있다. 마지막 빈살만 왕세자의 회심의 카드가 사우디 국영석유회사 아람코(Aramco)의 상장인데 2019년 12월 최초 상장 당시만 해도 애플의 몇 배에 달하는 기업가치를 인정받았지만 다음 해 터진 저유가 폭풍에 휘말려 시총 1위를 애플에 내주고 말았다. 이후 2022년 말에 가서야 간신히 1위를 탈환했지만 현재 시총은 2조4천억 달러 수준으로 당초 기대했던 만큼의 자금조달은 어렵다는 것이 중론이다. 그나마 우크라이나 전쟁의 여파로 인한 에너지 가격 상승과 글로벌 인플레이션 덕에 애플과 같은 기술주를 누르고 아람코의 수익이 크게 높아진 것은 위안이라고 할 수 있다.

둘째, 환경적인 부분에서의 반대의 목소리도 높다. 사막에 저렇게 거대한 메가시티가 건설되면 엄청난 물과 전기를 소모할 텐데 결국 기존 거주환경의 심각한 훼손과 생태계의 파괴가 불가피하다는 것이다.

셋째, 도시 건설 작업 중에 해당 사막 지역 원주민 마을을 강제 이주하는 과정에서 사망사고 등 인권유린 문제까지 발생하면서 인권 후진국 사우디에 투자해서는 안 된다는 목소리도 나오고 있다. 원주민의 강제 퇴거와 함께 카타르 월드컵 당시 집중 제기되었던 외국인 노동자의 사막에서의 가혹한 노동환경의 문제도 계속 발목을 잡을 가능성이 있다. 환경과 인권은 글로벌 어젠다로서 중국과 사우디 등 후발 산업 국가들이 경제 개발을 하는 과정에서 맞게 되는 난제 중 하나인데 네옴시티의 추진이 본격화될수록 서구 주류 언론을 중심으로 공론화되면서 빈살만 왕세자를 괴롭힐 가능성이 크다고 하겠다.

●————————————
빈살만 왕세자에게 네옴시티가 무엇이길래?

빈살만 왕세자로서는 이 프로젝트를 성공시켜야 할 안팎의 사정이 있다. 왕세자로 책봉되는 시기에 사우디의 경제와 외교가 모두 시련을 맞는다. 한국과 비슷한 경제규모를 가졌던 사우디가 셰일 혁명의 여파로 2016년 국제 유가가 원가에도 못 미치는 30달러 선까지 추락하자 무려 1천억 달러 가까운 재정적자가 발생했고 한국의 절반 수준까지 GDP가 추락하는 수모를 겪는다. 국가 재정의 90%를 석유 수입이 차지하고 자국민들의 90%이상을 사실상 공공부문에서 고용하고 기름과 전기는 원가의 절반 수준에서 자국민들에게 공급하던 나라가 졸지에 나라 곳간이 비는 상황에 처한 것이다. 지금껏 오일머니로 권위주의 왕정과 이슬람 원리주의에 대한 불만을 잠재워 왔던 사우디 왕정으로서는 국민들의 원성이 고조되는 내부위기를 맞게 된 것이다.

Crude Oil WTI (USD/Bbl)

37.0800

<그림 7> 2000년 이후 국제유가 변동. 사우디는 2016년부터 셰일과 코로나 여파로 저유가를 맞으면서 탈석유 경제 비전 실천에 박차를 가한다.

여기에 대외관계도 위기를 맞는다. 셰일가스의 등장으로 국제 원유 시장에서 절대 강자로 군림했던 존재감이 약해지고 이미 오바마 행정부 시절부터 미군의 중동 철수와 이란 핵합의 등을 둘러싸고 삐걱대던 미국과의 관계도 트럼프의 등장 이후에도 회복이 안 되더니 바이든 행정부

등장 이후에는 사우디 반체제 인사 '카쇼끄지' 암살 문제에 이어 원유 감산 문제까지 겹쳐 역대급으로 불편한 관계에 놓여 있다. 더구나 왕위계승 서열의 후순위에 있던 빈살만 왕자가 소위 '왕자의 난'을 통해 집권하게 되면서 정통성의 시비까지 불거져 있는 상황이었다. 이러니 아무리 절대왕정 국가라지만 사우디 왕실의 입장에서 국민들의 눈치를 보지 않을 수 없고 어떻게든 경제를 살리고 실업률을 줄이며 국제적 위신을 회복해야 하는 절박한 상황에 몰렸다고 할 것이다. 통치의 정당성을 확보하는 데 어려워진 경제를 살리는 일만큼 우선순위가 높은 일이 또 있을까.

역사적 경험을 통해서 봤을 때 이런 경우에는 동서고금을 막론하고 거대한 토목 인프라 사업만 한 것이 없는데 네옴 같은 프로젝트가 정말 잘만 된다면 30%에 육박하는 실업률도 해결하고 꿈에 그리던 탈석유 경제 다변화를 실현할 수 있음은 물론 사우디와 중동의 역사에 자신의 치적으로 남을 수 있기 때문이다.

빈살만 왕세자에게 네옴이 얼마나 큰 비중을 차지하는지는 그가 이 계획을 발표함과 동시에 감히 상상도 못하던 사우디의 개혁개방 조치를 전격 실행했다는 점을 통해 알 수 있다. 여성들의 운전을 허용하고 남성과 동반 없이 단독으로 외출을 못하게 하던 이슬람적 관행(마흐람, Mahram)을 폐지했고 방탄소년단(BTS)은 물론 걸그룹인 블랙핑크까지 리야드에 초대하여 기존의 금기사항인 대중공연을 허용하면서 사우디의 독특한 수니파 이슬람 원리주의인 와하비즘(Wahabism)에 정면으로 반하는 조치를 단행한다. 국내 보수파들의 반발을 무릅쓰고 이를 감행한 것은 네옴시티의 성공적 추진을 위해서 사우디 인권상황이 이만큼 개선되었다는 점을 국제사회에 어필하려는 노림수라고 볼 수 있다. 자신의 정치생명을 걸고 추진하는 사업인 만큼 진정성 하나만큼은 인정하지 않을 수 없다고 할 것이다.

한 가지 네옴시티의 성공 가능성을 어느 정도 예견해 볼 수 있는 시금석이라고 할 수 있는 것이 있는데 바로 사우디의 '킹압둘라 경제도시(King Abdullah Economic City)'이다. 빈살만 왕세자의 큰아버지이자 자신의 아버지 살만(King Salman) 국왕 직전의 선대 왕인 압둘라 국왕이 자신의 이름을 걸고 2005년에 발표한 킹압둘라 경제도시 프로젝트는 서울의 1/3만한 크기에 인구 200만 명, 일자리 100만 개 창출을 목표로 출발했다. 도시의 성격도 친환경 에너지로만 움직이고 외국인에 대한 규제를 풀어 외국 기업을 대폭 유치하고 석유 의존적인 경제를 다각화시키고 항만을 건설해서 전 세계 물류 중심이 되겠다는 것인데 규모는 다를지언정 개념적으로는 네옴시티와 매우 흡사하다. 그러나 킹압둘라 경제도시의 현재 성적표는 초라하다. 2030년 완공을 목표로 한다는데 계획된 부지의 25%만 개발이 진행됐고 인구는 고작 1만3천 명 수준이며 현재는 당초 의도한 경제 산업도시가 아니라 관광 휴양도시로 성격을 억지로 바꾸고 있는 중이다. 운도 없었던 것이 공사를 시작하면서 2008년 금융위기가 터져 원자재 값 폭등으로 수급이 막혀 공사가 지연되고 이 과정에서 사우디 최대 국영 건설사가 파산하는 상황까지 발생한다.

결국 네옴시티에 비해 턱없이 작은 신도시 하나 못 만들면서 네옴과 같은 역사상 전무후무한 거대 공상과학적 신도시 건설이 가능하겠냐고 지적하는 것이 무리는 아니다. 차라리 현실적이고 실질적으로 신도시 개발을 하려 했다면 어느 정도 기반 시설이 갖춰진 기존의 킹압둘라 경제도시를 개발하는 것이 낫지 않냐는 지적도 일리가 있다. 그래서 빈살만의 입장에서 킹압둘라 도시를 완성시켜 봤자 정치적으로 가깝지도 않은 작고한 큰아버지인 압둘라의 이름만 부각되므로 자신의 직접적 치적이라고 할 수 있는 네옴을 무리를 해서라도 밀어붙이는 것이 아니냐는 비판이 국내외적으로 계속 나오고 있다.

이러한 이유들로 인해 네옴시티 실현의 가능성에 대해서는 기대보다 우려의 목소리가 더 크게 들리는 것이 현실이다. 그러나 필자는 네옴 프로젝트의 성공을 바라는 편이다. 빈살만 왕세자의 정치적 성공을 위해서가 아니고 이 프로젝트가 내세우는 미래와 혁신에 대한 가치가 현 세대에 구현되는 것을 목격하고 싶기 때문이다. 이 과정에서 짓고 부수는데 일가견이 있는 우리나라 기업들에게도 많은 기회가 올 것이다. 『제2의 중동 붐』을 논하기 전에 이러한 역사적 프로젝트 참여를 통해 기업의 수준도 한 단계 발전할 수 있다고 본다. 무엇보다 도입의 동기가 무엇이든 간에 빈살만 왕세자의 정치적 결단으로 이뤄진 여성들의 자유화와 사회참여 허용 정책이 네옴의 성공과 더불어 정당성을 부여받음으로써 사우디의 엄격한 이슬람 율법이 축소되는 추세가 굳어지길 희망한다. 변화되는 사우디는 변화하는 중동을 상징한다. 원리주의 이슬람의 속박에서 벗어나 보다 개인의 자유가 보장되는 사우디의 기운이 나머지 중동에도 훈풍을 불러일으킬 것이다. 민주화 투쟁 중심의 『아랍의 봄』이 미완성한 중동의 민주화와 인권의 정착이 첨단 스마트시티 네옴의 성공과 더불어 촉진될 수도 있다는 희망을 갖게 한다.

두바이든, 도하든, 네옴시티든 중동에서 가장 자유롭고 비즈니스 환경이 편한 곳으로 전 세계 개인과 기업이 몰릴 것이다. 잘하면 피라미드나 만리장성과 같은 인류 역사의 획을 긋는 불가사의를 우리 세대의 생전에 직접 눈으로 보게 되는 행운을 가져볼 수 있지 않을까. 인간이 했을 것으로 절대로 믿기지 않는 역사적인 과업들이 당대에는 모두 엄청난 저항과 반발을 샀던 무모한 일들이었다. 중국의 만리장성은 작게는 수십만 많게는 수백만이 희생되었을 것으로 추정된다. 이런 대업이야말로 절대 권력자의 타협 없는 고집과 냉혹한 통치가 아니었더라면 가능하지 않았을 것이다. 네옴시티도 이와 같은 길을 밟아 가는 것일까? 우리야말로 후대에 역사적 위업이라고 평가를 받을 일을 지금의 작은 시야로 미래를 내다보지 못하는 오류를 범하고 있지는 않는 것일까? 네옴 프로젝트는 다행히 우리 세대 안에 그 결말을 알 수 있을 확률이 높으니 흥미롭게 관전할 일이다. 그럼에도 마음 한켠에는 이 거대 프로젝트가 부디 인류 발전사의 한 획을 긋는 위업으로 남을 수 있기를 기대해 본다.

③ 코로나 팬데믹이 중동 경제에 끼친 영향

코로나 팬데믹 전과 후 중동 현지 상황

중동 역시 코로나19의 영향을 심각하게 받았다. 다른 대륙과 비교하여 인구 대비 적지 않은 확진자와 사망자를 기록했다. 세계보건기구(WHO)에 따르면 2023년 3월 기준 중동 지역은 확진자 8백여 만 명에 사망자 17만여 명이라고 하는데 중동 국가들 간에 검진 역량과 행정의 투명성 등에 편차가 있다는 점을 감안했을 때 실제 피해 정도는 더 컸을 가능성이 크다.

중동에서 팬데믹으로 인한 인명 피해가 다른 지역보다 심한 것에는 특정 지역의 인구가 밀집되어 코로나 확산이 통제 불능이었다는 점과 대부분 국가들의 의료체계와 장비 수준이 낙후된 데 큰 원인이 있다. 또한 사우디나 UAE, 카타르와 같이 산유국의 경우 외국인 노동자의 비율이 압도적으로 높고 글로벌 물류 허브이자 이슬람 종주국으로서 외국 관광객의 방문이나 비행 환승이 많은 지역이라 바이러스 확산에 좋은 환경적 요인이 된 측면이 있다.

현재 중동은 언제 그런 엄혹한 역병의 광풍이 있었는지 모를 정도로 외관상 코로나의 흔적을 찾기 어려울 만큼 평온한 상태이다. 관점과 기준에 따라 다르겠지만 코로나 초기 무섭게 확진자 비율이 올라갈 때 중동 일부 국가들의 경우 국가 시스템 붕괴의 우려까지 제기될 정도였으나 백신 도입 이후 전반적으로 확산세가 꺾이고 의료시스템도 간신히 정상을 유지하면서 체제 붕괴의 선까지는 넘지 않았다.

경제도 물론 침체를 겪었지만 정부들도 각종 자구책을 내면서 견뎌냈다. 그래서 사태 초반에 있었던 최악의 사태에 대한 우려와는 달리 현재의 중동은 외견상 정상화된 모습으로 움직이고 있다.

그러나 겉보기와 달리 그 안에는 깊은 내상이 자리하고 있다. 막대한 재정능력과 비교적 훈련된 행정시스템을 바탕으로 팬데믹 대응을 잘한 국가들과 그렇지 못한 국가들 사이의 격차가 크게 발생하면서 기존의 중동 내 국가간 부의 불균형이 더욱 심화되었다. 소위 잘사는 산유국과 못사는 비산유국 사이의 격차가 코로나로 인해 더 벌어진 것이다. 또한 재정이 열악한 국가 내에서도 취약한 계층의 형편이 더욱 어려워짐에 따라 이런 나라들의 경우 앞으로도 한동안 경제, 정치, 사회 모든 면에서 코로나의 영향은 더 오래 지속될 것이다.

산유국들이 재정을 기반으로 코로나 피해를 비교적 수월하게 극복했다고 해서 처음부터 만만했던 것은 아니다. 코로나로 인한 글로벌 석유 수요의 하락으로 유가가 곤두박질치자 직격탄을 맞은 것은 걸프 지역을 중심으로 한 산유국이었다. 전술한 바와 같이 이들 국가들은 외국인 노동자들이 집단 거주하는 밀집 시설이 많아 감염 통제에 구조적으로 취약했고 자국민들도 초반에 정부의 방역 통제에 잘 순응한 것도 아니었다. 오히려 요르단같이 이런 환경과 대조적인 국가들이 초반 대응을 잘했다는 평가를 받기도 했다.

그러나 코로나 국면이 격리와 통제에서 백신 확보 경쟁으로 변화하자 UAE 같은 걸프 국가들이 논란이 많던 중국산 백신이라도 재빨리 도입하고 이어서 미국산 백신 접종률을 급격하게 높여가자 걸프 지역을 중심으로 코로나 확산세는 크게 꺾이게 된다. 중동 국가들은 의외로 중국산 백신을 선구적으로 도입한 국가들이 많은데 이집트, 요르단, 모로코 등 재정이 열악한 국가들도 있지만, 사우디, UAE, 카타르, 바레인 등 재정여력이 풍부한 국가들도 초기 백신 확보 경쟁 속에서 많은 중국백신 물량을 도입했으며 효과에 대한 논란은 있지만, 요르단 같은 경우는 시노팜을 거의 전 국민에게 접종했다. 그럼에도 요르단, 이집트의 경우 백신 접종률이 여전히 느리고 낮은 편이었으며 두 나라 모두 관광 수입에 고용의 10%, 총생산의 20% 가량을 의존하는 경제로서 지하경제의 비중도 높고 엄격한 방역관리나 국민들의 준수도 잘 이뤄지지 않았다.

재정 능력이 열악한 국가들은 경기부양 패키지 규모도 작을 수밖에 없었다. 이집트가 63억 불, 요르단이 18억 불 수준에 불과했는데 부국인 UAE는 270억 불, 사우디는 130억 불, 카타르는 203억 불 수준의 부양책을 내놓았다. 이집트는 GDP 대비 패키지의 규모도 1.8%로서 가장 작았는데 다른 국가들은 최소 4% 이상이었다. 그나마 역시 이번에도 숨통을 터준 것은 국제통화기금(IMF)의 구제금융과 이들 아랍국가들의 경제가 어려울 때마다 손길을 내밀던 사우디, UAE 등 걸프 국가들의 경제원조였다. 이집트에 62억 불, 요르단에 18억 불의 원조 패키지를 제공하였다. IMF의 지원규모는 이집트에 28억 불, 요르단에 13억 불 규모였다.

이라크 같은 나라들의 형편은 더욱 취약했다. 감염 확산은 매우 빨랐고 재정은 열악하여 백신 도입과 접종은 제일 늦었다. 2020년에만 경제가 10% 줄어들었는데 코로나의 영향과 더불어 국제 유가의 추락도 한몫했다. 이라크는 만성적인 정파 분쟁으로 인한 국내 정치 불안 때문에 결국 코로나로부터의 회복도 가장 늦은 국가군에 속했다.

이웃인 이란의 피해는 더욱 막심했다. 8천3백만 인구 중 10분의1 가까운 76만 명이 확진되었고 무려 14만6천 명이 사망하여 전 세계 12위(1위는 미국 116만 명), 중동내 1위를 기록했다. 그나마 사망자 통계도 그간 이란 정부가 제공한 통계의 투명성에 대한 신뢰도를 감안했을 때 실제 사망자 수는 3배에 달할 것이라고 보는 분석도 있다.

더구나 이란은 중동 내 코로나의 최초 발생지(Qom市)로 알려졌는데 인구 대국이자 지역내 활동성이 큰 나라인 만큼 이란으로부터 코로나가 중동 전역으로 퍼진 것으로 추정된다. 경제적으로도 2020년 6%나 성장률이 하락했는데 가뜩이나 국제제재로 취약한 경제에 코로나까지 가세하여 경제난이 가중되었다. 국제 유가의 하락으로 인한 정부 재정의 축소는 당연한 것이었고 제조, 관광, 농업 등 비석유 부분 경제도 직장 폐쇄와 실업자 증가로 연쇄적인 타격을 입었다. 결국 석유, 비석유를 막론하고 산업이 정체에 이르자 정부 재정이 급감하고 여기에 국제 금융제재로 코로나 의료 장비의 수입까지 막힘에 따라 결국 중동내 최대 피해국이 되고 말았다.

레바논, 시리아, 예멘과 같이 내부 경제 붕괴나 내전 같이 최악의 취약한 환경에 있던 국가들에 닥친 코로나의 영향은 더욱 가혹했다. 레바논은 코로나 이전에 유로채권 12억 불에 대한 디폴트를 선언하고 사실상 경제가 붕괴 직전에 있었는데 필수 의료 장비를 도입할 정부 재정 자체가 바닥난 상황에서 국민 절반 이상이 빈곤층으로 전락하고 말았다. 내전 상태의 시리아는 코로나 기간 중 80% 이상의 국민이 빈곤층이 되었고 정부군 장악 지역이든 반군 지역이든 할 것 없이 온 나라를 코로나 광풍이 휩쓸었다. 역시 내전 상태인 예멘도 기존에 콜레라 발병으로 2백만 명이 고통을 받던 와중에 코로나까지 가세함에 따라 세계 120위권 수준의 의료체계는 사실상 붕괴 수준에 이르렀다.

이스라엘은 코로나 피해와 대응에 있어 중동 내 부국과 빈국 간 차이를 극명하게 보여주었다. 전체 930만 인구 중 절반이 넘는 480만 명 감염에 사망자 1만2천 명을 기록했고 이는 비슷한 인구의 UAE 보다 감염자와 사망자 모두 4배나 많은 숫자이다. 이스라엘의 치명률은 UAE 와 비슷한 0.2% 정도지만 사실상 주로 피해를 본 계층은 보건의료 혜택에 대한 접근이 상대적으로 어려운 이스라엘 내 팔레스타인계의 숫자가 2배 이상 많았다고 한다.

실제 중동에 진출한 한국 기업들이 처한 현실과 과제

코로나 팬데믹 시기에 외국시장에 진출해 있던 기업들이 겪었던 공통의 피해들로부터 우리 기업들도 자유롭지 못했다. 중동에서도 예외는 아니다. 생산과 제조의 붕괴로 인한 물류와 공급망의 교란, 소비 감소로 인한 상품과 서비스 시장 축소, 거리두기와 록다운(lock-down)으로 인한 사업장 폐쇄나 축소의 피해를 고스란히 입었다. 더 자세히 들여다보면 그 피해는 산업별로, 나라별로 차이가 있다. 사람 간의 왕래가 봉쇄되면서 관광이나 서비스 산업이 더 직격탄을 맞았고 이 부분에 의존하는 나라들의 피해가 그만큼 컸다. 그러나 정도의 차이를 불문하고 사실상 모든 나라가 록다운과 거리두기로 인한 피해의 대상이 되었고 중동의 경우 오일 경제에 크게 의존하고 보건 역량은 더 부족함에 따라 산업 전반과 정부 재정의 손실은 더욱 심각하였고 진출한 외국 기업의 피해도 비례해서 커지게 되었다.

물론 다른 지역과 마찬가지로 중동도 원격근무와 같은 업무환경 변화로 인해 일부 테크기업이나 온라인 쇼핑과 같이 오히려 호기를 맞은 분야도 있었는데 이 분야에 진출해 있던 외국 기업들도 혜택을 보았다.

예를 들어 '배달의 민족'의 모회사인 독일계 회사가 인수한 중동 지역 배달 플랫폼인 'Talabat'의 경우 이 지역의 음식 문화를 바꿔 놓았다는 평가를 들을 만큼 대중적인 인기를 끌고 있다.

중동을 덮친 코로나는 다른 어떤 분야보다 공공 발주 인프라 사업에 집중하던 우리 건설플랜트 업계에 큰 타격을 주었다. 코로나의 전성기인 2020년에 걸프 산유국을 중심으로 대형 프로젝트들이 줄줄이 연기되거나 중단되었고 일부 사업들은 발주처가 유가 하락을 핑계로 비용 절감 재협상을 요구해 오는 등 안팎의 부담이 가중되었다. 유가는 2022년 터진 우크라이나 전쟁의 여파로 다시 반등하면서 중동 산유국의 재정이 생각보다 회복 속도가 빨라짐에 따라 대형 인프라 사업 발주도 원상을 회복하는 추세이다. 그러나 나라마다 회복의 속도는 차이가 있으며 유가의 급락으로 큰 위기에 봉착했던 산유국들이 이 시기의 트라우마로 말미암아 코로나 이전보다 재정 지출에 훨씬 민감해졌다는 반응들이 도처에서 목격되고 있다.

코로나 시기의 경험은 중동 국가들로 하여금 그들의 취약성이 무엇이고 무엇이 필요한가를 보다 확실하게 깨닫게 하는 긍정적 효과도 있었다. 여전히 유가에 좌우되는 경제, 부실한 산업기반, 보건역량의 심각한 태부족 등의 약점이 고스란히 드러남에 따라 이를 극복해야 할 정부의 과제 또한 뚜렷해졌다. 이러한 면들은 이들 국가 대부분이 기존에 표방하던 산업 다변화 비전속에 녹아있던 것이었지만 그 속도를 늦추어서는 곤란하다는 위기의식이 확고히 자리 잡게 되었다.

우리 기업들로서도 장차 본격화할 이러한 포스트 코로나 시대 중동의 산업 개편의 움직임에 슬기롭게 편승할 필요가 있으며 우리의 장점을 잘 발휘할 분야라고 본다. 다만 중동 국가들이 자체의 제조업 기술역량 강화를 위해 추진해 오던 로컬 콘텐츠(현지화) 강화 움직임에 기민하게 대응할 필요가 있다. 즉 고용과 투자, 제품과 서비스의 현지 조달 여부에 대한 요구조건이 보다 강화될 것으로 예상되는데 과거와 달리 외국 기업이 중동에 와서 현지 생산도 하고 고용도 하고 기술도 전파해 줌으로써 현지의 산업 수준을 올리는데 기여해 달라는 것이다. 이런 면에서 세계 5대 제조 강국인 한국으로서는 유리한 기회요인이 될 것임은 분명하다.

차제에 우리 기업도 제조는 좀처럼 동남아 이상 바깥으로 진출하지 않는 틀을 깨고 원자재, 노동력, 세제와 같은 제도적 분야에서 중동의 장점을 살릴 수 있는 제조 분야는 적극적으로 중동 쪽으로 제조 기반을 확장하는 구상을 실천해 보면 좋겠다. 2008년부터 사우디에서 현지합작 법인 형식으로 연 40만대 이상 에어컨을 생산하고 있는 LG전자 같은 경우 선구적 사례이다. 필자를 만나는 UAE, 카타르 기업인들마다 한국의 제조기업 소개를 부탁하곤 하는데 접촉하는 우리 기업들 중에 아직 관심의 영역이 중동까지 미치지 않거나 상품 제조와 대기업 납품 외에 해외시장 진출에는 관심이 없는 기업들이 많은 것을 보고 안타깝게 생각하였다.

같은 맥락에서 국내에서 우수한 학생들을 싹쓸이해가는 의료 보건 분야도 중동환자의 국내 유치라는 소극적 프레임만 주력하지 말고 국내 대형병원과 의료 기업들이 중동 진출 확대를 보다 적극적으로 고민했으면 좋겠다. K팝과 드라마 열풍으로 한국의 미와 건강에 대한 중동인들의 증폭된 관심에 가장 쉽게 편승할 수 있는 분야가 보건의료 분야이다. 필자를 포함해 한국인을 만나는 중동 현지인들 중에 한국에 병원 치료를 갔거나 한국인 의사를 만난 적이 있다는 경험을 얘기하는 현지인들이 늘어나는 것을 보면 한국의 보건의료 수준에 대한 신뢰와 기대감이 높다는 것을 알 수 있다.

〈그림 8〉 오토바이를 이용한 중동 지역 배달서비스 플랫폼 탈라밧(Talabat)

　필자가 근무하던 UAE가 이런 의료 한류의 전진기지 노릇을 톡톡히 했는데 주변국으로의 전파도 늘고 있다. 과거 의사나 간호사 개인 차원의 중동 진출의 범위를 벗어나 한국의 대형병원의 위탁 또는 제휴, 의료장비 기업들의 진출은 매우 유망한 분야이다. 선진국에서도 좀처럼 보기 힘든 한국 의사들을 중동에서 만날 때 느끼는 안도감과 자부심이 더 이상 신기한 일이 아닌 일상화되는 날이 빠르게 다가오기를 기대해 본다.

중동의 특이한 비즈니스 문화

1 알라보다 머니? 중동인들이 돈에 더 집착한다는 인식. 이유는?

중동 사람들에 관한 선입견

나의 친구 무함마드는 부유한 카타르의 사업가이다. 알고 지낸 지 15년이 넘고 아랍인들 중에는 신의가 있고 한국 문화에도 호기심이 많은 사람이다. 오래 알고 지내면서도 올해 60인 이 친구의 입에서 나오는 얘기는 거의 항상 두 종류뿐이다. 알라와 돈. 이슬람에 대한 신앙심도 깊은데 돈에 대한 애정은 그보다 더한 것 같다. 그 친구 주변의 현지인들도 정도의 차이는 있을지언정 스타일이 비슷하다. 선입견과 과도한 일반화의 위험성이 있긴 하지만 돈과 부의 축적에 대한 아랍인들의 관념은 서구 또는 우리와 비교하여도 다소 유별나고 독특한 면이 많다는 느낌을 받는다.

에이전트를 두고 상품 무역을 하든, 현지 합작 투자를 하든, 건설 수주를 하든 간에 중동에 진출한 이상 아랍인들이 돈과 부의 축적에 대해 어떤 관념을 갖고 있고 이것이 비즈니스에 어떤 영향을 미칠 수 있는

지에 대해 한 번쯤 진지하게 고민해 보는 것이 좋다. 어쩌면 문화와 습성이 다른 현지인들과 밀고 당기는 힘겨운 거래를 하면서 자연스럽게 그러한 고민을 하지 않을 수 없을지도 모른다. 돈을 매개로 인연을 맺게 된 이상 현지 거래 상대나 로컬 스폰서가 갖고 있는 돈에 관한 문화적 습성을 이해하는 것은 매우 중요하다. 우리가 선입견으로 갖고 있는 중동 사람들의 돈에 관한 행태는 아래와 같이 요약이 가능할 것 같다.

- ▲ 스케일이 크다

   과시적 소비. 소비에 겸양을 따지지 않는 문화
- ▲ 인심이 후하다

   남 말을 잘 듣는다, 호구적 이미지
- ▲ 졸부다

   노력없이 자원(석유)으로 된 벼락부자(new money)
- ▲ 체면과 명예를 중시한다

   부(富)가 곧 명예라는 생각
- ▲ 고집이 강하고 다혈질이다

   강한 자존심. 수틀리면 손해도 감수
- ▲ 돈에 대한 집착이 과하다

   알라보다, 형제보다, 머니(money)

중동인들이 위와 같다고 인식하는 것은 꼭 우리만 그렇게 생각하는 것은 아닌 것 같다. 서양을 포함해 중동과 아랍권 밖의 외부인들이 갖고 있는 인식 속에도 이러한 요소들이 상당히 많지 않나 생각한다. 언론이나 인터넷에는 아랍 부호들의 상상을 초월하는 삶과 과시적 소비를 곁들인 라이프 스타일에 관한 내용들이 자주 보인다. 우리나라도 중동의 국왕이나 고위인사가 한국에 다녀가면 대표단들의 백화점이나 호텔에서의 이들의 요구나 행태에 대한 가십성(gossip) 뉴스가 쏟아져 나오 곤 한다. "중동의 왕자가 호텔 하나를 통째로 빌렸고 건너편 호텔은 수 행원 용으로 통째로 빌렸으며 백화점을 폐점시간 이후에 단독으로 쇼 핑을 하고 얼마를 쓰고 갔다…"는 식이다. 확실히 돈 있는 아랍 사람들 의 씀씀이나 삶의 외형을 가꾸는데 들이는 노력은 일반인의 상상을 초 월한다. 그것이 정말로 좋아서 그런 것인지 남에게 과시하고 싶어서 그 런 것인지는 모르겠으나 스케일이 큰 만큼 남의 말을 받아들이는 것도 후해 보인다. 또 자존심이 강하고 체면을 중요시하는 만큼 타인에게 통 크게 베푸는 측면도 있어 보인다. 아랍 문화에 손님에 대한 극진한 환대 (hospitality)가 강조되는 것도 여기에 기인한 측면이 있다고 본다. 또한 열 심히 일해서 번 사람도 많지만 기본적으로 아랍 부호들의 부가 대부분 석유와 같은 자원, 즉 지대적 부(rentier wealth)에 기반해 이룬 것이 많기 때문에 통 큰 씀씀이가 가능한 것일 수도 있다. 심한 비유일지 모르나 쉽게 번 돈은 쉽게 나간다고 하지 않나.

〈그림 9〉 아랍 부호들 중에는 맹수를 애완용으로 기르거나 수 천만원 이상 상당 의 장식용 박제로 수집하는 사람들이 많다.

또 자신들이 타인으로부터 받는 위신과 권위가 경제적 부에 의해 나오는 것이라는 것을 잘 아는 만큼 부의 축적과 사업적 성공에 더욱 집착하게 되고 이러한 과정이 외부인들에게는 경제적 성공과 부에 맹렬히 집착한다는 인상을 받게 하는 것이 아닌가 싶다. 평소엔 알라와 가족과 명예만을 중시하는 듯하다 돈 얘기만 나오면 눈에 광선이 나오면서 돌변하는 내 친구 무함마드처럼 말이다.

중동의 파트너나 고객에게 깜짝 선물이나 뜻밖의 비즈니스 오퍼를 받았던 한국 분들의 경험담들을 종종 듣게 되는데 바로 위의 돈에 대한 관념들이 복합적으로 작용하여 그런 결과들이 나오게 된 것이 아닐까 한다. 필자도 중동국가들과 고위급 방문 행사를 여러 번 해보면서 걸프 지역 산유국 왕실에서 우리 정상이나 고위인사들에게 주는 선물 목록들을 보게 되는데 입을 못 다물게 하는 선물이 많았던 기억이 난다. 이런 선물들은 규정상 다 국가에 헌납하도록 되어 있지만 반대로 그에 상응하게 답례를 준비하는 입장에서는 난처한 경우가 많다. 어떤 아랍 국가들은 국가에 헌납하는 외국 규정을 알고 헌납용 따로 개인용 따로 준비하는 나라도 있다고 한다. 물론 스위스 고급시계와 같이 과한 선물을 주는 추세는 갈수록 감소하고 있는데 뒤에 언급할 아랍 국가들의 냉정한 현실 인식도 한몫하는 것 같다.

위에 제시된 돈에 관한 아랍인들의 이미지는 현실과 다르거나 개인적 고정관념이 충분히 끼여 있을 수 있다. 우선은 왜 저러한 관념이나 습성이 생기게 된 것인지 살펴보고 여기에 대한 판단은 각자 개인의 몫이다.

중동 사람의 문화

<환대의 문화>

위의 선물 문화에서도 언급했지만 남을 잘 접대하는 것은 아랍문화의 오랜 전통이고 안 해도 되고 하면 좋은 것이 아니라 의무감에 가까운 것이다. 물론 과거보다 많이 희석은 되었지만 다른 지역권 문화보다 확실히 타인과 손님을 각별히 대접하는 것은 중동이 두드러진다. 우리도 정(情)의 문화가 있어 손님 대접이 융숭한 편이지만 스케일이나 의전의 질에 있어서는 중동에 대적이 어렵다고 본다. 필자의 지인 중에 한국을 비즈니스차 방문한 아랍인들 중에는 '의전'에 실망했다고 하는 사람들을 종종 보게 되는데 우리는 확실한 목적이 있어야 의전이 이뤄지는 반면에 아랍 문화는 일단 잘해주고 보는 것이 차이점이 아닌가 싶다.

환대의 문화는 사막과 같은 척박한 환경 하에서 타인과의 접촉이 어렵던 상황에서 외부 부족이나 손님을 만났을 때 반기는 관습에서 비롯된 것으로 추측하는데 부족 간의 세력 갈등이 있던 시절에도 상대에게 해칠 뜻이 없음을 전달하는 문화에서 유래되었다고 한다. 상대에게 호의를 전달하는 과정에서 자신의 부(富)를 과시하고 상대가 부담을 느낄 정도의 호의나 선물을 베품으로써 감사의 반응을 즐기는 것도 아랍인의 문화 속에 자리 잡은 것 같다. 물론 베푸는 것도 능력껏 하는 것이지만 능력이 되는 사람들이 남을 다소 과잉 환대하는데 손가락질하거나 사회적 문제를 삼는 일도 별로 없는 것 같다. 우리나라를 포함해 다른 지역 문화와 다른 점이긴 하다. 이러한 차원이 다른 환대가 위신을 높이고 결국 자신들의 비즈니스나 개인적 목표 달성에 유리한 면을 갖고 온다고 보는 것 같다.

남을 환대하는 것은 또한 가난한 자들에 대한 활발한 사회적 자선(charity)으로도 이어진다. 어려운 사람들에 대한 자선은 이슬람의 필수 5대 덕목 중 하나로서 이슬람과 아랍문화에서 매우 필수적인 부분 중의 하나이다. 국가는 가난한 국민들을 위한 복지(자선)에 큰 재정을 쓸 의무도 있지만 가난한 주변 아랍 국가들에게 구제 금융을 제공해서 경제 위기탈출을 돕는 것을 보면 반드시 전략적 계산만 작용했다라기보다는 공동체적 상호 부조의 측면도 크다고 보인다.

<명예와 위신(이슬람의 영향)>

이슬람교에서는 부의 축적에 있어 나눔과 사회적 책임을 강조한다. 그런 만큼 사회적 책임을 잘 하기만 하면 부를 최대한 축적하고 소비하는 것은 명예롭게 간주되며 그만큼 사회적 위신도 강해진다. 돈과 물질적 부의 추구에 대해 이슬람 문화의 전반적인 메시지는 정신과 물질의 균형, 부의 추구에 과도하게 집착하지 말고 타인에게 나쁜 짓을 하지 말며 공동체 속에서 조화롭게 살라는 메시지를 설파한다. 우리에게도 유명한 레바논의 유명한 시인 칼릴 지브란의 잠언집인 '예언자(Prophet)'란 책에도 정신과 물질의 균형을 집요하게 강조한다.

이슬람 문화 내에서 돈과 상업의 위치는 오랜 역사를 자랑한다. 이슬람의 창시자 마호메트 자체가 성공한 상인이었고 후반부에 메카를 점령하고 신정일치 국가를 세우면서 정치와 경제를 통일시켰다는 점에서 종교, 권력, 재력의 3위 일체를 가진 막강한 지도자였다. 그러므로 막강한 부를 가졌다는 것은 사회적 책임도 다하고 있다는 것을 전제하며 그 후에 나머지 부를 자신의 뜻대로 쓰는 것에 대해서는 부정적 시각이 강하지 않다. 따라서 큰 부자는 굳이 다른 높은 벼슬을 갖지 않아도 소비를 통해 부를 과시함으로써 사회적 존경과 위신을 얻게 되는데 이는 확실히 서구의 기독교적 윤리나 동양적 유교주의와는 다소 결이 다른 측면이 있다.

근대 자본주의의 형성과정에서 부의 축적과 기독교 신앙이 배치되지 않는다는 타협점이 마련되어 산업화와 자본주의 발달의 촉매가 되었듯이 이슬람 신앙도 사회적 책임을 다하면 얼마든지 부를 이루고 쓰는 것에 대해 문제가 없다는 일종의 정신적 면죄부를 준 측면이 있다. 그러므로 이슬람이 강조하는 도덕적 측면과 부의 나눔이라는 사회적 책임은 현대의 부유한 무슬림의 과시적 소비와 상치되지 않게 되었다. 이슬람 교리에서 요구하는 개인적 책임을 다했다면 내 돈으로 내가 사는(내돈내산) 소비는 정당화되는 것이다. 그러므로 충실한 무슬림으로서 사회적 책임을 심하게 방기하지만 않으면 어떤 소비행태를 보이든지 상관없이 도덕적으로 지탄받을 일이 없게 되는 것이다.

<상인과 교역의 문화>

아랍은 대대로 상업과 상인의 문화이다. 근대식 기업가 정신은 부족할지 몰라도 상인의 유전자는 남녀노소 지위고하를 막론하고 지금도 넘쳐 보인다. 거래와 흥정에 능하다. 땀 흘려 제조업을 일구거나 많은 종업원을 거느리고 장기적 목표를 갖고 조직이나 회사를 경영하는 일에는 익숙하지 않을지 몰라도 무역, 중간거래, 유통, 리테일 등에는 감각이 뛰어나고 단기적 승부와 셈에 능하다. 언변도 좋고 임기응변도 뛰어나며 대체로 우리나라 사람들에 비해 평균적으로 '퍼포먼스(performance)' 도 뛰어나 보인다.

그래서 이들 아라비아 상인들의 후예들을 만만히 보고 접근했다가는 호되게 당하기 십상이다. 특히 그들의 흥정 기술은 확실히 상대적으로 '담백하고 솔직한' 우리보다 '입체적이고 여유롭다'. 직선적으로 사고하고 시간을 정해 놓고 결과를 보려는 우리와 달리 잘되고 못되고 다 알라의 뜻이니 순리대로 하면 되고 상대가 시간이 없다고 하면 시계는 당신이 더 좋은 것을 찼을지는 모르지만 알라의 은총으로 시간은 우리가 더 많다는 식으로 나오는 아랍 상인의 기개를 당해내기가 쉽지 않다. 배짱과 기개, 여유는 한 수 접어줘야 한다.

그래서 이런 경험들이 쌓이면서 아랍인들이 돈 문제에 대해 집요하고 양보가 없으며 같이 비즈니스 하기에 쉽지 않은 상대라는 인식을 갖게 하는지도 모른다. 그러나 이런 면이 있다고 해서 아랍인들이 원칙과 약속을 저버리고 돈에 과도하게 집착한다든 지 상대방을 속이는 일이 다반사라고 생각한다면 한참 나간 것으로 보인다. 입장을 바꿔 아랍인의 입장에서도 우리가 상대하기 쉬운 상대라고 보기 어려울 수 있고 우리가 성실성 면에서는 앞설지 몰라도 세계화의 역사 면에서 중동보다 경험치가 길지 않다는 점은 짚고 넘어가고자 한다.

\<부의 역사적 뿌리\>

아랍인들은 자신들이 서구에 비해 석유 때문에 돈을 쉽게 벌고 늦게야 부의 대열에 합류했다는 지적에 대해 그렇지 않다고 반박한다. 부의 역사적 관점에서 중동과 아랍이 유럽과 서양보다 길고 일찍이 중동 상인들이 동양과 서양을 잇는 무역을 통해 경제적으로 막강한 부를 축적했으며, 서양의 근대화 역시 중동의 지식과 문물이 전파되었기에 가능했다는 것이다. 즉 현대식 자본주의의 관점에서 보아도 아랍인은 아니지만 이슬람권을 통일한 오스만 튀르크 같은 동방의 무역대국이 서양보다 훨씬 개방적이고 과학기술의 수준도 높았다고 주장한다.

이런 추세는 산업혁명의 물결에서 서양에 뒤지고 유럽이 신대륙을 중심으로 식민 경제권을 형성하면서 오스만의 경제력이 추락했다는 것이다. 요는 서양에 비해 중동이 신흥부자(New Money)가 아니라 오히려 유럽과 서양이 아니라 자신들이 전통부자(Old Money)의 원조라는 것인데 유럽과 서구는 뼈대 깊은 부자요, 중동은 족보 없는 부자라서 석유로 쉽게 번 돈을 펑펑 써대는 싸구려 자본주의 경제로 보지 말라는 것이다.

<가족과 공동체 중시>

　중동 사람들은 가족에 대한 부양과 친척 공동체, 더 나아가서는 지역사회와의 공동부유에 대해 높은 가치를 부여한다. 즉 한 사람이 출세하고 돈을 많이 벌면 가족은 물론이요 친척에게까지 부의 혜택이 돌아가게 해야 한다는 것인데, 그러한 은혜를 입은 가족 구성원이나 친척들은 출세한 가족의 도움을 받는 것에 자괴감이나 미안함을 느끼기 보다는 자랑스러워하고 오히려 적극적으로 과시하기도 한다.

　부의 나눔이라는 이슬람의 가르침을 충실히 수행한 자랑스러운 친척을 두었고 그 친척과 의리와 신용을 지켰기에 이런 부를 나눌 수 있게 되었다는 자부심 같은 것이다. 그러므로 중동에서는 왕족(Sheikhs)들이 누리는 권력과 부가 정의롭지 못하다는 인식보다는 왕가 역시 부의 나눔이라는 공동체적 윤리를 실천한 당연한 결과로 받아들이는 경향이 강하다. 왕실마다, 나라마다 차이는 있겠지만 왕실의 일원이 최소한 경제적으로 소외 받거나 배척되는 사례는 거의 못 본 것으로 기억하는데 본인은 물론 그 집안의 수치로 받아들이기 때문이 아닐까 싶다. 이러한 경향은 이 책에서 후술하겠지만 중동 왕실을 사칭하거나 이용하는 사기가 전 세계적으로 끊이지 않는 간접적 원인이 되기도 한다.

　이와 유사한 문화는 미국 흑인사회에서도 자주 발견된다. 성공한 한 사람이 가족 전체와 친구 심지어 지역사회의 생계를 책임지거나 재산의 일부를 환원하도록 압력을 받는 소위 'Black tax'란 것이 존재한다. 따지고 보면 이런 것들이 후진적 사회만의 특징이라기보다는 정도의 차이는 있을지언정 어느 사회나 일부는 존재하는 현상이 아닐까 싶은데 우리나라에서도 가족 중에 성공한 사업가나 연예인, 스포츠맨이 나오면 나머지 가족들이 생업을 중단하고 거기에 기생함으로써 패밀리 비즈니스가 되는 것은 낯선 일은 아니다.

<식민지배의 부작용>

중동인들이 현재 갖는 부의 관념을 형성하는 데는 서구 식민지배의 영향이 컸다. 19세기 말~20세기 중반에 걸친 서구의 식민통치를 겪으면서 자원의존 경제라는 중동경제의 대표적인 특질이 형성되었고 자원(석유)에 접근 가능한 소수가 부를 독점하는 것이 당연하다는 인식이 형성되었다. 서구의 산업화를 촉진하는데 쓰인 중동의 석유자원 개발이 거꾸로 중동의 자원의존 경제를 고착화시켰고 서구 제국주의와 자본과 연관된 소수의 중동 특권층들이 식민시대 종식 이후에도 권력을 독점하면서 '자원=돈=성공'이라는 등식이 성립되었다. 자원에 절대 의존하는 경제를 갖다보니 중동이 기존에 갖고 있던 소규모 제조나 농업과 같은 장점을 개발하는데는 등한해지고 오로지 자원개발을 통해 쉽고 빠르게 돈을 벌고 그 부를 과시하여 사회적 위신을 얻으려는 패턴이 고착화되었다.

따라서 국민의 부는 자원과 부를 독점한 국가(왕실)가 얼마나 효율적으로 외교와 경제를 잘 운영하여 고유가를 유지하고 확보된 재정을 국민에게 안정적으로 투입하는가에 좌우된다. 국민들은 국가 재정이 제공하는 무상복지에 도취해서 교육을 통한 인적개발이나 창업(벤처)을 통한 장기적 산업기반 육성 등에는 관심을 가질 유인이 적을 수밖에 없다. 물론 지금은 이런 추세에 많은 변화가 생기고 있다. 석유 자원이라는 지대(rent)에 기대서 이끌어 가는 경제구조로는 4차 산업 시대에도 지금의 산유국들이 누리는 풍요를 지탱할 수 없다는 계산이 섰기 때문이다. 이런 측면에서 중동 산유국들이 국가의 미래를 걸고 추진 중인 탈석유 경제다변화 드라이브는 제국주의 식민지배와 자원경제 의존성의 고리를 끊어 낼 수 있는 기회라고 볼 수도 있다.

돈과 부의 축적에 관한 중동 아랍인들의 독특한 인식과 관습, 이러한 것들이 형성된 배경을 짚어 보았다. 이를 통해 무슬림 부호들이 보이는 다소 독특한 소비 행태나 돈에 관한 인식이 잘 이해되는 측면이 있다고 본다. 동시에 이러한 분석을 통해서 실제보다 부풀려 있거나 오해를 받는 부분이 있다는 것도 알게 된다.

이슬람 부호들이 남의 말을 잘 듣고 큰돈을 호기롭게, 큰돈을 쉽게 쓴다는 것은 과장된 이미지일 뿐이다. 최소한 지금은 그러한 일이 거의 없다. 중동의 부자들이 자신의 쾌락과 기호 만족을 위해 큰돈을 쓰는 것은 사실이지만 특별히 귀가 얇거나 남한테 호구 노릇을 하는 일은 거의 없다. 적어도 필자가 보기에 그것은 미디어와 풍문이 만들어낸 허구적 소문에 불과하다. 큰돈을 쓴다고 해서 판단도 쉽게 한다고 보면 오산이며 큰돈을 쓰고 큰 투자를 하는 만큼 주변에 전문가도 많고 자문도 많이 받는다. 단순히 인연을 한번 맺었다고 덜컥 투자하고 남 좋은 일쉽게 해주는 그런 허술한 사람들이 아니라는 말이다. 이들은 중국 상인, 유대 상인도 울고 간다는 아라비아의 상인들이 아닌가.

② 말도 많고 탈도 많은 스폰서 제도 알기

●─────────
스폰서 제도와 제도의 모순

2000년대 중반 중동에 처음 근무를 와서 우리나라 기업이나 교민들한테서 자주 듣게 된 말 주제 중에 하나가 '스폰서'이다. '스폰서'란 간단히 말해서 외국 기업의 현지 합작사를 말하는데 실제 같이 사업을 한다기보다 행정적 편의나 소위 '뒤'를 봐주고 합의된 만큼의 이익을 가져가는 현지 파트너이다. 스폰서 제도는 암암리에 하는 것이 아니라 현지

법으로 규정되어 있고 법에서 규정된 비중 이상으로 외국인의 입장에서는 현장에서 반드시 '요구되는' 제도이므로 좋거나 싫거나 따를 수밖에 없는 제도이다.

한국 기업을 포함해 외국 기업의 입장에서 스폰서 제도가 문제가 되는 것은 스폰서가 기대한 만큼 업무에 협조적이지 않고 영업상에 이익이 생길 때 이익만 챙겨가는 경우가 많기 때문이다. 그래도 없으면 사업 자체가 진행이 잘 안 되고, 또한 스폰서를 교체한다고 해봤자 좁은 현지 바닥에서 별 대안이 없는 경우가 많아 미우나 고우나 같이 가게 되는 경우가 많다. 그래서 외국 기업으로서는 불만이 많지만 중동 국가 입장에서는 현지인이 스폰서 제도로 벌어들이는 수입이 적지 않고 또 대개 스폰서 정도 되는 인물들은 현지 정부나 재계의 유력자가 많아 이 제도를 포기할 리 만무하다. 스폰서 제도를 갖고 있는 나라는 당연히 수요와 공급의 법칙에 따라 외국 기업이 많이 찾을 수밖에 없는 나라이므로 대부분이 산유국들이고 마치 나그네의 길목을 지키는 것처럼 일종의 통행세처럼 외국 기업의 허리춤을 쥐고 있다고 볼 수 있다.

우리가 흔히 아는 스폰서 의미는 스포츠에서 자사의 브랜드 광고를 위해 해당 팀이나 선수를 후원하는 것을 의미하지만 UAE를 비롯한 걸프 지역과 기타 중동 지역에서 스폰서의 의미는 외국인이나 기업에 대한 행정서비스를 제공하는 현지인을 의미한다. 여기에서 매우 중립적인 의미로 들리는 '행정서비스'란 표현을 했는데 말 그대로 단순히 행정업무를 대행해주는 역할에서부터 정치적으로 민감한 문제에 나서는 경우까지 그 범위는 실로 다양하다. 제도로서 스폰서에는 두 종류가 있는데 ▲ 외국인 노동자에 대한 고용 스폰서가 있고 ▲ 외국 기업에 대한 스폰서가 있다.

노동자 스폰서는 외국인 고용시 해당 외국인에 대해 현지 회사가 스폰서로서 일종의 보증인이 되어 고용허가와 체류허가를 받아 주는 역할을 한다. 여기서 인권문제와 권한남용 등의 문제가 자주 발생하는데 스폰서가 고용주가 되는 일이 많으므로 외국인 노동자의 여권을 압류하고 회사를 못 바꾸게 하는 등의 물의가 빈번히 발생한다. 그래서 유엔 등 국제인권기구에서 노동자 인권 문제의 하나로 스폰서 문제를 지속 제기해 오고 있고 과거에 비해 현재는 어느 정도 완화되어 스폰서의 전횡을 막는 장치가 도입이 되었다. 필자가 과거 중동 지역 대사관 근무 중에 한국으로 휴가를 가는 정부 고위인사 가족의 비자심사를 한 적이 있는데 고용하던 제3국 노동자들을 동반했는데 그들의 비자신청 서류를 보니 스폰서가 낯익은 인물이었다. 바로 아주 고령이던 국왕의 모친이었는데 월급이 백만 원도 안되는 저임금 노동자의 스폰서로 버젓이 이름을 내걸 내걸 정도로 스폰서 비즈니스가 현지인의 입장에서는 황금알을 낳는 거위로 인식이 되나 싶었다.

우리에게 본격적인 관심이 가는 것은 기업 스폰서이다. 많은 기업들이 스폰서로 인해 울고 웃는다. 좋은 스폰서를 만나 시장을 쉽게 뚫고 어려움을 해결하는데 결정적 도움을 받는 기업이 있는 반면 처음에만 도와주는 척 생색을 내다가 갈수록 도움이 필요할 때는 남의 일처럼 구는 스폰서도 아주 흔하다. 물론 영업이익에서 자기 몫은 꼬박꼬박 받아갈 것이다. 그러므로 스폰서를 잘 만나야 하고 동시에 시간이 갈수록 이 제도에 대한 필요성에 대한 의구심과 불만이 쌓일 수밖에 없는 환경적 요인이 갖춰지고 있다. 기업 스폰서의 실질적 역할은 간단하게 사업허가증을 받아 주고 그 나라에서의 대관업무(행정)를 대행해 주는 것이다. 낯설고 물설은 중동 땅에서 말 그대로 스폰서 또는 보증인이 되어주는 것이다. 나라마다 조금씩 조건이 다르지만 대개 기업 스폰서는 자기가 파트너인 외국 기업 지분의 51%를 취득한다. 언뜻 회사가 현지인에게 넘어갈 수도 있는 것처럼 보이지만 명목상만 그러할 뿐 실질적인 경영에 참여하는 경우는 거의 없다. 해당 분야 경영에 대해 전문성도 없지만 특별히 그럴 필요도 없기 때문이며 어디까지나 일차적인 관심은 유능한 외국 기업을 섭외하여 파트너십을 맺고 이익을 공유하는 데 있기 때문이다.

스폰서 제도를 운용하는 나라의 대부분은 산유국으로서 외국 기업의 진출이 활발한 나라들이며 사우디, UAE, 쿠웨이트 등 GCC 6개국이 모두 운영하고 있고 이라크와 리비아 등도 실시하고 있다. 스폰서 제도는 나라별 제도적 환경에 따라 강제성 여부, 분야별, 예외 조치 등에서 조금씩 차이를 보이고 있는데 이를 표로 정리하면 아래와 같다.

┃표 5 중동 주요국의 현지 스폰서 현황 정리

	스폰서 의무 여부	내용	비고
UAE	없음	- 외국인 100% 지분 소유 가능 (2020 개정) - 일부 분야(자원, 통신, 교통 분야)는 49% 상한	자국민고용제도 부담 (Emiratization)
사우디 아라비아	없음	- 특정 산업(석유, 가스) 제외 100% 외국인 지분 소유 가능(2020 개정)	자국민 고용제도 부담 (Saudization)
쿠웨이트	없음	- 일부 부문(석유, 가스, 방산) 제외하고 100% 가능	
카타르	있음	- 경제자유구역은 예외(외국인 소유 100% 가능) - 일반적으로 외국인 최대 지분은 49%로 제한. 정부가 승인할 경우 최대 100% 가능	자국민고용제도 부담(Qatarization)
바레인	없음	- 업종에 따라 100% 가능, 보통은 49%로 제한 - 제외 분야: 건설, 가스, 언론, 출판, 운수업 어업 등	

오만	없음	- 국가지정 사업 제외하고 100% 가능 - 지정사업: 통번역, 택시, 낚시, 인력 관리 등	
이라크	있음	- 외국인은 49%만 보유 가능	
리비아	있음	- 외국인은 일반적으로 49%만 가능 - 단, 특정 분야(석유, 가스) 제외한 분야에서 현지 투자금액이 클 경우 100% 인정 가능	
요르단	없음	- 서비스 부분만 100% 지분 가능 - 제조(49%), 건설(30%) 외국 기업 지분 제한	
레바논	없음	- 특정 부분 제외 100% 가능(은행, 보험, 통신 제외) - 은행(60%), 보험(49%), 통신 (70%) 최대 지분 가능	

위의 표에서 보듯이 그간 외국 기업의 영업활동에 장애가 되었던 스폰서 제도는 점차 변화의 추세 하에 있다. 맨 먼저 개방과 다변화의 선두주자인 UAE가 선봉에 섰고 곧바로 사우디 등도 「Vision 2030」 추진의 한 방편으로 제도 완화를 전격 단행하였다. 이러한 개혁을 단행할 수밖에 없었던 것은 스폰서 제도에 대한 외국 기업의 불만 제기가 누적된 결과이며 탈석유 산업다각화를 개혁의 명분으로 내건 정부가 더 이상 스폰서 제도와 같은 노골적인 진입장벽을 유지하기가 어려워졌기 때문이다. 또 이 장벽을 제거해서 촉진될 외국인 투자 유입이 유지했을 때의 이익보다 클 것이라는 계산을 했을 수도 있다. 스폰서 제도에 대해서는 그간 다양한 문제점들이 제기되었는데 ▲ 우세 지분을 이용한 현지 스폰서의 전횡 가능성(경영 간섭, 의사결정 방해) 또는 태업(사보타지) 가능성 ▲ 지적재산권·기술 유출 가능성 ▲ 신뢰할만한 스폰서를 찾는 데 어려움 ▲ 스폰서 유지를 위한 상당한 금전적 손실 등이 있다.

앞의 표를 보면 언뜻 스폰서 제도가 유명무실화 되었거나 실효성이 사라진 것으로 보일수 있지만 실제로 비즈니스 현장에서 로컬 스폰서의 존재감이 사라지는 데는 앞으로도 오랜 시간이 걸릴 것이다. 명문화된 제도 개선과 별도로 아직도 현지인이 끼지 않고서는 일의 진행이 안 되는 경우가 허다하기 때문이다. 스폰서 제도는 호스트 국가 입장에서 사탕과 같은 것이라 많이 먹으면 몸에 좋지 않다는 것을 알지만 그 맛을 안 이상 단기간에 끊어 내기가 쉽지 않을 것이다.

GCC의 석유 왕국들은 지난 수십 년간 국민들과 독특한 사회계약을 맺어 왔다. 국가는 석유와 가스로 국고를 채우고(지대국가), 국민들은 무상복지, 무상 일자리(공공 부문)의 형태로 안락을 삶을 누려왔다. 여기에 스폰서 제도가 가세하여 정부의 후원하에 권력과 가까운 상층 그룹에 매력적인 부가 수입을 안겨 줬다. 이것을 명목상 끊어 내기로 결심을 한 것인데 최소 한동안은 과거의 관성을 끊어 내기 쉽지 않거나 또는 새로운 형태의 스폰서 제도를 찾으려고 할지 모른다.

스폰서의 수입은 수수료(commission)라고 하는데 연간 일정액을 주는 방식과 수익의 일정 비율을 주는 방식 또는 프로젝트를 수주할 경우 받는 방식 등이 있다. 액수는 적게는 수천 달러, 다국적 기업의 경우 많게는 수백만 달러에 이르기도 한다. 이렇듯 스폰서 제도는 현지인들에게 아주 중요한 수입원이 되는데 외국 기업이 몰려 있는 두바이의 경우 전체 350만 인구의 1/3 남짓한 자국민이 벌어들이는 수입의 10~15%를 스폰서 수입으로 추정하고 있다. 갈수록 편한 공공부문 일자리는 줄어들고 정부의 보조금도 삭감되면서 스폰서 수입까지 사라질 위기에 처한 현지인들은 정부의 독려 속에 민간부문으로의 직접 진출이 가속화되는 추세인데 과연 이들이 민간부문에서 제 몫을 해나갈 수 있을지는 또 하나의 과제이다.

애초에 스폰서 제도가 생길 때의 취지는 나름 일리가 있었다. 석유 붐이 한창이던 70년대에 처음 도입된 이 제도는 물밀듯이 들어오는 외국자본의 국내시장에 대한 영향력을 제한하고 선진 외국 기업으로부터의 기술 이전을 촉진하여 자국 인적 자원의 수준 향상을 도모하기 위한 목적이 있었다. 이러한 취지가 어느 정도 성공한 면도 있었다. 외국자본과 기술과 교류하면서 산유국들의 산업에 대한 지식과 경험도 늘어갔고 자국 인적 자원의 배양에도 기여하였다. 그러나 이제 스폰서 제도는 변화가 불가피한 시점에 와있다. 산업다각화라는 시대적 사명 앞에 자국민에 대한 혜택을 줄일 수밖에 없는 추세 속에서 이 제도 역시 시대의 흐름을 역행할 수 없게 되었다. 그렇게 해서 외국 기업에 대한 진입장벽을 갈수록 낮춰야 주변 산유국들과의 산업다각화 경쟁에서 밀리지 않고 외국자본과 우수한 외국인력의 유입을 유지할 수 있기 때문이다.

비즈니스 현장에서 한국 기업이 겪는 스폰서 제도

필자의 카타르 지인은 인도계 다국적 기업의 스폰서를 맡아 최초 수백만 달러의 계약금으로 받고 이후 매년 일정액을 받는 방식으로 스폰서를 하고 있다. 돈 방석에 앉아 많은 현지인들의 부러움을 샀다고 하는데 인맥이 좋고 고위층에 가까울수록 우량 외국 기업의 스폰서가 될 확률이 높다고 한다. 이 외에도 다른 여러 외국 기업의 스폰서를 맡게 된 이 친구의 재산은 순식간에(?) 눈덩이처럼 불어났고 자신이 운영하는 사무실 겸 마질리스(사랑방, majilis)는 낮이나 밤이나 늘 현지인들로 문전성시였다. '사회적 책임' 의식인지 '과시적 소비'인지 구분하기 어려우나 남들에게 호의도 잘 베풀고 알라의 은총을 받아서인지 계속해서 외국 기업과 인연이 이어지고 있다. 가끔씩 들른 필자의 눈에도 터키, 인도, 수단, 독일 등 외국인들의 발길이 끊이지 않았다.

이 동네에 이러한 현지인들이 무척 많을 것인데 비록 제도상으로나마 이런 제도가 정부의 공언대로 나중에 폐지된다고 했을 때 파장은 만만치 않을 것으로 짐작된다. 사실 이 친구와 스폰서 계약을 맺은 외국 기업들의 사업이 결과적으로 얼마나 흥했는지 망했는지 알 수 없다. 필자 역시 이곳에 장기 근무하면서 주재국 관청으로부터 곤란한 일을 몇 번 겪은 적이 있는데 그때마다 이 친구가 나서 해결해 준 적이 많았다. "노프라블럼, 친구(마피 무시킬라, 사딕, 라무시킬라, 사딕)" 몇 번 하고는 서류를 들고 가 며칠 후면 해결이 되었다고 알려왔다. 확실히 능력이 있는 친구는 맞았나 보다. 반대로 엉뚱한 스폰서를 만나 낭패를 당한 실패담은 더 많이 들린다. 스폰서와의 관계가 틀어져 오래 하던 사업을 접거나 체류가 연장이 안 되어 가족들과 함께 귀국길에 올랐다는 등의 얘기를 심심치 않게 전해 듣는다. 아마 성공담보다 실패담이 더 빨리 퍼지게 되는 속성에서 기인할 수도 있지만 스폰서 때문에 문제가 되었다는 얘기는 정말 많이 들었던 것 같다. 앞으로도 당분간은 스폰서를 잘 만나서 또는 잘 못 만나서 울고 웃는 우리 기업이나 교민에 관한 얘기는 계속될 것이다. 명목이 없으면 암묵이 힘을 발휘하는 법인데 공식적으로 스폰서 제도가 완화된다고 하더라도 비공식적으로 스폰서 역할을 하는 현지인의 역할까지 쉽게 사라지기를 기대하기는 아직은 힘들 것이다.

중동 진출에 있어 스폰서의 역할을 강조한 우리나라에서 나오는 정보들을 살펴보자면 스폰서의 중요성을 강조하면서 ▲ 좋은 스폰서를 만나라 ▲ 성공의 70%는 스폰서를 잘 만나는데 달려 있다 ▲ 정치적 인맥을 과시하는 사람을 피하라. 사기의 가능성이 있다 ▲가급적 성실한 기업인이 좋다 등등의 조언을 하는 것을 보게 된다. 말은 다 맞는데 현실적으로 실천이 쉽지 않다는 것이 문제다. 좋은 스폰서를 만나는게 사업을 좌우한다는 것은 충분히 공감하지만 성실한 현지 기업인을 만난다는 것

<그림 10> 좋은 현지 스폰서를 만나는 것은 결코 쉬운 일이 아니다.

은 필자의 경험상 하늘의 별따기이다. 유력한 사람을 소개해 준다고 중간에 나서는 사람의 말도 신중히 들어야 한다. 많은 경우 여기에서부터 어긋나는 경우가 허다하다. 현실은 이를 검증할 방법이 많지 않다는 것이다. 같은 한국인이 의심스러울 경우에도 요즘은 개인정보보호 등의 이유로 개인의 신상정보를 알아낼 길이 거의 없고 특히나 진출 초창기에는 더더욱 검증(cross-check)을 할 방법이 없다. 필자에게도 재외공관에 근무하니까 누구에 대해 알아봐 줄 수 있냐고 묻는 한인분들이 종종 있지만 아무리 의심이 간들 방법이 없어 난감한 노릇이다. 통신기술 발전과 많은 정보의 공개로 가장 정보 접근이 쉬운 시대에 살면서도 정작 꼭 필요한 사람에 대한 정보는 더욱 알 길이 없는 아이러니가 아닐 수 없다.

　그럼에도 각개격파식으로라도 최대한 알아봐야 한다. 스폰서를 소개한 중간 매개자 자체의 평판이 어떠한지, 그 사람이 말한 것들 중에 팩트가 얼마인지, 현지 유력자가 과연 설명들은 대로 성공 스토리를 갖고 있는지 등 말이다. 의외로 간단한 사실 조사로 알아낼 수 있는 단순한 팩트에서부터 틀린 경우가 많으니 작은 노력으로 가능한 부분은 스스로 조사하고 검증하는 자구 노력이 필요하다. 많은 기업인들이 자신의 책임하에 일을 처리한다는 비장한 각오하에 너무 혼자만 움직이곤 하는데 사업의 시작 단계에는 가급적 여러 사람을 만나 교차 검증하고 심사숙고하는 과정을 거쳤으면 좋겠다. 특히 대사관, 영사관, 코트라 (KOTRA) 같은 곳에도 연락해 작게나마 도움을 받길 바란다. '그런 공기관에서 내 구체적 고민에 대해 뭘 알겠는가, 하는 얘기가 뻔하다'라는 속설만 믿지 말고 직접 담당자를 만나보면 뭐라도 쓸만한 얘기를 하나라도 듣게 되어있다. 이렇게 해서 얻은 실오라기 같은 정보 하나가 나중에 낭패를 막을 단서가 될 수도 있지 않은가. 필자 역시 갈지 말지 고민이 많았던 행사나 외교 모임에 마지못해 갔다가 안 갔으면 어쩌했을 것인가 할 정도로 소중한 정보를 얻어 오는 경우가 많았다. 발품과 만남은 많을수록 거짓말을 안 한다. 비즈니스에서는 오죽하겠는가.

어떤 과정을 거치든지 최종 선택의 여부는 기업가 본인에 달려 있고 과정과 상관없이 비즈니스는 여지없이 결과로 설명되며 그 책임도 기업가 자신이 지게 되어있다. 정량적 성과를 측정하기 곤란한 공공부문이야 과정의 충실함이나 업무를 함에 있어 동기의 성실함 역시 평가받지만 기업 경영과 비즈니스의 세계에서는 오로지 결과만이 '선악'의 잣대가 되는 것 같다. 성실한 기업가형 스폰서를 만나도 나와 호흡이 맞지 않으면 소용없으며, 소위 태도 불량한 스폰서를 만나도 기질이 통하고 기대 이상으로 업무에 도움이 된다면 좋은 스폰서가 될 수 있다. 결국 객관적 조건도 중요하지만 기업가 스스로 현지를 얼마나 탐구하고 노력과 발품을 들이는 가에 따라 나에게 맞는 '좋은' 스폰서를 만날 확률이 높아진다고 할 것이다. 그럴 경우 중동 비즈니스 성공의 절반은 담보된 것이나 마찬가지라고 본다.

③ 왕족을 사칭한 사기꾼이 중동에 많은 이유

중동의 왕족 사칭 사기꾼들 잊을만 하면 가끔씩 미디어를 장식하는 것이 중동 왕족을 사칭한 사기 사건들이다. 중동 안에서는 더 많고 중동 바깥에서도 가끔씩 터지는데 왕족들을 사칭한 사기가 가장 많지만 왕족들을 타깃으로 사기가 저질러지기도 하고 비율은 적지만 정말로 왕족이 직접 관여해서 일어나는 일도 있다. 특히나 은밀한 만남이나 사교모임을 통해 이뤄지던 사기극들의 무대가 IT 문화의 급속한 발전으로 사이버로 옮겨져 희생자가 급증하고 국경이 없는 온라인의 특성으로 추적과 단속도 어려워졌다.

우리나라야 인종적 특성으로 중동 왕족을 직접 사칭하기는 어렵지만 왕족과의 인맥을 날조하거나 과장하여 사기극을 벌이는 경우가 심심치 않게 발생한다. 다른 문화권의 왕족과 달리 유달리 압도적인 부와 권세를 가졌고 정보가 제한된 중동 왕족들을 소재로 사기를 일삼는 짓은 교묘한 사기를 업으로 하는 범죄자들에겐 매혹적인 소재가 아닐 수 없을 것이다.

〈그림 11〉 오른쪽은 범인 안쏘니 기그낵, 왼쪽은 그가 사칭한 진짜 술탄 빈 칼리드 알사우드 왕자. 술탄 왕자는 전 국방장관이다.

가장 최근에 서구권 미디어를 뜨겁게 달군 것이 안쏘니 기냑 (Anthony Gignac) 케이스인데 48세(2020)의 남미 태생의 미국 국적 입양 고아 출신인 그는 미국인이면서 남미 출신 외모에 수염을 덥수룩하게 기른 중동인과 흡사한 외모를 갖고 있었다. 그는 '칼리드 빈 알사우드 (Khalid bin Al Saud)'라는 이름의 사우디 왕자라고 속이고 플로리다 마이애미 최상류층 주거지역의 60억 원 상당의 펜트하우스에 머물면서 해외에 부동산과 카지노에 투자한다고 하면서 이웃 부호들을 비롯한 미국인들을 속여 8천만 불 이상을 갈취했고 벤틀리, 페라리 등 슈퍼카를 몰고 경호원을 대동하며 진짜 중동 왕자를 연상케 하는 쇼핑을 즐기면서 이를 인스타그램에 올려 사람들을 현혹시켰다. 똑똑한 미국 부자들도 그가 사우디 국영석유회사인 아람코(Aramco)의 지분을 가진 왕자라고 믿고 그에게 덜컥 돈을 맡겼고 그는 그 돈을 미국 부자들 앞에서 보란 듯이 펑펑 써대면서 콧대 높은 미국 상류층들의 믿음을 사고 아람코 상장 전에 주식 저가 매수, 몰타 카지노 투자, 아일랜드 제약회사, 심지어 항공유 거래 등의 아이템으로 돈을 끌어댔다. 결국 호화 부동산을 매수하겠다면서 흥정하는 과정에서 낌새를 눈치챈 한 부동산업자의 추적으로 실체가 드러났는데 그는 무려 십 대 때부터 30년간 왕족을 사칭해 사기행각을 벌여 온 전과 11범이라는 사실이 밝혀졌고 재판 끝에 2020년 18년형에 처해졌다.

불과 몇 년 전에는 한국에서도 유사한 사건이 있었다. 사우디 왕자 회사의 한국 지사장이라면서 꽤 오랜 시간에 걸쳐 다양한 이권에 개입해 사기행각을 벌인 사건이 있었는데 사기의 수준도 시장의 변화에 따라 진화하는 것인지 막판에는 코인(블록체인) 전문가를 자처하며 사기를 벌였다고 한다. 피해 코인 회사는 당초 전혀 의심을 하지 않다가 막대한 피해를 입고서야 당국에 고발을 하였다. 가해자는 그 이전에 십 년도 넘게 왕족 인맥을 팔면서 국내 경제인들을 농락하였는데 지역개발에 몸이 단 지자체를 상대로는 사우디 자본이 투입된 호텔 리조트 개발사업을 제시해서 투자금을 모으려다 다행히 실패하고, 다음에는 중소 코인 업체에 접근하여 중동 쪽에 코인을 팔아주겠다고 1억 개를 가져가 일부만 팔고 돌려주지 않았다고 한다. 중간에 코인회사에 사기꾼을 소개해준 사람도 동종업계 유력인사라 전혀 의심하지 않았다고 하는데 이런 일이 터진 다음에 발견되는 공통점 중에 하나가 중간에 끼인 사람들조차 모두 자기도 속았고 피해자라고 주장하는 것이다. 처음 호텔개발을 꺼내든 것이 2009년도라고 하니 그 사이 10년 넘게 많은 사람들이 피해를 봤을 것인데 결국 사기꾼은 추측컨대 실제 저지른 범죄의 10분의 1만큼도 처벌받기 어려웠을 것이다.

위의 것은 한국인이 한국에 기반을 두고 벌이는 투자사기지만 이메일을 통해 외국에서 한국 업체를 향해 벌이는 중동발 무역 사기도 빈번하다. 또 이런 경우 중동 왕족의 서명이 든 서한을 보낸다는지 하는 방법으로 가짜 신용을 얻어낸다. 대개 해당 기업의 사업내용을 제법 파악하고 관심을 끌 만한 거래 내용을 만들어서 미끼로 던지기 때문에 수십년 비즈니스 경험이 있는 기업인들도 당하곤 한다. 대개 해외 진출 경험이 적은 중소기업이 타깃이 되는데 대기업도 종종 당할 정도로 수법이 교묘하다고 한다.

중동 왕족 사기는 지역을 막론하고 전 세계적으로 벌어지고 있으며 IT 기술과 정보접근성이 지금처럼 좋아진 시기에도 여전히 발생하고 있다. 과학기술은 사기를 예방하는 것보다 사기를 저지르는데 더 요긴하게 쓰이고 있다. 중동 왕족과 관련된 사기 범죄의 유형은 대략 세 가지로 요약된다.

첫째, 투자사기. 가장 흔한 사기이고 그만큼 혹하기도 쉬운 유형이다.

중동 왕족이 소유한 사업에 투자를 유도하는 방식이다. 투자만 하면 높은 수익이 보장된다고 유혹하고 투자금을 받아 가로챈다. 위에 설명한 한국에서의 코인 사기범의 유형이 여기에 포함되는데 실제 한국인들이 중동을 막론하고 해외에서 우리 기업이나 교민, 한국에 와서는 해외 고위 인맥을 과시하면서 저지르는 사기가 여기에 해당된다. 필자도 해외 대사관에 근무하면서 여기에 해당하는 피해자들을 가장 많이 보았다. 사기 사건의 속성상 피해자가 스스로 피해를 인정하는 일이 많지 않고 피해를 변제받기도 어려우며 법의 심판을 받아도 한국의 법체계는 경제사범에 대해 무척 관대한 편이라는 것이 중론이다. 게다가 투자라고 주장하면 사기죄 성립을 밝히는 것이 쉽지 않은 데다가 한국을 포함해 국제사기의 주범은 대개 이중국적자인 경우가 많아서 사법관할권의 문제도 생긴다. 필자가 해외 근무를 하면서 보면 우리 사법당국도 피의자가 외국인(또는 이중국적자)인 경우에는 좀처럼 적극성을 띠지 않는다. 물론 기술적인 애로가 적지 않겠지만 위에서 언급한 대로 경제사범 자체가 특별히 대단위 주가조작 사기처럼 피해자가 대규모이고 사회적으로 큰 이슈가 되지 않는 한 시급성을 갖고 수사하는 것 같지 않다. 사기범들은 이런 점을 교묘히 악용한다. 일을 저지른 후 잠잠해지면 해외에 있다가 다시 돌아와서 다른 종목으로 갈아타고 새로운 먹잇감을 찾아 활동한다.

둘째, 로맨스 사기. 훔친 신분증 또는 신분증을 위조하여 중동 왕자나 공주 행세를 하면서 엄청난 재산이 있는 것처럼 과시하면서 타깃의 신뢰를 쌓은 다음 갑자기 억울하게 난처한 상황을 호소하면서 급전을 요구하거나 너만 알려 준다면서 좋은 사업 아이템이 있다는 식으로 투자를 유도하는 유형이다. 보통 소셜미디어와 같은 온라인 플랫폼을 통해 이뤄지는데 피해자가 서서히 뭔가 앞뒤가 안 맞고 일관성이 없다는 점을 감지하면 너와 나의 문화와 언어가 달라 뜻이 충분히 전달 안 되었다는 등의 변명을 하면서 빠져나간다. 이들은 인간의 관계욕구를 교묘하게 자극하고 이성 관계의 밀당을 능숙하게 끌고 나가는 속칭 심리전의 고수들이다.

셋째, 자선 사기. 자신을 중동의 왕족이라고 하면서 가공의 자선기관이나 자선 프로젝트를 만들어 돈을 편취하는 방법을 쓰며 이 역시 대부분 온라인 상에서 발생한다. 이 방면의 사기꾼들이 애용하는 테마로는 자연재해, 전쟁 고아, 의료 지원, 교육 시설 제공 등이 있는데 가끔씩 시간적으로 긴급한 상황을 연출하여 급히 자선기금 출연이 필요하다는 식으로 유인한다. 뭔가 선한 일에 기여하고 싶다는 인간의 보편적 심리를 교묘히 이용하는 악랄한 수법이다.

위의 수법들을 종합한 방식의 사기(scam)가 집중적으로 발생하는 곳이 중동의 두바이이다. 특히 인스타그램 팔로워 1,200만 명을 보유하고 있는 소셜미디어 슈퍼스타 중 한 명인 두바이 '함단' 왕세자(Hamdan bin Mohammed Al Maktoun)가 올린 각종 신상 정보들을 나이지리아 전문사기단이 역이용하여 함단 왕세자 행세를 하면서 로맨스 사기를 펼치거나 아프리카 고아들을 돕는 자선활동에 기부하라고 하거나 왕족 전용 파티에 참여할 수 있는 특별한 멤버십 카드를 발급해 줄 테니 송금하라는 식이다. 왕세자 사칭 가짜 계정이 수천 개나 되면서 여론이 크게 악화하자 두바이 당국은 정기적으로 온라인 사기 주의보를 발령하고 있고 페이스북도 가짜 계정 단속에 나서라는 요구가 있지만 이런 가짜 계정에 올라온 광고 수익들도 막대하여 쉽게 단속에 나서지 않는다는 해석도 있다.

실제로 두바이에는 무려 10만여 명의 나이지리아인들이 거주하고 있는데 이들 상당수가 이런 온라인 사기를 비롯한 범죄에 연루된 것으로 추측하고 있고 두바이 당국이 나이지리아 석유 자본의 두바이 부동산 투자 유치 등을 위해 스스로 부패 혐의를 받는 나이지리아인들의 두바이 입국을 대거 허용하였는데 이후에 이런 범죄도 급증함에 따라 그 후과를 치르고 있다는 비판도 있다.

<그림 12> 로맨스 사기 피해를 입은 영국 여성이 폭로한 가짜 두바이 왕세자 신분증과 인스타 계정

이렇듯 왕족을 사칭하는 범죄가 창궐하고 있고 우리가 접하는 미디어에도 대개 가십성이나 해외토픽으로 중동 왕족에 대한 소식들이 자주 흥미 위주로 전달되지만 현실은 매우 다르다는 점을 유념할 필요가 있다. 중동의 왕족들은 그렇게 쉽게 눈에 띄는 사람들이 아니다. 필자가 외교관으로 중동에 3번째 근무를 하고 일반인들보다는 정부 고위인사나 왕실 관계자를 볼 일이 훨씬 많음에도 실제 왕자나 공주급 왕족을 직접 만날 기회는 연례적인 의전행사를 제외하고는 손에 꼽을 정도이며 하물며 개인적 친교를 쌓을 기회는 사실상 거의 희박한 편이다. 이들은 인심 좋은 호사가가 아니다. 남의 부탁을 흔쾌히 들어주면서 얼굴 좀 보게 시간 한번 내달라고 하면 내주는 사람들이 아니다. 이 사람들이야말로 경계심이 높고 왕족에 대한 이중적 시선(존경심과 비판적 시선)

을 잘 알기에 사생활 노출을 극히 꺼리고 공식적인 자리가 아니면 일반인의 시선에 나타나는 일이 거의 없다고 보면 된다. 하물며 내 주변에까지 다가온 모 한국 비즈니스 인사가 자신에 대해서는 모호한 경력만을 내세운 체 중동 왕족과의 막역한 인맥을 자랑한다면 확률적으로 아닐 가능성이 '매우' 높다고 할 수밖에 없다. 한마디로 중동 왕족들은 우리가 생각하는 것 이상으로 신중하며 사업에도 관심은 많지만 늘 주변의 전문가들을 통해 검증에 검증을 거쳐 투자 분야와 외국 파트너를 정하지 한두 번 만난 인연으로 한국의 사업가와 의기투합할 일은 거의 없다고 보면 된다. 물론 기존의 브랜드 파워가 있는 대기업이라면 상황은 다르겠지만 항상 내 스스로가 어렵게 줄을 만들어 힘들에 찾아간다면 모를까 왕족 인맥이 나를 찾아온다는 것은 뭔가 '선수'들이 일을 꾸미는 것은 아닐지 신중에 신중을 기해 살펴보아야 한다. 노름판에 이런 말이 있지 않은가, 아무리 봐도 호구가 안 보이면 바로 내가 호구라고.

중동 왕족 사칭 사기를 피하려면?

그렇다면 이런 사기 사건의 피해자 되지 않기 위해서는 어떻게 해야 할까. 첫째 의심하고 또 의심해야 한다(be skeptical). 가장 중요한데도 가장 간과하기 쉬운 부분이다. 이메일이나 소셜미디어로 누군가 중동 로열패밀리라고 하면서 당신에게 다가온다면 99% 사기라고 보면 될 것이다.

둘째, 스스로 조사를 하라. 조사란 것이 거창한 것이 아니라 인터넷 서치, 공공 기관에 확인 전화 몇 통 하는 수고 정도면 된다. 앞서 언급한 미 플로리다에서 사우디 왕자 행세를 한 안쏘니 기그냑의 단서를 잡은 이는 마이애미의 고급 부동산 중개업자였는데 수 백만불 콘도를 산다면서 계속 시간을 끌고 아랍어도 모국어가 아닌 것 같다는 의심을 하면서 자신이 돈을 들여 사설조사팀을 꾸려 사기꾼임을 밝혀내었다. 이런 전문적이고 돈이 드는 조사가 아니더라도 간단한 인터넷 검색이나 코트라나 재외공관에 문의를 해봐도 도움을 받을 길이 있다. 그리고 사기꾼들이 아무리 치밀해도 여러 명을 상대로 한꺼번에 작업을 하므로 말한 내용들의 일관성이 없을 수밖에 없는데 그런 것들을 정리해서 가까운 사람과 상의만 해도 무모한 결과는 상당히 피할 수 있다고 본다. 또 돈이 오가는 거래에는 기존에 반복적으로 진행해 오는 거래라고 하더라도 돈이 송금되기 직전에는 무조건 다시 한 번 점검을 해야 한다는 점을 상기할 필요가 있다. 코트라에 따르면 송금 직전에 아무래도 수상쩍다고 의심한 직원들이 오히려 오너 사장들의 무모한 지시가 걱정되어서 조사 문의를 해오면서 간신히 송금피해를 피한 사례도 종종 있다고 한다. '중동 왕족이 나를 어떻게 알고 그런 거래를 제안해 올까'라는 지극히 평범한 질문이라도 해본다면 귀신에 홀린 듯이 당하지만은 않을 것이다.

셋째, 절대 신상정보는 노출하지 말아야 한다. 소셜미디어로 인연을 트게 될 경우 어느 정도 신상이 상대방에게 공개되는 것은 피할 수 없지만 소셜미디어로 인연을 트게 된 외국인이 계좌번호나 여권사본 등을 보내달라고 하는데도 합리적 의심을 안 한다면 안타까운 노릇이다. 물론 이 단계까지 왔다는 것은 꾼들의 심리전에 이미 절반 이상 넘어 온 단계라고 할 수도 있는데 위에 언급한 것처럼 돈이나 신상정보가 최종 건네지기 전에 마지막 의심의 차원에서 주변에서 가능한 최소한의 검증을 해볼 것을 당부한다.

넷째, 사법당국에 신고를 해야 한다. 피해를 인지한 후에는 자포자기의 심정으로 속아 넘어간 자신을 탓하거나 또는 사기꾼들이 다시 돌아와 돌려줄 것 같은 착각에 빠져 신고를 안 하는 경우가 허다하다. 신고는 제3의 범죄를 막는다는 공익적 요소 외에 권선징악의 측면에서도 반드시 하는 것이 옳다. 얼마 전 종영된 국내 드라마에서 은행원이 부유층이거나 약점이 있는 고객들의 예치금을 빼돌려 탕진하는 소재가 방영된 적이 있는데 범인이 해외로 도주한 후 조사를 시작한 경찰에게 대부분의 피해자들이 피해 사실을 부인하는 장면이 나온다. 필자를 포함해 시청자들은 주인공의 입장에 감정이입이 되어 피해자들이 피해를 부인할 때 다행이라고 생각하는 사람이 많았을텐데 드라마는 허구일 뿐 법과 정의의 관점에서는 있을 수 없는 일이다.

경찰, 검찰, 사법당국은 사기의 예방은 못 해준다. 사기 피해를 막는 것은 오롯이 개인의 몫이다. 다만 그 개인적 비용을 줄이기 위해 합리적인 사회적 합의와 제도가 필요한 것인데 솔직히 그간 해외 근무를 해오면서 필자가 직간접적으로 느낀 바로는 사기에 대한 노출과 희생자가 될 확률은 갈수록 높아지는 반면, 이를 예방하고 처벌할 수단은 오히려 약해지는 것 아닌가 하는 인상을 받는다. 과거엔 행적이 의심스럽거나 사기 범죄라고 의심할 만한 근거가 있으면 기업인의 진정을 명분으로 하여 최소한의 범위에서 신상 조회가 가능했는데 지금은 법이 바뀌어 어렵다. 또 영미권과 달리 경제사범에 관대한 우리의 사법 체계도 사기범의 대담성을 계속 자극한다. 또 '믿음과 복종'에 관대한 우리 민족의 심성도 사기를 자극하는데 한몫을 한 것은 아닌지 의심해 본다. 통계마다 다소의 차이는 있지만 대략 한국인의 80%가 종교인이라고 자처하고 50%가 종교 활동을 하며 20% 정도는 매주 교회나 사찰에 나간다고 한다. 아마 우리나라 수준의 국가 중에 이만큼 종교 참여율이 높은 나라는 없을 것이다. 종교 활동 중에 체화된 믿음에 대한 긍정심, 불신(회의)에 대한 부정심이 결합하여 타인의 말을 쉽게 긍정하는 태도가 증폭된 것은 아닐까. 그런 믿음과 복종심이 바탕이 되어 우리 국민이 전쟁의 페허를 극복하고 급속한 경제성장을 이룬 측면도 있지만 조직에서든 개인 관계에서든 의문점에 대해 당당하게 질문하고 문제를 제기하는 습성은 상대적으로 부족하다는 생각을 해본다. 이 문제는 한국 기업의 글로벌 브랜드 수준과 우리나라의 글로벌화 지수하고도 내밀하게 연관되어 있는 요소인데 이 책의 다른 부분에서 후술하기로 한다.

중동과 한국

① 중동에서의 Korean Brands의 위상과 현실

외국에 사는 기간이 길어질수록 한 나라를 대표하는 기업이 있는 나라와 없는 나라의 격차를 절감한다. 전 세계 어디에든 그런 기업이 진출해 있는 나라에서의 한국의 위상과 이미지와 그렇지 못한 나라에서의 위상에 차이가 없을 수가 없다. 필자가 공직 초반에 해외 공항에 내리자마자 우리 기업 광고를 본다든지 공항에서 시내로 진입하는 도로변에 한국 기업의 전면광고를 볼 때 느끼던 벅찬 감동을 지금의 젊은 세대들은 얼마나 공감할지 모르겠다. 그만큼 흔해지고 특별할 것도 없다고 생각할 만큼 우리 기업의 글로벌화가 많이 진행되었고 글로벌 브랜드로서 우리 기업들의 파워도 강해졌다는 얘기가 될 것이다.

해외 시장에서 보자면 상품과 기업의 이미지가 한 나라의 브랜드를 만드는 데 결정적인 역할을 한다는 점을 절감한다. 물론 그 나라 고유의 역사와 문화적 이미지, 종합적인 국력 등이 브랜드를 만드는 데 기여하는 요소로 중요하겠지만 뛰어난 상품과 서비스를 만드는 뛰어난 기

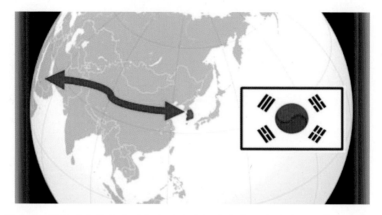

<그림 13> 중동에서 한국의 성공적 이미지는 대부분 우리 기업들이 만든 것이다.

업들이야 말로 지금 시대에서 국가의 브랜드를 만드는 데 결정적 기여를 한다는데 이의를 제기하기 어려울 것이다. 이러한 면에서 세계 10위권 경제 대국의 위상에 상응하게 세계인들이 꼽을만한 기업 브랜드를 갖고 있다는 것은 다행을 넘어 축복받은 일이다. 독보적인 삼성을 비롯하여 현대, LG, 기아, SK 등의 브랜드 이름이 통하지 않는 곳이 없고 특히 중동에서는 SOC(사회간접자본) 투자가 활발한 지역이라 우리나라 대표 엔지니어링 브랜드인 GS, 대우, 포스코, 두산 등의 이름도 명성이 높은 편이다. 특히 현대나 삼성은 거의 안 걸친 분야가 없을 정도로 사업영역이 넓은 것이 역설적으로 종합적인 브랜드 인지도를 높이는데 기여를 하는 것 같다.

필자는 지난 15년간에 걸쳐 여러 번 중동 근무를 해오면서 시간이 갈수록 우리 상품과 기업의 시장 점유율 확대를 실감하고 중동 현지인들로부터 한국 제품과 우리 기업 브랜드의 우수성을 인정하는 모습들을 보면서 우리가 확실히 한 단계 업그레이드되었다는 생각을 하게 되었다. 물론 우리 기업들의 진출 분야가 제조강국답게 전자제품과 자동차 등 소비재에 집중되어 있다 보니 시장 점유율이 기업 인지도에 과잉 반영되는 효과도 있을 것이다. 2000년대 중반에 처음 중동 근무를 시작하던 당시에 우리 가전제품과 핸드폰, 자동차의 인지도는 아주 낮지는 않았지만 일본이나 유럽 브랜드에 한참 못 미치는 상황이었고 제품과 기업 인지도에서도 고스란히 드러났다. 애국심이 넘쳐나는 교민이나 주재원들도 '내돈내산(내 돈 내고 사는 내 물건)'하는 상황에서 국산품을 사기를 주저하였다. 당시 필자가 중동에서 경쟁제품들과 비교하면서 느낀 국산품의 이미지는 품질은 좋으나 투박하고 감성적 어필이 부족하다는 것이었다. 특히 자동차는 중동의 여름 최고 50도를 넘나드는 살인적 기후 환경 속에서 에어컨을 켜면 힘을 못 내고 헉헉거리던 기억이 난다. 또 뙤약볕 아래서 놓여 있던 차의 온도를 낮추는데 국산차는 일제차에 비해 한참 더 걸렸던 기억이 난다. 그래서 오래전 동남아를 가보고 상점에서나 길 위에서나 일제 일색이었던 것이 중동에서도 그대로 재현되는 것을 보고 몹시도 부러웠었다.

그러던 것이 불과 10년이 좀 지나 역전이 된 것이다. 초기에 가성비로 승부하던 것들이 지금은 당당히 기술력으로 인정을 받고 있다. 삼성은 핸드폰에서 중동시장에서 1위를 달성한 지 오래고 삼성과 LG 투톱의 가전제품은 실내 생활을 오래 하는 중동인들에게 가장 인지도 높은 전자제품 브랜드가 되었다. 자동차는 다른 글로벌 시장에서와 마찬가지로 아직 토요타와의 간격은 있지만 시장 점유율 2위 브랜드로서 입지를 굳히고 있다. 홍보나 마케팅에서 잘한 것이 아니라 혁신과 기술력으로 달성한 결과이다. 삼성이 소니를 따돌리고 세계 가전 1위 업체가 되었다는 것은 단순히 유명 브랜드 하나를 넘어섰다는 차원이 아니라 중동은 물론 유럽·북미에서도 한국의 과학기술 경쟁력에 대해 더 이상 부지런한 후발주자라는 이미지에 머물러 있지 않다는 것을 의미한다.

<그림 14> 2018년 4월 SM타운 K팝 두바이 콘서트

　또 하나 최근 두드러진 약진은 K팝과 K드라마의 선풍적 인기와 이에 동반 상승 중인 K뷰티 산업의 인기이다. 20여 년 전에 드라마 대장금이 중동에 상륙하여 이란을 비롯해 일부 국가에서 큰 호응을 얻었던 당시 인기의 원인을 중동적 가치와 우리 드라마의 내용이 상통되는 부분이 있었다는 식의 우연성과 선택적 성공으로 봤던 것에 비해 지금의 한류 인기는 일단 한국 드라마와 음악의 수준에 대해 고평가하는 고정 지지층이 단단히 형성되어 있고 일단 나오면 믿고 본다는 반응이 많다는 것이 특징이다. 필자가 7년 전 중동 근무 당시 현지 라디오 채널에서 종종 나오던 '엑소(EXO)' 노래가 두바이 분수쇼의 테마 뮤직으로 채택되더니 곧이어 2018년 봄에는 중동 최초로 SM 소속 가수가 총동원되는 대형 콘서트가 두바이에서 열려 장안의 화제가 되었는데 그것 조차 지금의 인기와 비교하면 약과라는 느낌이 들 정도이다. 중동 지역 넷플릭스(Netflix)에서 드라마 부분 1위에 한국 작품이 오르는 것은 더 이

상 화제가 되지도 않을 일이 되었다. 한 가지 더 국가브랜드의 측면에서 K-Wave, 한류에 감사할 일은 K뷰티 산업의 약진을 견인하였다는 것이다. 약 10여년 전만해도 소수의 입소문 수준에 머물던 국산 화장품의 인지도가 갈수록 높아지고 있다. 소비자로서 화장품의 선택은 전자제품이나 자동차처럼 기술적 완성도와 품질에도 영향을 받지만 그에 못지않게 해당 브랜드가 내포하는 문화적 감수성도 큰 몫을 차지한다. 그래서 뷰티시장은 지금껏 유럽과 미국 브랜드가 압도적으로 시장을 장악하고 있었는데 한류의 급격한 부상과 한국 문화에 대한 호응도 상승이 자연스럽게 한국산 뷰티 제품의 소비로 연결된 것으로 보인다. Innisfree, Etude House, Missha, Faceshop, 라네즈 등의 한국 브랜드를 아는 소비자가 꾸준히 늘고 있는데 이들 브랜드들이 유럽, 미국 브랜드의 뒤를 바짝 쫓고 있고 특히 동남아 출신 인구 비율이 높은 걸프 지역의 경우 최고 품질의 제품들로 인정받는 추세이다. 현지 판매가격도 국내 소비자가 와서 보면 깜짝 놀랄 정도로 고가에 형성되어 있는데 웬만한 대형 쇼핑몰마다 입점해 있는 한국 브랜드 자체 매장 앞에 늘어선 현지 여성들을 보자면 제품 자체의 품질에 대한 신뢰도도 기여를 했겠지만 한국 문화에 대한 동경의 수준이 이만큼 올라왔구나 하는 자부심을 느낀다.

한계와 과제, 중동에서 유명한 한국 브랜드 + 포브스 선정 500 포함 중동 브랜드

그러나 아쉬운 요소도 있다. 분명 10년 전에 비해 기업 브랜드, 국가 브랜드 모두 좋아진 것은 맞는데 한계에 갇혀 있다는 느낌을 받는다. 대표 기업 브랜드의 맹활약에도 불구하고 여전히 익숙한 이름들만 맴돌고 변화가 거의 안 보인다. 즉 삼성, 현대(기아), LG 정도만 귀

에 자주 들리고 보일 뿐 나머지 브랜드들의 인지도는 한참 밑에 와있는 것 같다. 확실히 전자, 자동차, 조선 등 제조 분야에서 과거의 명성을 유지하거나 더 단단하게 입지를 굳힌 것은 맞는 것 같은데 전혀 새로운 한국 브랜드가 치고 올라오거나 한국 기업의 포트폴리오를 넓히는 데는 거의 발전이 없는 것 같다.

그나마 우리 브랜드가 선전하는 부분에서도 실속은 적고 외화내빈이라는 말도 듣는데 실제로 '포춘 글로벌 500대 기업'을 분석한 자료를 보면 한국 기업들의 지난 5년간 순이익 증가율은 중국, 일본, 미국 기업들 평균에 비해 가장 뒤지는 것으로 나온다. 즉 이들 세 국가 기업들 수익률 평균이 최근 5년간 모두 플러스 성장을 보인데 반해 한국 기업들만 마이너스 성장을 보였다. 중동에서도 점유율의 확대와는 별개로 우리 브랜드들이 남는 장사를 했는지 의문이다. 500대 기업 숫자도 한국이 15개로 제자리인 반면 중국은 109개에서 135개로 늘었고 일본은 51개에서 53개로 늘은 반면 미국만 132개에서 122개로 줄었는데 미국이 줄은 만큼 중국이 가져간 것으로 보인다. 그러므로 객관적인 브랜드 파워는 소수 대표 브랜드 덕에 가까스로 유지되었지만 실속은 없었다는 말이 된다.

이런 분석은 우리가 중동에서 그나마 잘한다고 자부하던 건설·인프라 분야에도 해당이 되는데 토목, 건축은 아무리 잘해도 이익률이 작을 뿐더러 중국, 튀르키예 업체에게 턱밑까지 추월을 당한 상태라는게 업계의 중론이고, 엔지니어링 분야도 중국 등의 기술이 급격히 치고 올라왔을 뿐 아니라 기술적인 면에서도 우리가 잘해온 분야만 잘할 뿐 고부가가치 분야로의 기술 상승은 정체되어 여전히 서구, 일본 기업들 중심의 톱티어(top-tier)에는 못 끼는 상황이 이어지고 있다는 것이다. 얼마 전 준공된 UAE 바라카 원전도 건설은 우리가 했지만 원자로 자체의 원천기술이 미국에 있어 막대한 로열티를 지불한 것과 마찬가지로 많은 수의 대형 프로젝트가 부가가치가 높은 설계와 원천기술 등은 아직도 유럽이나 일본 기업이 가지고 있고 우리 기업은 부가가치가 낮은 시공에만 참여하는 경우가 많아서 규모는 크되 남는 게 없다는 말이 나오는 것이다. 필자도 중동 근무 초기에는 여기저기 우리 기업들이 참여하고 있는 프로젝트가 많아 대단하다고 생각했지만 이면을 보니 지금 기준에서 보면 저부가가치 사업이 대부분이고 원천기술을 가진 톱티어 외국 기업의 사이드 파트너로 참여하는 경우가 많다는 것을 알게 되었다. 그래서 현장 관계자들은 고생은 고생대로 하지만 기업 입장에서는 속 빈 강정이라는 말이 많다. 우리 기업들도 실속이 없는 건설 프로젝트 수주는 지양하려고 한다지만 매출 확대와 같은 외형에도 신경을 쓰지 않을 수 없는 형편인지라 울며 겨자 먹기로 입찰에 참여하고 있고 그것도 기술 수준과 업종이 겹치는 우리 기업끼리 경쟁을 벌이는 실정이다. 다행히 최근에는 고유가 유지와 산업다각화 경쟁으로 사우디를 중심으로 걸프 지역에 수주물량이 늘어나는 추세여서 우리 기업들이 정부 발주나 고부가가치 사업 위주로만 선택적으로 참여할 수 있는 여유가 생겼다고 하는데 시장 상황은 계속 가변적일 수 있지만 기업의 기술격차와 비용경쟁력 등은 쉽게 변하지 않는 요소이다.

중동에 부는 한류, 물 들어올 때 노 젓기

이러한 추세와 달리 긍정적인 요소로는 역시 한류(K-Wave)라는 강력한 브랜드 부스터(booster)의 등장과 새로운 플레이어로서 뷰티(K-Beauty) 산업이 눈에 띈다. 이 둘도 물론 10년, 15년 전에 비해 갑자기 등장한 것은 아니나 전통적인 제조 중심의 한국 브랜드 파워의 체질을 개선하는데 기여하였다고 보며 특히 한류는 과거에는 감히 상상조차 하기 어려웠던 '문화적 매력'이라는 대단한 요소를 안겨줌에 따라 우리 상품과 기업의 가치를 올리는데 큰 기여를 하고 있고 앞으로도 그 역할은 늘어날 것이다. 기업이 이윤추구만이 아닌 공익적 차원의 문화적 이미지를 높여 브랜드 호감도를 높이고 최종적으로 소비로 이어지게 하는 전략을 소위 '문화마케팅'이라고 한다. 그런데 현재의 한류의 인기는 우리 기업들의 문화마케팅 비용을 줄여주는 차원을 넘어서서 효율성 면에서 개별 기업이 특정 국가나 지역을 상대로 할 수 있는 문화마케팅의 범주를 벗어나서 전 세계를 대상으로 우리 기업을 대신하여 홍보 마케팅을 대행해 주고 장기간에 걸쳐 매력적인 한류 아이템을 통해 글로벌 시청자들에게 어필함에 따라 결국 한국 기업 브랜드의 인지도 상승과 소비로 이어질 가능성이 크다. 이런 지대효과(rentier effect)는 기존에 미국·유럽이나 일본이 자국의 문화적 매력에 기반을 둔 소프트파워(softpower)를 이용해 톡톡히 재미를 봤던 분야인데 이제 우리도 이런 대열의 문턱에 낄 수 있다고 생각하니 감개가 무량하지만 이 분야도 넘어야 할 산이 적지 않다.

영국의 한 컨설팅 업체가 집계하여 매년 발표하는 각국의 소프트파워 순위를 보면 한국은 세계 13-15위 권에 머무르고 있는데 우리보다 상위에 포진해 있는 나라들은 대부분 서구권 국가들이며 아시아에서도 일본, 중국이 우리보다 앞서 있고 이따금 중동의 UAE도 우리보다 앞선 것으로 나온다. 한 나라의 국력을 국방력이나 GDP 같은 하드파워(hard power)와 호감과 매력의 소프트파워의 합이라고 가정할 때, 기업의 입장에서는 소프트파워가 셀수록 국가 브랜드 파워의 혜택을 볼 수 있다. 한국의 소프트파워는 지난 20년 동안 꾸준히 상승해 왔는데 한류의 인기와 전반적인 국력의 상승과 궤를 같이 하고 있으며 이런 추세가 기업 브랜드 파워에도 긍정적 영향을 미쳐 왔다고 볼 수 있다.

선진국들은 소프트파워가 갖고 있는 이런 막강한 문화적 지대효과의 혜택을 누리고 있는 국가들이며 이제 이 클럽에 진입한 한국에 대해 기존 선진국의 견제도 만만치 않을 것이다. 공산품 제조로 먹고 사는 나라가 문화적 매력이라는 프리미엄까지 갖고 자기들이 했던 것처럼 소프트파워까지 손에 쥐고 자기들의 경로를 빨리 따라올까봐 경계하는 것은 아닐까. 서구에서는 스마트폰이나 자동차처럼 객관적으로 품질을 평가할 수 있는 것조차 우리 제품을 문화적 감성이나 매력의 부족이라는 이유로 평가절하(depreciation)하곤 것을 목격하는데 이런 분야는 시장 점유율이나 매출과 같은 객관적인 근거가 있으니 그런 류의 공세가 한계가 있는데 반해 한류와 같은 문화 분야에서도 공격이 있다. 올해 초 방시혁 하이브 의장의 CNN과의 인터뷰나 스페인 언론의 BTS 알엠(RM)과의 인터뷰는 서구 주류 미디어의 시각을 대변한다고 본다. 이 두 인터뷰의 핵심은 '한국이 음악을 산업화하여 강도 높은 훈련과 규율로 마치 제조공정처럼 아이돌 그룹을 만들어내고 있고, 지나친 혹사로 어린 가수들이 감당 못할 스트레스를 조장하고 있다는데 개인적 창의가 핵심인 문화 활동을 그렇게 비인간적으로 해서 되겠느냐'는 것이다. 필자에게 이 말은 '제조업까지는 인정하겠는데 문화까지 넘봐서 되겠느냐, 물건 팔아서 번 돈으로 그냥 우리 문화를 사서 즐겨라'로 들렸다.

서구가 비서구권에 중요한 고비마다 제동을 거는 도구가 인권이라는 잣대인데 K-Pop에도 슬며시 이 잣대를 들이대고 있다. 서구가 갖고 있는 인권적 감수성이 우리와 다르고 충분히 경청할 부분이 많지만 돌연 K-Pop과 같은 장르에 '제조업 공정, 집단주의, work-life balance, 스트레스 강요' 등의 인권 프레임을 갖다 대는 것은 씁쓸한 일이다. 이 문제에 대한 좋은 답은 방시혁 의장의 CNN 인터뷰에 나와 있는데 방의장은 '똑같은 질문을 서양 음악계에 해달라고 하고 싶다. 거기에도 감당하기 어려운 스트레스가 있고 그래서 마약, 알코올 중독 같은 문제가 생기지 않느냐'라고 했는데 이런 반격은 예상하지 못했을 것이다. RM의 대답도 핵심을 담은 좋은 답변을 했다. '한국인들은 아무것도 없는 나라에서 혹독한 노력이 있기에 여기까지 왔다. 식민지배를 했던 서구의 시각으로만 보지 말라. 스트레스가 많은 것은 인정하지만 그것이 K팝을 매력적으로 만든 점의 일부이다'라고 했는데 역사와 정치적 맥락까지 아우른 훌륭한 답변이었다고 생각한다. 이런 인터뷰를 듣고도 뜻을 이해하지 못했다면 스페인 언론이 아둔하거나 고의적으로 회피하려는 것일 것이다.

그럼에도 불구하고 이러한 식의 서구의 견제는 계속될 것이고 이것은 K팝과 한류에게만 해당되는 것이 아니라 제조업을 포함한 우리 기업브랜드 전체에 해당되는 문제이다. 인권 문제 지적은 경청할 부분이 없지 않으나 꼭 인권이 아니더라도 다른 평계를 동원해 평가절하하려는 시도는 계속될 것이라고 본다. 어쩌면 소프트파워 후발주자로서 겪을 수 있는 통행세라고 볼 수도 있는데 이를 감안하면서 극복할 수 있는 우리 나름의 논리나 관행의 개선도 고려할 필요가 있다고 본다. 이들이 전형적으로 한국 문화나 기업을 폄하하는 논리에 대한 치밀한 준비와 반격이 필요하다고 본다. 즉 한국 문화나 대기업 중심 경제를 특정 오너를 중심으로 한 집단주의, 개인의 창의 억제, 정부의 개입과 결탁(정실주의)으로 획일화하고 한류도 이러한 노선의 산물로 보는 시각에 대해 논리적 대응이 필요하다. 이러한 류의 비판은 사실 우리만이 아니라 비서구권 국가와 경제 전반에 해당하는 것이나 마찬가지인데 이런 견제가 최근 우리에게 집중되고 있는 것은 그만큼 우리 경제나 문화의 위상이 서구 경제와 기업을 위협할 만한 수준에 와있다는 것으로 해석할 수 있다.

한류가 우리의 주력 제조업 브랜드에 소프트파워적 경쟁력을 높여주는 것이라면 IT, 디지털 분야는 디지털 강국이라 자임하는 한국의 디지털 브랜드들이 우물 안 개구리가 아니라는 것을 보여줄 필요가 있는 과학기술의 자존심이 걸린 분야이다. 물론 디지털 기술이 제조업에도 이미 반영이 된 것이지만 네이버, 카카오 등 지식기반 플랫폼 기업들이 좁은 한국에서만 경쟁할 것이 아니라 하루속히 중동을 포함한 해외사업 진출에 박차를 가해 주기를 희망한다. 이미 일본과 일부 동남아 시장에 어느 정도 진출은 해있지만 '배달의 민족'의 독일계 모회사가 '배달앱(Talabat)'을 만들어 급속하게 중동시장을 장악하고 있는 것처럼 우리기업의 e-커머스를 비롯한 플랫폼 사업에서도 대박 소식이 들려오길 소망한다. 물론 지식과 정보 기반 비즈니스는 구글, 아마존과 같이 미국 기업이 전 세계를 장악하고 있고 아마도 상당기간 이런 트렌드는 지속되겠지만 향후 디지털 시장 상황에 어떤 변동이 있을지 알 수 없는 일이고 한국 디지털 기업들에게도 전격적인 기회가 올 수 있을지도 모를 일이다. 국내 게임산업에 중동자본의 투자가 이어지고 있고(다음장 후술), 쿠팡과 카카오에도 중동 자본이 대거 유입되었다는 것은 좁은 국내 시장만 노리고서 이뤄진 것은 아닐 것이다. 특히 중동 자본이 투입되었다는 것은 그만큼 중동시장 진출의 유리한 발판이 마련된 것인만큼 수년내 새로운 기술로 새로운 수요를 중동시장에서 창출할 수 있기를 기대해 본다. 한류의 소프트파워까지 브랜드 이미지를 높여주는 효자 노릇을 하고 있으니 지금이야말로 물들어 올 때 노를 저어야 하는 절호의 타이밍이 아닐까.

❷ 중동의 국부펀드와 한국의 게임산업

중동의 국부펀드

'국부펀드(sovereign wealth fund)'란 말 그대로 국가가 국부를 늘리기 위해 운용하는 기금을 말한다. 이는 국가가 갖고 있는 외환보유고와는 별개의 개념으로서 장기적 수익을 추구하기 위해 국내는 물론 해외의 기업이나 부동산 등 자산에 장기적으로 투자하는 돈이다. 이미 왕정시대 때부터 군주들이 왕실의 재산을 이용하여 각종 사업에 투자하던 것을 국부펀드의 효시라고 보는 주장도 있다. 유럽의 신성로마제국 황제도 각지에 은행을 설립하여 막대한 재산을 누렸다고 하며 식민지 개척 시절 영국 왕실도 동인도 회사에 투자해서 별도로 배당금을 챙겨갔다고 한다. 우리 조선 왕조도 '내탕금'이라고 하는 일조의 왕실 전용 비자금이 있어 조정과 관료들의 통제를 받지 않고 왕실의 사유재산의 성격으로 관리했다고 한다.

우리에게는 가끔 중동의 석유자본이 유럽의 명문 축구구단(UAE의 맨체스터시티 등)을 인수했다든지 외국의 대표 공항을 인수했다든지(카타르의 영국의 히드로 공항), 뉴욕이나 런던의 초고층 빌딩을 매입했다는 기사를 종종 접한다. 필자도 몇 년 전 중동 근무 당시 한국에 출장을 가는 그 나라 관리들이 서울 강북의 특정 호텔에만 투숙을 해서 이유를 물었더니 자기네 국부펀드가 투자한 호텔이라고 답한 적이 있다. 그 뒤 그 호텔을 가게 될 때마다 유심히 내부를 봤더니 확실히 인테리어나 식당 구성 등이 아랍 취향이 많이 반영되었다는 느낌이 들었다.

이렇게 간헐적으로 중동 국부펀드의 전방위적 투자에 관한 소식들을 듣게 되면서 이 펀드가 과연 얼마나 크고, 어떤 돈으로 조성이 되며, 어떤 목적으로, 어떤 곳에 투자되는지 궁금증을 갖게 된다. 또한 최근

들어 이들 자금이 한국 시장에도 진출하여 삼성, SK와 같은 대기업은 물론이고 쿠팡이나 넥슨과 같은 플랫폼 사업, 게임산업에도 진출한다는 뉴스를 접하면서 무슨 목적으로 한국 시장에서 저러한 분야에 투자하게 됐는지에 대한 관심도 생긴다.

일단 중동 국부펀드하면 일차적으로 석유 이익을 기반으로 한 천문학적인 투자자금을 떠올리기 쉽지만 중동 말고도 국부펀드를 운용하는 나라는 의외로 많으며 한국도 상대적인 규모는 작고 많이 알려져 있지 않지만 꽤 오래전부터 운용해 오고 있다. SWFI(국부펀드연구소)에 따르면 전 세계에 149개 국부펀드가 있으며 이중 27개가 중동이고 상위 20개 중에는 9개, 10위권 중에는 4개가 중동 국가의 펀드들이다,

대개 펀드 규모 1천억 불 이상을 메이저 국부펀드로 분류하고 한국도 한국투자공사(KIA)가 운용하는 국부펀드가 14위에 랭크되어 있는데 규모는 2천억 불 수준이다. 그래도 한국이 가진 외환보유고나 경제규모에 비하면 국부펀드 규모는 해외에 비해 작은 편이며 이는 중동과 같이 석유와 가스 수입으로 하는 것이 아니라 국민연금으로 민간에 투자하는 것이라 규모가 상대적으로 작다고 봐야 할 것이다.

이처럼 국부펀드의 출처는 크게 석유나 가스와 같은 자원수익과 한국과 같이 연금을 바탕으로 외환보유고로 하는 유형으로 나뉘며 중동, 노르웨이, 러시아와 같이 자원 대국의 국부펀드들의 규모가 훨씬 크고 중국이나 싱가포르, 한국, 캐나다와 같은 비산유 국가들의 펀드들이 상대적으로 규모가 작은 편이다. 특이한 것은 국부펀드하면 중동을 우선 떠올리지만 세계 최대 국부펀드 1, 2위는 노르웨이와 중국이며 10위권에도 중동 펀드 외에 홍콩, 싱가포르까지 포함하면 5개나 중국계 펀드가 올라와 있는 것을 보면 중국 자본의 위력도 실감할 수 있다.

표 6 세계 국부펀드 규모 순위

순위	국가	펀드명(기관)	규모 (10억 불)	재원
1	노르웨이	노르웨이정부연기금	1,338.2	석유
2	중국	중국투자공사	1,222.3	외환보유액
3	UAE (아부다비)	아부다비투자청 (ADIA)	708.7	석유
4	쿠웨이트	쿠웨이트투자청(KIA)	708.4	석유
5	싱가포르	싱가포르투자청	690.0	외환보유액
6	사우디	공공투자펀드(PIF)	620.0	석유
7	홍콩	홍콩외환안정기금	588.9	외환보유액
8	싱가포르	테마섹홀딩스	496.6	외환보유액
9	카타르	카타르투자청(QIA)	461.0	석유
10	중국	사회보장기금이사회	447.3	석유
11	UAE (두바이)	두바이투자청(DIA)	299.7	석유
12	튀르키예	터키국부펀드	294.1	외환보유액
13	UAE (아부다비)	무바달라(MIA)	284.5	석유
14	한국	한국투자공사	205.0	외환보유액
15	러시아	러시아국부펀드	182.6	석유, 가스
16	호주	Future Fund	150.8	외환보유액
17	이란	국가개발펀드(NDFI)	139.0	석유
18	캐나다	앨버타투자관리공단	108.1	연금
19	UAE (아부다비)	아부다비투자회의	102.0	석유

| 20 | 미국
(알래스카) | 알래스카영구기금 | 84.8 | 석유 |

*출처: SWFI, 2022 기준

　상위 20개 내 중동계 국부펀드 9개를 모두 더하면 약 2조5천억 달러 규모인데 이는 우리나라 1년 GDP보다 약 1조 달러나 많은 액수이다. <표-5>에서 보다시피 중동의 국부펀드는 예외 없이 산유국의 석유 잉여자금으로 출발하였는데 1950년대부터 국제유가의 변동성에서 나오는 부작용을 차단하고자 만든 유가 안정화 자금을 조성한데 서 비롯되었다. 이것이 국부의 축적과 보전을 목적인 국부펀드로 발전된 것이다. 중동 국부펀드가 걸프 산유국이 중심을 이루지만 그중에서도 제1 석유 대국인 사우디가 아닌 UAE가 펀드의 종류와 규모 면에서 제일 큰데 이는 UAE가 그만큼 석유 시대 이후를 대비한 다양한 해외사업 투자에 가장 주도적으로 나선 것이라고 볼 수 있을 것이다. 또 UAE가 사우디나 다른 나라처럼 단일 국부펀드가 아닌 여러 펀드를 동시에 운용하는 것은 펀드별로 투자 분야를 다양화하고 위험을 분산할 수 있기 때문이며 또 국부펀드 운용에 전문성이 축적되면서 펀드 운용 전문인력도 풍부하기 때문일 것으로 추정된다.

　좀 더 자세하게 중동 국부펀드는 어떤 구체적인 목적을 갖고 어떤 방식으로, 어떤 나라의 어떤 분야에 투자하고 있는지 알아보자. 우선 목적은 산유국의 장기적인 탈석유 경제로의 전환(다변화)이라는 장기적인 비전 달성을 위해 장기적 투자를 하는 것이라고 요약할 수 있다. 예를 들어 사우디는 최대의 국가 목표인 '비전 2030'의 실현을 위해 국부펀드(PIF)를 적극 활용하고 있다. 대표적인 예로 앞서 설명한 네옴시티 프로젝트에 PIF 자금이 대거 투입되도록 설계되어 있는데 이는 과거 해외투자에 집중됐던 국부펀드의 방향을 자국내 투자로도 돌린다는 것을 의미한다. 물론 아직은 해외부문 투자가 압도적으로 많다. '비전 2030'의 계획으로는 PIF 자금의 직접 투자는 물론이고 해외투자의 수익을 네옴시티와 같은 국가 프로젝트에 투입하겠다는 것이다. UAE도 국가 목표인 탈석유 다변화 차원의 첨단 제조업 육성을 위해 자국의 국부펀드를 적극 활용한다는 계획이다.

그럼 어떤 방식으로 투자하는가? 가장 비중이 큰 것이 주식투자(상장, 비상장)로서 전체 비중의 50% 이상을 차지하며 그다음 채권, 사모펀드, 부동산, 기간시설(인프라)을 통해 투자하는 방식이 일반적이다. 사우디, UAE, 쿠웨이트, 카타르 등과 같이 펀드 규모가 크고 자국 산업 육성 목적이 강한 펀드일수록 주식 비중이 높고 일부 리비아, 알제리, 이란과 같이 규모가 작고 공격적 투자보다는 저축의 성격이 강한 보수적 펀드들은 채권이나 사모대출, 현금의 비중이 상대적으로 높게 나타나는 편이다.

중동 국부펀드의 전통적 투자 선호 지역으로는 안정된 경제권인 북미와 유럽 등 선진국의 비중이 압도적으로 높은 편이다. 물론 최근에는 인도, 중국 등 아시아 비중이 커져 가는 추세이고 앞서 언급한 최근 한국 기업들 지분 인수나 파트너십 체결도 아시아 확대의 맥락으로 볼 수 있다. 그러나 여전히 선진국 주식과 채권, 부동산에 대한 선호도가 강하며 특히 걸프 산유국 국부펀드의 경우 평균 60% 이상이 구미 선진국에 집중되어 있다. 서구권 다음으로 비중이 높은 지역은 중동 지역 역내 투자인데 비율이 16% 정도이며 주로 사우디, UAE, 이집트에 대한 투자가 많다. 반대로 제재 중인 이란이나 국가 인정을 받지 못하는 팔레스타인은 애초에 해외투자에 제약이 있어 자국내 투자만이 가능하며, 오만, 바레인, 일부 UAE 펀드의 경우 목적 자체가 자국 중심의 지역개발이라서 자국 비율이 높은 편이다. 또 쿠웨이트나 카타르, 그리고 일부 UAE

펀드와 같이 안정적인 저축이 주 목적인 경우 오히려 자국내 투자를 거의 하지 않고 선진국 국채나 주식, 부동산 등에 대한 투자가 많은데 그만큼 애국 투자보다는 철저하게 안정 위주로 간다고 볼 수 있겠다. 아시아에 대한 투자는 약 13% 정도 되는데 인도가 50% 이상을 차지함으로써 인도 시장의 잠재력에 중동 국부펀드도 주목하고 있음을 알 수 있다.

그다음 어떤 부분에 투자하는가? 주로 임의소비재, 부동산, IT 분야에 대한 투자가 높게 나타나며 최근에는 사우디, UAE를 중심으로 벤처캐피털이나 신재생에너지 부문 투자도 늘어나는 추세이다. 임의소비재란 경기의 영향을 많이 받는 고가의 소비재를 뜻하는데 고급전자제품, 자동차, 의류, 레저용품 등을 말한다. 예를 들어 UAE 국부펀드(ADIA)가 식품 다국적 기업인 네슬레의 자회사인 화장품 회사를 2019년 인수한 것이 한 예이다. 벤처캐피털 투자의 예로는 사우디(PIF)와 중국 알리바바가 2022년 공동 설립한 벤처캐피털을 통해 중동 지역 스타트업 투자를 늘린 것 등을 들 수 있다.

한편 중동계 국부펀드는 다른 국부펀드들과 달리 종종 투명성 문제에 시달려 왔는데 지금은 많이 개선되었지만 대개 자금운용 정보를 공개하지 않는 자체 거버넌스 관행 탓에 불거진 문제이고 또 중동계 자금이 투자된 대상이 부패 스캔들의 주체가 되는 바람에 같이 쓸려 가는 경우가 생기곤 한다. 대표적인 사례가 2015년 터진 말레이시아 국부펀드 1MDB 사건인데 이 펀드는 2009년 당시 말레이시아 총리인 '나집 라자크(Najib Razak)'가 만든 국부펀드로서 이 펀드의 일부가 나집 총리의 측근들의 개인적 축재에 사용된 것으로 밝혀짐에 따라 나집 총리가 사퇴하고 유죄판결을 받은 대형 부패 스캔들이다. 그런데 이 펀드의 보증을 서준 것이 UAE 국부펀드였는데 결과적으로 나집 총리와 막역한 관계였던 UAE 왕실이 역할을 한 것으로 추측되었고 실제 UAE측 일부

담당자는 미국 정부에 의해 기소되기도 하였다. 또 하나는 2014년 터진 브라질 국영 석유회사 페트로브라스(Petrobras) 뇌물 스캔들로서 동 회사에서 조성된 뇌물이 브라질 정재계에 뿌려진 건인데 사건이 터지기 직전 투자한 카타르 국부펀드가 페트로브라스 주가의 폭락으로 큰 손실을 입은 사건이다. 이 사건도 국부펀드의 해외투자에서 대상 기업의 재무적인 요소뿐 아니라 거버넌스, 투명성, 부패와 같은 위험 요소도 신중히 고려해야 함을 보여준 사건이다.

국부펀드와 한국 산업 협력의 전망

중동 국부펀드의 한국 투자는 이제 갓 시작한 단계이다. 아시아 투자 비중을 높여간다고 하지만 한국은 인도, 중국, 일본에 이어 4위 수준이다. 우리 기업의 가치나 투자환경이 덜 알려진 면도 있을 수 있고 반대로 그만큼 투자를 유인할 요소가 적었다는 의미도 된다. 그간 저조한 한국의 투자유입 실적으로 보자면 단순히 저평가나 홍보의 문제로 보기는 어려울 것 같다. 2021년 기준으로 전체 해외투자 유입이 중국은 1,730억 불, 일본은 1,400억 불, 대만은 1,100억 불이 발생했는데 한국은 280억 불 수준이다. 이는 노동, 규제, 인프라 등에서 우리가 그만큼 덜 매력적이라는 뜻 아닐까. 이런 면에서 중동 국부펀드의 최근 국내 투자가 늘어나는 추세는 반가운 일이 아닐 수 없다. 다음 <표-7>은 최근 활발해진 중동계 펀드들의 국내 투자 사례들을 정리한 것이다.

표 7 중동 국부펀드의 최근 국내 투자 사례

형태	펀드	내용
기업 지분 인수	사우디(PIF)	쿠팡 지분 인수(1.4억 불 투자), 2021
		넥슨 지분 인수(9.4%), 2022
		NC소프트 지분 인수(9.3%), 2022
		카카오 엔터 지분인수(4.8억 불), 2023
	UAE(무바달라)	휴젤 지분 인수(47%), 2021
	UAE(투자공사)	쌍용건설, 5,160만 불 지원(신주발행), 2021
MOU 체결	UAE(무바달라)	산업은행과 전략적 투자협약 체결, 2023
		㈜SK와 피트너십 체결(탄소시장), 2023
	사우디(PIF)	삼성물산과 2개 MOU 체결, 2023 (모듈러 기술 및 그린수소)

위 투자 사례들을 보면 중동 펀드들의 한국에 대한 관심 분야가 확연히 드러나는데 온라인 게임과 플랫폼 사업, 신재생 에너지, 한류(카카오), 바이오(휴젤), 인프라 분야 등이다. 특히 UAE(무바달라 펀드)가 산업은행과 1월 체결한 양해각서는 우리 정상의 방문시 UAE측이 공약한 300억 불 대한 투자 공약의 이행 차원에서 한 것인데 비록 아직 구체적 실현까지는 거쳐야 할 단계들이 많지만 총 300억 불이라는 우리로서는 역대 최대의 투자 공약을 끌어낸 것은 대단한 성과라고 할 수 있다. 현재 무바달라 펀드와 산업은행이 상기 각서 체결을 바탕으로 투자를 총괄 조정하면서 양국간 실무접촉이 한창 진행중인 것으로 알려지고 있으며 일단 20억 불 규모의 투자를 검토 중이라고 한다.

물론 필자의 중동 근무 경험에서 봤을 때 300억 불 같은 엄청난 금액이 반드시 실현된다는 보장은 없다. UAE측이 밝힌 바와 같이 '상호 윈-윈(Win-Win)'할 수 있는 투자 프로젝트가 있어야만 가능한 것이 며 기한을 정한 것도 아니니 그 돈이 가까운 시일내 다 우리에게 투자 될 것이라고 보는 것은 아주 순진한 생각일 것이다. 그래도 일단 우리 가 UAE가 관심을 가질 만한 분야(에너지, IT, 농업, 바이오, 항공우주, 한류 등)를 갖고 있는 것은 확실해 보인다. 마침 이들 분야는 한국도 미래 성 장산업으로 적극 발전시키려는 분야이기도 하다. 그리고 UAE로서는 2009년 바라카 원전 사업 시작 이래 한국과 다양한 협력사업을 해오면 서 겪은 경험이 바탕이 되었기에 우리 대통령 방문에 맞추어 저런 과감 한 공약을 할 수 있었을 것이다.

물꼬를 튼 중동자본의 국내 투자가 향후 더욱 활발해지길 간절히 기 대한다. 투자를 받은 게임이나 IT 업계만의 발전이 아니라 글로벌 차원 의 투자 경험을 엄청나게 축적한 사우디, UAE의 펀드가 한국 시장에 본격 진출한다는 것 자체가 다른 투자를 유인하는데 훌륭한 촉매제가 될 것이기 때문이다. 특히 이제 막 발을 내딛은 UAE의 300억 불 투자 공약이 현실화되도록 지금처럼 정부와 민간이 협업하여 원팀으로 계속 움직이기를 기대한다. 차제에 UAE 투자사업을 발굴하면서 우리의 투 자환경도 객관적으로 되돌아보고 개선시킬 수 있는 부분을 찾아서 고 칠 수 있는 기회로 삼았으면 한다. 이런 성공의 경험이 축적되고 전파되 면 우리 시장이 다른 중동 국부펀드는 물론 글로벌 국부펀드의 경쟁장 이 될 수도 있지 않을까.

참고로 UAE 무바달라가 투자한 서울의 호텔은 광화문 포시즌 호텔 인데 전 세계 최고로 우수한 호텔들이 집결해 있다는 두바이의 경험이 투영되어서 그런 것인지 단기간에 국내 최고 호텔의 명성을 얻었다. 입 지도 워낙 좋지만 접객 시스템도 선진적이라는 평가인데 우리는 중동 엘리트들의 수준과 안목이 얼마나 높은지 아직 모르는 사람들이 많다.

중동과 한국의 경제적 교류의 확대는 확실히 서로의 아쉬운 면들을 보완해 주는 윈윈(WIN-WIN)의 장점을 가진다는 점에서 중동 자본의 한국 투자가 더욱 확대되기를 기대해 본다.

③ 중동시장 진출이 어려운 현실적 이유들

중동 시장 진출의
장애물

〈그림 15〉 중동에서 좋은 로컬 파트너를 만나기란 확률적으로 쉽지 않다. 근본적으로 서로의 이해가 다른 경우가 많기 때문이다.

중동시장은 우리 경제의 발전과 기업의 세계진출에 기여한 고마운 시장이지만 명암과 희비가 교차하는 시장이기도 하다. 만사가 그렇듯이 성공스토리는 두루 알려지게 마련이지만 실패스토리는 조용히 자취를 감추기 쉽다. 중동은 오랜 서구 식민지배 시기를 벗어나 20세기 초반 석유의 발견 이후부터 경제가 개방되고 부를 축적하기 시작하였으며 70년대 오일쇼크로 유가가 폭등하면서부터 세계의 주목을 받기 시작 하였다. 그러나 그 뒤로 한참 동안 석유를 중심으로 한 지대경제(rentier economy)에 편하게 머물러 있었고 산업을 발전시키지 않았다. 그래서 외 국에 석유를 팔고 외국의 산업경제로부터 물건을 사오는 식의 대외거 래를 해왔다. 한국도 초기에 석유 수출에 필요한 중동의 인프라 토목공 사에 진출하면서 최초로 해외에서 대규모 외화를 벌어들이기 시작했 고 그 뒤에 우리 경제가 고도 산업화에 들어섬에 따라 각종 공산품들 이 중동에 수출되기 시작하였다. 중동이 탈석유 경제를 외치면서 산업 다변화의 필요성을 추진하기 시작한 최근에서야 우리 기업들도 중동 현 지에 지사 설치와 합작이 본격화되었는데 우리의 경제 규모나 산업화 정도에 비례할 만큼 중동 현지 진출이 이뤄졌다고 보기는 힘들다. 다만, 진출 부진의 원인을 우리에게만 돌릴 필요는 없다고 본다. 우리보다 역 사적, 지리적 특수성을 바탕으로 일찌감치 중동에 진출한 많은 서구 기 업들도 많은 시행착오를 겪었고 지금도 겪고 있기 때문이다. 그때나 지 금이나 중동의 문화적 특수성(배타성)과 제도적 불예측성은 정도의 차 이는 있지만 여전히 남아있고 외형적으로 국제적 보편기준에 많이 접근 했지만 현지의 관행과 제도는 외국 기업으로서 수긍하기 어려운 면이 아직도 많다. 물론 중동경제의 발전과정을 보자면 이러한 외국의 경제 적 영향력에 대해 경계적, 방어적인 자세를 취하는 것이 일견 이해가 가 는 측면도 있으며 우리 역시도 외국 기업의 국내 활동에 얼마나 호의적 환경을 갖고 있는지 자문해 본다면 중동이 우리보다 뒤처져 있다고만 은 보기 힘들 수 있다. 이는 결국 경제의 안정성과 개방성에 관한 문제 로 귀결될 수 있는데 투자의 기회가 얼마나 좋은가와 별개로 얼마나 안정적인 문화적·제도적 환경 속에서 외국 기업이 활동을 지속할 수 있는가의 문제이다.

이 부문에서 중동의 위험과 도전 요인은 적지 않으며 실패의 사례는 제품과 기술의 문제와 별도로 환경적 장벽을 못 넘었을 때 발생한다. 성공했거나 또는 아직까지는 성공하고 있는 외국 기업들은 실력과 운(運)이 종합되어 생존해 있는 기업일 것이나 중동 시장에서의 지속적인 생존과 성공을 담보하기 위해서는 지속적인 리스크 점검과 대비가 필요하다. 보편적으로 지적하는 이러한 중동시장의 장벽에는 어떤 것들이 있으며 이러한 장벽들이 현실에서 어떻게 작용하는지 사례를 중심으로 설명해 본다.

중동 시장 진출을 막는 장벽들

<문화적 장벽>

이슬람교와 아랍의 민족적 전통에 기반한 문화적 관습이나 규칙이 독특한 문화적 환경, 특히 비즈니스 관행을 형성하며 외국 기업인에게 가장 적응이 어려운 비즈니스 문화권으로 여겨진다. 단도직입적인 것보다 간접적인 방식을 선호하는 소통방식, 계약 이전에 충분한 인적 관계(신뢰) 형성을 중시하는 문화, 느슨한 시간관념, 아라비아 상인의 후예다운 밀고 당기는 흥정방식, 비즈니스 전반을 지배하는 이슬람 율법(기도, 라마단 등) 등이 중동 지역 비즈니스 문화의 정체성이며 많은 비즈니스 성공과 실패가 여기에서 판가름 나곤 한다.

<규제의 장벽>

외국 기업 활동에 까다로운 제도와 법령, 불가측성(예고 없는 제도 변동), 심각한 관료주의와 투명성 부족 등으로 현지 제도에 적응하는 것이 어려워지는 경우가 매우 많다. 복잡하고 다소 엉뚱한 행정절차(영업허가 등)부터 앞서 언급한 외국 기업의 소유권 제한(강제 스폰서 제도), 현지인 의무 고용과 같은 고용제도, 일관성 없는 세금제도, 보호받기 어려운 외국 기업의 지적재산권(IP) 등 제도적 이슈(compliance issue)로 사업을 포기하는 기업의 경우가 많다고 할 수 있다.

<정치적 장벽>

주재국의 정치적 불안, 중동내 또는 역외국가(미국 등)와의 갈등이 국가간 갈등이 초래하는 비즈니스 환경의 불안정성과 불확실성을 말한다. 걸프 국가와 바다 건너 이란과의 갈등이 예멘이나 시리아의 전쟁으로 이어져 중동 전체의 경제적 변수로 변하고 테러, 쿠데타 등 정파간 갈등으로 한 국가내 정상적 비즈니스 환경에 애로가 발생하는 경우가 많다. 2011년 아랍권 전체의 정치지형에 영향을 준 '아랍의 봄'과 같은 정치 리스크가 다시 발생하지 않으리라는 보장이 없다.

<언어의 장벽>

문화적 장벽의 일부로도 볼 수 있으나 특히 한국 기업에 있어 뼈아픈 장애 요인으로 작용하는 경우가 많다. 중간 브로커나 대리인을 통해 정보수집과 협상은 어느 정도 할 수 있겠으나 기업 오너를 포함한 핵심 관계자의 외국어 실력(영어)은 핵심 요소이며 아랍어를 어느 정도 동반 구사한다면 신뢰도를 높이는데 기여할 것이다. 그렇게 영어교육의 중요성을 강조한 세월이 수십년이 흘렀지만 아직도 전반적인 영어구사 역량이 글로벌 비즈니스에 방해가 안 될 만큼 크게 개선되었다는 생각은 들지 않는다는 것이 안타깝다. 반면 중동 아랍인들은 학력의 고하에 상관없이 고급 영어는 아닐지라도 의사소통에 문제없는 영어는 모두 구사하는 편이다. 그래서 한국을 방문하는 중동 경제인들 중에 영어소통에 어려움을 겪었다는 사람들을 자주 보게 된다.

<경쟁사 장벽>

진출하려는 분야에 이미 강력한 경쟁상대가 존재하거나 시장내 기존 기업 수와 시장수요 확장에 한계가 있다면 진입이 어려울 것이다. 경쟁상황에 대한 잘못된 시장 분석과 정보로 한참 준비한 제안이나 입찰 준비가 물거품이 되는 경우가 자주 존재한다. 이것은 중동에만 특수한 것이 아니지만 정보의 비대칭성으로 인해 현장의 시장정보를 파악하기 어려운 경우가 많아 반드시 여러 소스를 통해 검증할 필요가 있다.

위 다섯 가지 장벽 중에 개별 기업에 있어 가장 강력한 장벽으로 체감되는 것은 문화적, 규제적 장벽이라고 할 수 있다. 나머지 정치적, 언어, 경쟁사 장벽 등은 보기에 따라 상대적으로 예측이 가능하고 개별 기업의 재량의 범위 위에 있는 보편적 성질의 것들이라고 볼 수 있기 때문이다. 가장 심각하고 중요한 비즈니스적 리스크를 가져오는 것이 문화적, 규제적 장벽이라고 할 수 있는데 사실 이 둘은 밀접하게 연관된 것이다. 외국 기업으로부터 이익을 취하되 영향력은 제한하고 경제의 주도권을 빼앗기지 않겠다는 중동 나라들의 의도와 서구 식민지배 역사를 반복하지 않겠다는 경계심이 강력하고 복잡한 규제와 행정으로 표출된 것으로 보인다. 아울러 이러한 제도적 장벽을 우회 또는 극복할 수 있는 통로 역시 문화적 장벽을 통과해야만 성취가 용이한데, 좋은 로컬 파트너를 만나지 않으면 제도 차원(compliance)에서 엄청난 비용과 시간, 고통을 겪지 않으면 안 되도록 관행이 만들어진 경우가 많기 때문이다. 그런 로컬 파트너를 만나려면 물론 장기간 신뢰 구축을 통한 인적관계를 형성해야 하고 그 인맥의 질(質)을 높이고 시행착오를 줄이기 위해서는 상응하는 대가를 지불해야 한다.

그래서 현실적으로 이 두 가지 장벽의 영역에서 진출기업의 성패가 좌우되는 경우가 가장 많다고 할 수 있다.

중동 환경에 숨어 있는 위험 요소

다음은 문화와 규제 두 장벽에서 큰 실패를 맛보고 결국 사업을 접게 된 외국 기업과 개인의 사례들을 살펴보고 중동 내 환경 속에 어떤 리스크가 내재되어 있는지 알아보자.

<부도수표법 악용>

외국 기업의 귀책이 아닌 부도수표 발행에도 무조건 책임을 물어 징역형을 선고하는 경우가 많다. 걸프 지역의 경우 대개 부도수표 1장에 징역 3년이 내려지는 경우가 많은데 일단 형이 선고되면 최소 몇 년은 복역해야 통치자의 자비(?)에 의한 감형으로 출소가 가능하다. 또는 은행에 대출을 하면서 담보로 대출액보다 큰 수표를 발행하는 상황이 생길 경우 은행이 고의로 수표를 유통하고 부도를 내면서 기업인은 형사범으로 바로 입건하고 실형을 선고한다. 운 좋게 현지를 탈출한다고 하더라도 인터폴 수배명단에 등재함으로써 여행제한이 걸려 현지에 재입국하여 법정 소송을 진행할 추진력을 차단해 버린다.

<은행에 의한 사기>

현지 은행이 자신들이 파이낸싱을 한 외국계 부동산 개발업체를 고소한 사건이 있는데 은행장 자신이 해당 개발업체의 이사회 멤버이자 경찰총장 및 최고법원에도 직위를 갖고 있어 명백한 이해충돌 사안이지만 현지의 겸직 관행에 따라 용인되는 경우이다. 당연히 외국 부동산 회사 대표는 패소했다. 또 다른 사건은 은행이 외국(영국) 기업인을 대출금 상환 위반 명목으로 고소하여 10년간 복역한 사건이 있다. 그동안 은행은 기업자산을 처분하여 대출금의 2배를 회수하였고 복역 중 당국의 사면을 받았으나 대출금을 직접 갚지 않았다는 은행측 주장에 따라 사면에 관계없이 계속 복역을 하였다고 한다.

<자의적 사법제도>

사법당국의 사실 조사 없이 목격자의 진술만으로 사실상 처벌이 가능한 경우가 많다. 예를 들어 외국인 음주에 대한 목격자(현지인)의 신고가 있으면 입건하여 사실 조사 없이 자백을 강요하고 자백만 받으면 바로 기소하고 재판에 회부한다. 국선 변호인이든 사적으로 선임한 변호인이든 피의자 보호보다 신속한 재판 종결에 더 관심을 가지며 검사와 달리 이집트 등 외국인들로 구성된 재판부(판사)는 공정성보다는 검사측의 공소 유지에 더 관심을 가지며 왕실이 임명하는 판사로 구성된 재판부는 「현지인(검사 포함) vs 외국인」 사건에서 외국인에게 유리한 판결을 하는 경우가 대부분이다.

<스폰서에 의한 약탈>

영국계 회사가 사업을 성장시켜 5억 불 상당의 가치를 갖게 되자 그간 매년 순이익의 일부를 가져가던 스폰서가 돌연 회사가 갖던 지분인 절반(2.5억 불)을 1/10 가격으로 넘기지 않으면 구속시키겠다고 통보하였다. 영국계 회사가 거부하자 사업장과 대표 집에 단전, 단수 조치를 하였으며 기업 대표는 국외로 대피하고 소송을 진행하여 변호인으로 현지 대형 로펌의 대표를 지명하였으나 이 자는 에미리트 최고 통치자(Ruler)

의 친구이자 중재법원 대표도 겸직하는 자로서 사실상 원고와 피고를 모두 변호하는 상황 발생한다(이익충돌). 결국 법정은 피고의 횡령혐의 인정으로 몰아가면서 2.5억 불 지분이 스폰서 손에 넘어가게 되고 스폰서는 그 돈을 로열패밀리에 회사하면서 더욱 강력한 인맥 강화에 사용한다. 그나마 만약 피고가 현지를 탈출하지 않고 잔류했다면 징역형의 가능성이 매우 농후하였다고 한다.

<정치의 희생양>

UAE의 한 토후국에서 벌어진 사건으로서 왕위가 계승되면서 후계 구도에서 경쟁했으나 탈락한 왕자가 선왕의 지시로 추진하던 경제자유구역(EFZ) 사업에서 일하던 외국인 임원들이 새로 즉위한 왕에 의해 횡령혐의로 일제히 고발당한 사건이다. 목적은 이들과의 고용계약 해지를 통해 축출하려는 것이나 형사(횡령) 고소를 함으로써 징역형과 재산까지 강탈당하는 상황이 발생하였다.

<감시와 보복>

한 영국 여성이 전남편의 장례식 참석차 중동에 입국하였는데 입국 전에 전남편의 현 부인에 대한 묘사(여성을 '말(horse)'에 비유)를 SNS에 포스팅한 것을 주재국에 대한 모독으로 간주하고 입건한 사건이다. 결국 이 여성은 한 달간 구금된 끝에 이 문제가 공론화되고 영국 정부의 항의 끝에 방면되어 출국하였으며 영국 매스컴에도 화제가 되었다.

위의 사건들은 중동에서 외국 기업과 현지 기관(정부, 은행, 유력 스폰서, 왕족)간 마찰이 취약한 법률시스템을 통해 증폭되고 결국 사업의 포기와 인신의 구속, 심지어 인터폴을 통해 여행 자유까지 제한당함으로써 법적 반격의 기회까지 상실되는 패턴들을 보여준다. 이는 주로 UAE 중심의 분쟁 사례들을 외국계 법률회사를 중심으로 모은 것이지만 사우디, 카타르를 비롯한 인근 GCC 국가에서도 같은 종류의 사건들은 발생하고 있다. 중동 전체에서 가장 개방적이고 투자 친화적 경제이며 많은 외국 기업의 중동 진출 교두보라고 평가받는 곳에서조차 이런 일들이 벌어지고 있다는 점에서 중동 투자의 리스크와 이면을 잘 조명해 준다고 하겠다.

이런 사건들은 특히 2008년 중동경제를 일거에 경색시킨 글로벌 금융위기 이후 더 빈번하고 노골화된 측면이 있다. 당시 현지 은행들이 유동성 확보에 몰린 나머지 예고 없이 급히 대출 회수에 나서고 외국 기업의 로컬 파트너들은 현지 은행과 한편이 되어 대출 상환에 실패한 외국 기업들의 축출에 나서면서 결국 회사를 일거에 몰수당하는 경우가 빈발하였다. 피해를 입은 외국 기업들 중에는 역설적이게도 수익이 잘 나던 기업이 안 나던 기업보다 많아 사업이 잘되는 것이 오히려 더 타깃이 되기 쉽다는 평가도 있었다고 한다.

사실 위 실패의 사례들은 이해를 돕는 차원에서 세부 분류를 했지만 크게 보면 중동이라는 환경에 내재한 독특한 문화적 관습(부족주의, 인맥중심)과 이것이 낳은 모순적 규제(외국인 소유권 불인정 등)와의 합작품이라고 할 수 있으며 사고의 디테일은 조금씩 다르더라도 모두 이러한 모순의 변형이라고 할 수 있다. 또한 현지 기관이나 스폰서와의 갈등으로 형사재판까지 가지는 않더라도 우리 기업인들과 교민들도 스폰서에 의한 은행 계좌 동결, 부도수표 유도, 각종 고소 협박 등으로 사업을 접는 케이스는 적지 않으므로 이런 리스크는 현지에서 사업을 하는 이상 어느 정도 늘 안고 있다고 봐야 할 것이다.

●——————————
장애물 타파하기, 성공적인
중동 시장 진입을 위한 팁

그렇다면 이러한 장애물에도 불구하고 성공적으로 안착한 기업들은 어떤 기업들이고 그들의 비결은 무엇일까? 무서운 실패담에도 불구하고 중동에서 성공적인 비즈니스를 이어가고 있는 외국 기업들은 헤아릴 수 없이 많다. 유명 브랜드와 대기업들은 말할 필요도 없거니와 크고 작은 중견, 중소기업들도 중동에서 성공 스토리를 써내려간 기업들도 많다. 사실상 우리가 알만한 국내와 해외 브랜드들 대부분이 중동에서 활발히 영업을 하고 있고 오랜 기간 동안 뿌리를 내리고 있다. 이러한 기업들도 애초부터 위에서 열거한 리스크들로부터 면죄부를 받은 것은 아닐 것이다. 그런 기업들도 선발주자로서 시행착오를 겪었을 것이고 일부는 사업을 접고서 나간 기업들도 많았을 것이며 그러한 사례들이 축적이 되었기에 위에서 살펴 본 리스크들도 정리가 되었을 것이다. 그렇다면 중동에서 성공적인 비즈니스를 하고 있는 기업들에서 보이는 공통의 특징은 무엇인가? 역설적이게도 성공의 공통점들은 거의 다 실패의 요인과 거의 같다. 성공과 실패가 같은 요인에서 비롯되는 동전의 양면과 같다고볼 수 있는데 아래와 같이 살펴봄으로써 성공스토리들을 유추해 볼 수 있겠다.

<문화적 노력>

역시 문화적 변수를 슬기롭게 극복하고 활용하는 것이 성공의 가장 중요한 요인이라고 본다. 문화를 개념적으로 얼마나 넓게 정의하든지 간에, 중동의 비즈니스 환경은 문화적 요인이 가장 압도적 변수라는 데 이의를 달기 어렵다. 이것에서 막히면 문제의 소지가 없는 로컬 파트너도, 현지 기관과의 관계 설정도, 고객과의 관계도 어렵게 된다. 비즈니스 관행, 협상과 거래방식, 고용과 노동 관행의 차이가 모두 문화적 변수

에 기인한다. 기업의 입장에서 문화적 차이가 갖는 실질적 차이에 대해 스스로 학습하기보다는 기존 진출 기업이나 현지의 전문가를 통해 도움을 얻는 방법이 효과적이다. 역지사지의 입장에서 우리나라에 들어온 외국 기업들이 한국의 문화와 관습을 존중하는 태도를 보일 때 우리가 가졌던 호감을 가지는 것과 마찬가지로 중동 사람들도 외국 기업인에 대해 똑같은 자세를 갖고 있다는 점을 명심하자. 어느 문화가 더 좋다 나쁘다 하는 시각은 비즈니스를 하는데 실용적이지 않다고 본다.

<로컬 파트너>

대리 에이전트이든 스폰서이든 훌륭하거나 최소한 문제의 소지가 적은 로컬 파트너를 통해 현지의 정보를 얻고 시행착오를 줄일 수 있으면 정말 다행이다. 편의상 중동이라고 통칭하였지만 중동 각국마다 환경이 상의하고 제도적 차이가 존재하므로 현지 사정에 정통하고 평판이 좋은 로컬 파트너의 도움을 받는 것은 아무리 강조해도 지나치지 않는다. 중동에서 유능하고 성실한 로컬 파트너를 만나는 것은 조상복이 있어야 한다고 할 만큼 쉽지 않다고 하는데 파트너를 잘 만나 큰 덕을 봤다는 말보다는 낭패를 봤다는 말을 더 자주 들을 만큼 어려운 일이고 그럼에도 불구하고 파트너를 두는 것이 필요하다고 판단했을 때에는 신중에 신중을 기하여 가능한 모든 방법을 동원하여 평판 체크를 하는 것이 필요하다. 우리 기업 자체가 브랜드 밸류가 있고 주재국이 유치를 매우 희망하는 분야에 있을수록 유능한 파트너를 얻을 확률이 높을 것이다. 자신의 커리어나 인맥 접근성(왕실 등)을 지나치게 강조하는 현지인들은 반드시 기존 또는 과거에 협력했던 외국 기업을 통해 검증해보도록 하자.

<\지사 만들기\>

현지에 직접 오피스(지사)를 설치하는 것을 강력 추천한다. 중간에 3자를 소개받아 원격으로 대행하는 데에는 한계가 있다. 스폰서를 찾거나 문화적 기회비용을 줄이는 데에도 결국 현장에 임하는 것이 가장 효율적인 접근 방법이다. 아무리 디지털시대에 원격업무 기술이 발달했다고 하더라도 현지에서 얼굴을 맞대는 것보다 유리할 리 만무하다. 특히 중동 현지 문화는 대면 만남을 매우 중요시하고 현지에 오피스를 두는 것 자체를 비즈니스적 진지함으로 보기 때문에 초기에 비용을 감수하고서라도 사무소를 두는 것이 장기적으로 비용과 시행착오를 줄이는 길이다. 지사를 설치하는 국가로는 일반적으로 두바이가 가장 접근이 쉬운 선택지로 고려되나 개별 기업의 형편과 종목에 따라 달라질 수 있고 경제력은 낮되 교육수준이 높은 청년층이 많고 온라인이 상당히 발달한 요르단 같은 곳도 서구 기업들 사이에 시험지(test bed)로 추천되는 곳이다.

<\제품과 브랜드\>

앞에서 잠시 언급한 것처럼 기업의 브랜드가 좋을수록, 제품과 서비스에 대한 평판이 좋을수록 좋은 비즈니스 기회와 좋은 로컬 파트너를 만날 확률이 높아진다. 산업화의 역사가 길지 않은 중동 소비자들은 기술력(tech-capability)을 매우 높게 평가하는 경향이 있으며, 높은 기술력을 바탕으로 브랜드를 구축한 기업이라면 그만큼 시장 적용이 수월할 것이다. 그러한 맥락에서 유럽, 북미, 일본 제품이 기간재, 소비재 모두 중동시장을 주도하였으나 한국을 포함한 아시아 국가들의 기술력에 대한 인지도도 갈수록 커짐에 따라 우리에게 유리한 시장환경이 조성될 것으로 기대된다. 다만 이러한 추세의 활용을 위해서는 수동적으로 기

다리는 것이 아닌 위에서 언급한 바와 같이 지사 설립, 로컬 파트너, 문화적 적응의 노력이 수반되어야 가능할 것이다.

<리스크 대비>

초반에 설명한 실패한 기업들이 넘지 못한 리스크 요인에 대해 선제적으로 고민하고 대비하는 자세를 가져야 한다. 이는 특히 기업 최고경영자의 대표적인 역량이자 의무라고 생각한다. 특히 문화적, 제도적 변수에서 오는 돌발적 변수들을 주기적으로 점검해야 한다. 중동이 갖는 특유의 돌발적 상황변화에서 오는 기업 리스크를 어떻게 준비하고 대처하는가에 따라 진출 기업의 성패가 좌우되는 경우가 많다. 앞서 열거한 법적 분쟁 사례들이 나의 얘기가 되지 말란 법이 없다. 스폰서 관리, 인맥 관리, 규제 변화의 흐름을 놓치지 말아야 한다. '아랍의 봄', '시리아 내전' 같은 지정학적 변수들도 결코 간과하지 말아야 한다. 진출기업들은 특히 우리 기관들을 최대한 활용하는 습관을 들일 것을 추천한다. 재외공관, 코트라, 무역협회를 비롯한 각종 경제관련 해외진출 협회와의 연계를 통해 크고 작은 정보를 얻고 머리를 맞대며 현지 리스크에 대비하자. 언론이 통제되는 중동국가의 특성상 언론 보도에만 의지하지 말고 주기적으로 한국 기관들과의 접촉을 통해 현지 정세와 한국과의 관계 동향을 업데이트하는 노력은 분명 플러스 요인이 될 것이다. 필자도 재외공관 근무 당시 사전 약속은 없더라도 지나가는 길에 얼굴이나 뵙자며 불쑥 찾아오는 지상사 관계자에게 자료라도 하나 더 건네고 어떤 도움이라도 더 주고 싶었다.

국내에서 거론되는 중동시장 담론들은 대개 '탈석유', '신(新)산업화', '진출 확대', '기회의 땅', '제2·제3의 중동 붐' 등의 키워드와 담론이 주류를 이룬다. 그러나 성공의 이면에 있는 실패담은 잘 드러나지 않고 정보도 공유되기 어렵다. 많은 정보와 준비를 토대로 현명한 판단을 하되 책임은 고스란히 기업 자체에 돌아가는 것이 냉정한 시장의 논리이다. 중동 진출에 앞서 많은 고민과 준비가 있길 바란다.

④ 중동에서 본 우리의 글로벌화는 어느 정도?

●─────────────
중동의 시각에서 평가한
한국 글로벌화 수준

90년대는 무릇 '세계화'가 화두였다. 세계화를 영어로 글로벌리제이션(Globalization)이라고 했는데 2000년대 후반부터 '글로벌화' '글로벌 스탠다드'라는 말이 자주 등장하면서 기존의 세계화와는 뉘앙스가 다른 말처럼 쓰여지곤 하였다. 단순한 번역상의 착시현상처럼 들릴 수도 있지만 당시에는 세계화는 양적인 확산의 의미로, 글로벌화는 관행과 인식이 세계적인 수준에 미치는가를 논하는 기준으로 사용된 측면이 있다.

특히 2008년 미국발 금융위기 이후 탄생한 G20 가입과 더불어 미국에 이어 2010년 두 번째 G20 정상회의를 개최할 즈음에는 한국이 글로벌 수준(standard)에 맞는 일류 국가가 되어야 하고 그 정상회의 이후에는 한국이 조만간 글로벌 스탠다드 수준의 국가가 될 것처럼 얘기가 되면서 그때를 기점으로 '세계화'와 '글로벌화'가 종종 다른 뉘앙스로 사용되곤 한다. 이 장에서 말하는 글로벌화는 세계경제로의 통합의 정도를 말하는 전통적인 개념의 세계화와 부분적으로 중복은 되지만 한국적 맥락에서 쓰이는 '글로벌 스탠다드', 즉 흔히 말하는 '세계적 수준'과 더 가까운 의미로 사용하고자 한다.

한국이 세계화된 나라라는데 이견을 달기는 어려울 것이다. 그리고 그 일등공신(一等功臣)은 한국 경제의 세계화를 선도한 기업들이었다. 경제사적 관점에서 정말 기업의 공의 우선 순위에 대해서는 입장의 차이가 있을 수 있지만 최소한 국내의 관점이 아니라 해외생활을 오래 해 본 사람이라면 국내에만 주로 있던 사람에 비해 기업의 역할에 대해 후한 점수를 줄 것이라고 확신한다. 해외에서 봤을 때 한국이란 국가 브랜드의 성장 과정은 대기업 브랜드의 성장 과정과 맥을 같이한 것이나 다름없기 때문이다. 삼성, 현대, LG, 기아, 포스코 같은 브랜드가 한국산인지 모르는 외국인은 많지만 한국산이라고 알려주면 "진짜입니까? 몰랐습니다, 대단합니다"라는 반응을 가장 많이 들을 만큼 한국산 대표기업 브랜드의 인지도는 높은 편이다. 더구나 지난 10년간 소셜미디어와 같은 디지털 소통수단의 비약적 발전으로 한국 대중문화에 대한 전 세계적 호응과 인기가 놀랍도록 상승한 것 역시 우리 기업과 상품의 브랜드 이미지 확산에 크게 기여하였다.

한국의 글로벌화 방향, 제대로 가고 있나?

그러나 이런 식의 글로벌화가 우리가 지금 시점에서 지향해야 할 글로벌화인지 의문이 든다. 우리가 이루어낸 글로벌화의 성과를 평가하지 않는 것이 아니다. 개인, 기업, 정부 모두 총동원되고 한 몸으로 성실과 근면으로 만들어낸 대단한 결과인 것은 맞다. 특히 수출로 먹고사는 나라답게 글로벌화의 기수인 대기업 집단의 경우 해외매출 비중이 70~80% 이상이고 외국인 고용 비율도 여느 선진국 대기업 이상이며 진출한 국가의 수도 세계적 기준에 모자람이 없다. 그런데 이러한 세계화는 양적 세계화이고 제조업 수출로 달성한 세계화였다. 정작 우리의 마인드가 양적 세계화에 상응할 만큼 세계적 수준이 되었는지는 자문하게 된다. '마인드의 세계화', '사람의 세계화'를 이루었다고 자평할 수 있을까. 물적인 세계화는 달성했을지 몰라도 인적 세계화는 아직 미흡하다고 본다. 물론 마인드의 세계화도 과거에 비해 크게 발전한 것은 사실이지만 이는 생산과 수출의 세계화에 부수적으로 이룩한 세계화이지 스마트폰이나 자동차가 세계적으로 인정받는 수준으로 한국 사람 개개인의 자질이 세계의 비즈니스 현장에서 인정받고 있는가 하는 질문에는 주저하게 된다.

표 8 KOF 글로벌 지수(2023)

순위	국가들	점수대
1~10	스위스, 네덜란드, 벨기에, 스웨덴, 영국, 독일, 오스트리아, 덴마크, 핀란드, 프랑스	90~86
10~20	아일랜드, 룩셈부르크, 스페인, 체코, 포르투갈, 노르웨이, 헝가리, 캐나다, 그리스, 싱가포르	86~83
20~30	이탈리아, 에스토니아, 미국, 리투아니아, 크로아티아, 폴란드, 말레이시아, 몰타, 호주, 슬로베니아	83~79
30~40	사이프러스, 루마니아, 불가리아, 세르비아, **한국**, 라트비아, UAE, 이스라엘, 칠레, 일본	79~75

실제로 세계화 정도를 측정한 글로벌 지수(Globalization Index)에서도 한국은 줄곧 높은 점수를 받지 못해 왔다. 세계 190여개 국가를 상대로 세계화 정도를 측정하여 매년 발표하는 KOF 지수(스위스 취리히 공대 개발)에서 한국은 30위대 중반에 랭크되어 있는데 웬만한 선진국들은 대부분 한국보다 앞에 포진해 있고 불가리아, 루마니아 같은 동유럽이나 중동의 UAE, 카타르 정도가 우리와 비슷한 순위권이다. 그러나 UAE, 카타르도 우리보다 제조업이 덜 발달되어서 그런 것이지 외국인 인구비

율 등 인적인 세계화는 훨씬 더 진행되어 있다.

위 지수가 반드시 나라의 세계화 정도를 객관적으로 측정하는 지수라고 할 수 없을지 몰라도 필자가 해외의 시각에서 보는 한국의 세계화 수준으로는 근사치에 가깝다는 생각이 든다. 이 지수는 정치, 경제, 문화적 측면에서 한 국가가 얼마나 세계로 통합되어 있느냐는 것을 설문으로 조사한 것인데 이는 전반적으로 한국이 얼마나 친숙하고 세련된 국가라고 '인식'하느냐에 의존하는 통계라고 생각한다. 그러므로 의식과 정신의 세계화와 맥이 닿아 있다.

<그림 16> 2018년 발리 개최 유엔 인간자본 관련 국제회의에서 구테레스 유엔사무총장과 김용 전 세계은행 총재.

이 장에서 의미하는 정신적 세계화는 생산성과 부가가치를 높이는 세계화를 말한다. 이는 물적 자본의 상대개념으로서 '인적 자본(human capital)'과 연관되어 있는데 인적 자본이 개인의 지식, 능력, 노하우, 건강, 교육 등의 통합적 수준이라고 할 때 인적 세계화란 '현지에 대한 지식과

경험, 외국인을 상대하고 같이 일할 수 있는 능력'이라고 정의할 수 있다. 기업은 교육과 훈련을 통해 인적 자본에 투자할 수 있고 이로써 품질과 생산의 부가가치를 높여줄 수 있다. 해외로 진출하는 개인도 기업의 일원이든 사업자이든 개인의 차원에서 자신의 글로벌 역량을 높일 방법을 부단히 연구할 필요가 있다. 이것이 있어야 같은 조건하에서 더욱 높은 부가가치를 만들 수 있다. 지금은 좋은 상품과 기술만이 아니라 이것을 잘 마케팅하고 브랜딩해야 제값 또는 그 이상을 받을 수 있다. 안타깝게도 이 역량은 아직 우리가 경쟁국에 비해 부족한 면이 많아 보인다. 왜 그럴까?

한국인들의 글로벌 감각이 아직 부족하다고 생각하는 것은 문화적 역량의 부족, 소통 역량 부족, 업무처리 역량 부족, 그리고 이 세 가지가 결합되어 자신감 부족으로 이어지기 때문이다. 문화적 역량은 K팝, K드라마와 같은 작품을 만들고 못 만들고의 문제가 아니라 문화에 대한 수용성 또는 적응성 더 나아가 글로벌 기준에 맞는 보편적 가치(universal values)를 실제로 얼마만큼 비즈니스에 참여하는 개인들이 체화시키고 있는가의 문제이다.

외국인 인구가 인구의 5%를 넘어서는 지금 다문화에 대한 포용성을 늘리는 것도 시급한 일이다. 인구절벽과 급속한 고령화 위기 속에서 외국인 인구의 유입을 통한 경제인구 확보가 불가피하고 이들과 어울려 살아가기 위한 태도를 갖는 일은 글로벌 자질을 키우는데 기초적인 요구 조건이다. 그래야 외국에 나가서 일을 할 때도 현지문화에 부담 없이 적응할 수 있다. 거기에서 더 나아가 보편적 인권에 대한 감수성을 키울 필요가 있다. 인권이라 함은 쉽고도 복잡한 개념이지만 간단히 말해 자유가 얼마만큼 충분히 보장되는가에 결정적으로 좌우되며 나의 자유가 중요한 만큼 타인의 자유를 존중하고 보장하는 마음 자세와 이를 뒷받침하는 사회적 제도가 얼마나 구비되어 있는가를 말한다.

　우리는 전후(戰後)에 근대화와 민주화를 동시 달성한 유일한 개도국이라는 자부심이 있고 특히 80년대 이후 민주화 과정을 거치면서 시민민주주의적 인권이 뿌리를 내린 것은 맞지만 아직 세계적 시각에서 볼 때 한국이 서구권에 맞먹을 정도의 인권과 시민적 민주주의가 충분히 보장된 국가라는 데에는 회의적 시각이 많다. 가까운 일본과 비교해서 우리의 인권과 민주주의 수준이 처지지 않거나 또는 그 이상이라고 '믿는' 사람이 많지만 해외의 전반적 시각은 일본은 독특하긴 하여도 분명히 인권과 민주주의 면에서 선진국이고 한국도 그만한 수준인가에 대해서는 아쉽지만 공감대가 적어 보인다. 각국의 정치적 권리와 시민적 자유를 인권의 징표라고 볼 때 매년 발표되는 유사한 인권지수를 보자면 한국은 선진그룹 중에서는 하위권, 일본은 늘 상위권에 속해 있다. 그러므로 우리 정도의 인권적 감수성을 가지고서 해외에서 경쟁국들과 경쟁하자면 겉으로는 잘 드러나지 않을지 몰라도 업무역량과 성과에 영향을 미치는 일이 일어날 수 있다. 이러한 차이는 업무의 우선순위 설정과 처리 방식에서 미묘한 차이를 발생시키고 결국에는 개인과 기업의 글로벌 활동의 성과에 영향을 미치는 결과로 나타난다.

　다음으로, 소통 역량의 문제는 아무리 강조해도 지나치지 않는다. 단순히는 외국어로 좁혀질 수 있고 더 구체적으로 보면 영어 구사능력이라고 할 수 있는데 도대체 영어에 쏟아 붇는 엄청난 사회적 투입에도 불구하고 사회 전체적으로 뚜렷이 좋아졌다는 인상을 받지 못한다. 언어교육에 기득권이 작용하는지 몰라도 영어교육 방식에 문제가 있다는 말을 한지가 언제인데 아직도 변화가 없는지 모를 일이다. 학교나 학원에서 영어를 가르치는 사람도 영어가 충분하지 않으니 배우는 사람은 오죽할 것이며 실력이 느는 방법은 뻔한데도 대체 왜 실천이 안 되는지 모를 일이다. 외국어 실력의 부족이 자신감의 결여로 연결되고 훌륭한 상품과 서비스를 가졌음에도 효과적인 마케팅을 통한 부가가치 향상을 이끌어내지 못한다. 외국어 소통능력을 개인기로 치부하고 부족한 면은 성실함과 조직력으로 메꾸려는 방식은 한계가 뻔하다. 해외에서 보면 일본이 우리와 비슷한 양상을 보이는데 그래도 일본은 우리보다 산업화와 선진국의 역사가 길다 보니 거기에서 형성된 막강한 브랜딩 파워가 소통의 부족한 면을 메워주는 것 같다. 그럼에도 일본도 여전히 많은 인적 자원을 투입하는 것에 비해 산출은 많지 않다는 생각이 드는데 일본이 탈출을 고심하는 장기적 성장 정체 역시 이러한 면들이 축적되면서 발생한 현상이 아니까 의심이 들기도 한다. 우리도 일본의 전철을 밟지 않기 위해서는 행정수도 이전 문제와 같이 '영어의 제2 공용어화' 같은 것을 대선 공약화하여 국가적 결단을 내리는 획기적인 방향 전환이 필요하다. 백약(百藥)을 다 써도 효과가 없다면 극약(劇藥)을 쓰는 수밖에 없다고 본다. 외국어 능력과 인권적 감수성이 충만한 기업인이 세일즈하는 제품의 매력과 부가가치가 올라가는 것은 당연한 것 아닐까. 이 정도 노력이 있어야 명실공히 G7의 반열에 올라설 수 있다고 본다.

마지막으로 글로벌한 업무처리 능력이다. 상대하는 시장이 국내로 한정되었을 때야 상관없지만 우리의 업무처리 방식이나 관행은 아직 한국적인 것에 머물러 있다. 뻔히 외국인이 보게 될 문서인데도 한글이 잔뜩 섞여 있거나 보편성(글로벌 스탠다드)을 감안한 배려나 준비가 부족하다는 인상이다. 해외 고객을 대상으로 한 프리젠테이션(PT)이나 자료를 전달할 때도 자기중심적으로 만드는 경향이 강하다. 형식도 그렇고 내용도 그렇다. 이는 외국어 소통문제와는 다른 문제이다. 필자가 해외공관에 근무경험에서 보자면 공공 기관은 그렇다고 쳐도 기업들 역시도 PT나 자료작성에서 과연 이 정도 역량밖에 안 되나 싶을 정도로 실망스런 경우를 여러 번 겪었다. 기업내부의 교육이나 훈련이 저 정도에 머물러서 어떻게 힘든 해외영업을 하고 실적을 올릴 수 있을지 필자의 걱정이 앞섰던 경우가 종종 있었다. 우리 고유의 업무 기준이나 스타일을 통째로 무시하고 글로벌 스탠다드를 무조건 추종하자는 것이 아니다. 글로벌 비즈니스를 한다고 하면서 과연 내 물건을 사줄 상대방을 고려한 업무방식을 택하고 있는지 자문해 보자는 것이다. 무엇이 우리 고유의 것이고 무엇이 글로벌인지 따지기 이전에 해외 고객을 상대로 일해본 경험이 있는 사람이라면 직관적으로 무엇이 우리에게 부족한 글로벌 업무처리 능력인지 알 수 있을 것이다.

글로벌 업무 역량 향상을 위한 제안

이 세 가지 역량 – 문화, 소통, 업무역량 – 이 결합되어 글로벌 업무에 있어 자신감과 당당함으로 나타난다. 이런 자신감을 키워줄 수 있는 기업문화가 확산되었으면 좋겠다. 더 원천적으로는 사회 전반에 걸쳐 교육과 제도, 시민사회 캠페인 등을 통해 이런 문화와 풍토가 풍부하도록 토양이 마련되면 좋겠지만 기업 자체의 노력으로라도 양적 성장에서 질적 성장으로의 패러다임이 바뀌어 나가기를 희망한다. 제조 중심의 성장을 해온 우리 입장에서 이러한 변화가 쉬운 일은 아니겠지만 소프트웨어적 발전, 인간자본의 질을 높여 생산성을 끌어 올리는 방향으로의 전환이 필요하다. 이를 위한 실천방안의 차원에서 두 가지를 기업들에게 제안하고자 한다.

첫째, 기업의 순혈주의, 서열주의를 완화해야 한다. '완화'라고 한 것은 '타파'가 쉽지 않기 때문에 개량적 접근차원에서 쓴 말이다. 순혈주의, 서열주의는 기업에만 해당되는 것이 물론 아니고 유교적 동양질서, 특히 동양에서 유일하게 급진적 유교의 한 부분인 '성리학'을 오랫동안 받들어 온 한국사회 전체에 팽배한 지배이념이다. 하지만 순혈주의를 타파해야 좋은 인재를 널리 등용할 수 있다. 글로벌화 된 인재가 귀한 우리에게 동포2세나 해외에서 오래 거주한 한인들을 현지 업무에 대거 등용하고 그중 우수한 인재들은 본사 근무도 시키면서 한국적 정서와 글로벌 마인드를 고루 갖춘 인재로 키울 필요가 있다. 본사에서 파견된 공채 직원만으로 위의 세 가지 역량을 갖추기는 어렵고 이 간극을 현지화 된 동포 인재들로 메워주면 된다. 우리는 민(民)이나 관(官)이나 인재의 활용에만 급급하고 키우는 데는 인색하다. 처음엔 미흡하더라도 이런 인력들을 가르치고 교육시키면 글로벌 역량을 바탕으로 장기적으로는 국내인력의 부족한 면을 훌륭하게 메꿀 수 있다고 본다.

하지만 정부면 정부, 기업이면 기업 모두 이것의 걸림돌이 순혈주의요 서열의식이다. 현지 고용된 인력을 적절한 훈련도 시키지 않은 채 본사 파견인력에 비해 역량이 부족하다고 평가하는 것은 어불성설이다. 현지 인력들에게 승진 가능성과 커리어적 비전을 제시하지도 않고 헌신만 기대해서는 안 된다. 그런데 현실적으로 그런 일이 다반사이다. 공채 파견 직원들에게 현지화 교육을 시키는 것보다 현지 인력들에게 본사 업무 교육을 시켜 다시 현장에 내보내는 것이 훨씬 효율적이다. 적절한 통로를 제공받지 못해 우수한 글로벌 인재들이 우리 기업에서 역량을 발휘할 기회를 많이 얻지 못하고 있는 것이 안타깝다.

서열주의의 폐해도 심각하다. 빠른 성과 달성을 위한 일사불란한 조직운영이 미덕인 시대는 지났다. 복잡한 직급을 단순화시키고 개인의 역량을 중시하는 기업운영의 흐름이 중시된 지 오래이다. 그럼에도 여전히 서열중심의 사고와 조직운영은 견고한 것 같다. 서열주의가 효율에 기여한다는 믿음은 효력을 다했다고 본다. 어떤 조직은 성함 뒤에 '님'자를 빼라고 한다든지 서열화를 줄이기 위해 아예 영어 이름을 부르게 한다는

데 오죽했으면 그렇게라도 했을까 싶다. 서열주의의 상위 그룹에서 보상을 받는 사람의 만족도보다 하위 그룹에서 일하는 사람들의 불만족이 더 크다면 조직의 효율은 떨어지기 마련이다. 약 10여년 전 당시 김용(Jim Kim) 세계은행(WB) 총재가 한국의 국회에서 열린 세미나에 참석해서 연설을 한 적이 있는데 본인이 한국사회에 당부를 한다면 딱 한 가지, 젊은 사람들이 위계질서에 매몰되지 않도록 배려하고 그들의 말에 귀기울여 달라는 것이라면서, 고국인 한국이 자랑스럽고 좋은 점이 많지만 숨 막힐 정도의 위계질서는 한국 정도 발전한 다른 나라에서 찾아보기 어렵다고 지적하였다. 그러면서 이 서열의식이 없어지지 않고서는 장기적 발전이 과연 가능할지 의심스럽다고 한 발언이 두고두고 기억에 남는다.

둘째, 우리의 관심사인 중동을 글로벌화의 한 가지 예로서 관찰해보기를 권한다. 한국인들 중에 중동을 와보고 뭔가 한국보다 더 글로벌화 되었다는 인상을 받는다는 사람들이 많다. 앞에서 말한 제조와 상품 수출로 말하는 세계화는 우리가 앞서겠지만 '거래의 세계화'와 그것을 하는 '사람의 세계화'는 우리보다 앞서 있으면 있지 뒤에 있지 않다는 생각을 하게 된다. 중동은 지리적으로 역사적으로 근대화를 이끈 서양과 접점이 많았고 산업화 이후에는 석유 자원을 갖고 세계 경제의 판도를 좌우하면서 세계의 흐름을 읽고 서구 열강과 딜(deal)을 해본 경험이 축적되어 있는 곳이다. 물론 결과가 늘 성공적이진 않았고 서구에 대한 패배감이 축적되어 이슬람 근본주의와 테러와 같은 정치적 저항으로 표출되는 모순도 많지만 이러한 분쟁과 갈등을 통해 중동 각지에는 전략가와 협상의 달인이 잔뜩 포진해 있으며, 아라비아 상인의 후예답게 세계 정치 경제의 흐름을 파악하고 상대방의 허점을 공략하는 노련한 전술 앞에 많은 외부인들은 당혹하기 일쑤다.

중동 아랍사람들이 언뜻 이슬람과 전통만을 고집하면서 세계와 담을 쌓고 사는 보수적인 사람들로 보일 수도 있지만 천만의 말씀이다. 전통을 고집한다고 해서 세상물정을 모르지 않으며 오히려 사회 상층부 엘리트들의 세계화 정도는 표준적인 교육을 받은 우리의 평균을 훨씬 뛰어 넘는다. 영어를 비롯한 외국어 능력은 물론이요, 외국인을 대함에 있어 여유있게 자기식대로 분위기를 주도하는 능력은 우리가 한참 본받아야할 재주이다. 엘리트들의 경우 해외 유학과 질 높은 경험을 반복함으로써 자동으로 훈련이 되는 측면도 있지만, 일반 평범한 비즈니스 종사자들도 기본적 매너를 지키면서도 자기 이익에 철저한 유연한 태도를 보이는 것에 감탄하는 경우가 많다(매너가 안 좋은 사람도 많다). 왜 그럴 수 있을까? 일상적 세계화의 경험이 주변에 팽배해 있기 때문이다. 즉 삶의 조건 자체가 세계화 없이 생존이 불가능한 환경적 조건하에 있기 때문에 자동적으로 익히게 되는 것이다. 특히 우리가 많이 진출하는 산유국일수록 외국인 노동력의 비중이 높아 이들을 집과 직장에서 어울리는 일상화되어 있고 학력과 상관없이 영어를 못하면 이들을 통솔하거나 더불어 일을 할 수 없기에 어려서부터 학교는 안 가더라도 영어 습득은 안 할 수 없는 환경이 만들어진다. 또한 다양한 배경과 다양한 국적의 외국인들을 일찍이 상대하므로 상대방에 따라 유연하게 거래 기술을 구사하는 법을 어려서부터 듣고 배울 수 있다. 이러한 환경 속에서 자동적으로 인적 세계화가 이루어진다. 전통 복장을 입고 하루 다섯 번 기도를 드리는 독실한 무슬림이라고 하여 우리보다 글로벌 센스가 못할 것이라고 생각하는 것은 큰 오산이다.

이제 양적 성장을 넘어 질적 성장의 갈림길에 서 있는 세계 10위권 경제대국인 한국이 우리보다 다양한 인종적 구성과 세계화의 역사적 경험이 풍부한 중동으로부터 배울 점은 없을까? 각자의 원칙과 정체성은 지키되 세계인과 어울려 살고 부담 없이 일할 수 있는 사회적, 제도적 환경을 만드는 노하우(know-how)를 배웠으면 좋겠다. 중동 산유국들의 외국인 정책이 차별적이고 가변적이라고 비판하지만 우리는 그 정도 스케일의 외국인 정책을 만들고 집행해 본 적도 없지 않은가. 이런 경험들이 쌓여 일상화된 세계화적 환경을 만들고 그런 환경 속에서 교육받고 자란 세대들은 지금보다 자연스럽게 글로벌 역량을 체화할 것이라고 본다.

3 PART

· · ·

중동의 문화

중동 문화 전반 소개

① 중동에 관한 선입견과 고정관념의 장벽들

●────────
중동에 있는 고정관념들

'고정관념(stereotypes)'이란 한 집단
의 사람들에 대한 어떤 고정된 관념
을 말한다. 어떤 특성이 그 집단의 모든 사람들에게 적용될 것이라고 믿
는 것이다. '모든 중동인들은 … 이렇다'는 말은 '모든 한국인들은 … 이
렇다'라고 하는 것만큼 위험하다. 개인차를 고려하지 않는 과도한 단순
화가 정확할 리 없다. 한 집단에 대한 생각이나 의견을 표현할 때 단정
적인 어휘를 사용하는 것은 늘 위험한데 그것을 논리적으로 이해하면
서도 그 함정에 빠지기 쉽다. 우리는 중동과의 교류 역사가 짧지 않지만
지금의 중동에 대한 인식과 이미지가 형성된 시기는 우리가 20세기 후
반 산업화가 시작된 이후 기업의 중동 진출과 석유수입이라는 경제적
교류를 중심으로 형성되었다. 또한 미국(서구)의 대중동 관계의 변화에
따라 특정방향으로 대거 생산되는 미디어 보도도 중동의 이미지 형성
의 주요 통로 역할을 하였다. 중동은 퇴행적이고 야만적이다, 이슬람 외

의 종교는 박해한다, 석유에만 의존하는 게으른 민족들이다, 폭력을 좋아하고 테러의 본산이다, 여성을 억압한다, 종교적 광신도가 넘쳐난다 등의 부정적 이미지에 노출되어 왔다. 이러한 이미지들을 서구에서는 반성적 의미에서 '이슬람공포증(Islamophobia)'으로 묘사하면서 지양해야 한다고 하지만 이러한 인식의 뿌리는 생각보다 깊으며 한쪽에서는 이를 반성하면서도 다른 한쪽에서는 여전히 기존의 고정관념에 바탕한 내러티브를 만들어 내고 있다. 중동에 대한 고정관념은 일일이 헤아릴 수 없을 만큼 깊고 다양하지만 이 장에서는 우리의 관심사인 경제와 연관이 있다고 생각되는 대표적인 것 여섯 가지만 제시하고 이러한 고정관념의 형성 원인과 이것들이 사실과 어떻게 다른지 필자의 경험을 곁들여 설명해 본다.

<고정관념 1. 중동은 테러의 본고장이다>

모든 국제 테러를 중동과 연관짓는 경향으로 중동 자체가 원래 폭력적이고 갈등 지향적이므로 테러가 빈발할 수밖에 없다고 보는 인식이 있다. 폭력과 테러가 전체 중동 사람과 문화에 내재된 것이라는 낙인 효과(stigma effect)를 낳는다. 이슬람 극단주의자들에 의한 테러를 여과 없이 그런 식으로 왜곡 보도한 서구 미디어에 의해 가속화된 측면이 크다. 실제 절대다수 평범한 중동인들의 테러와 폭력에 대해 혐오감을 갖고 있고 실제 테러와 연관된 중동 국가나 세력도 극소수에 그치는 상황인데도 언론이 이런 점을 무시하고 보도하면서 부정적 인식 확산에 기여하였다. 이런 인식은 중동 내부에서의 평화정착 노력과 테러와 폭력에 반대하는 다양한 집단들의 존재에 대한 무지 또는 방임적 태도에서 조장된다. 테러와 중동(무슬림)에 관한 유명한 지적 중에 '모든 무슬림이 테러리스트는 아니지만 테러리스트는 모두 무슬림이다'라는 말이 있는데

지난 2000년대 이후 미국 주도의 테러와의 전쟁이 시작된 이후 국제적으로 자행된 테러의 대부분이 무슬림 과격분자에 의해 서방을 상대로 자행되면서 중동을 상징하는 이미지로 고착화되었다.

<고정관념 2. 중동은 이슬람 광신도 집단이다>

중동을 테러 집단의 정체성과 일치시키면서 알카에다, ISIS 등 무장 테러집단이 이슬람 극단주의를 표방하자 「테러, 이슬람, 중동」을 하나의 줄기로 상호 연결시킴으로써 생겨난 고정관념이다. 또한 중동은 이슬람 외에도 기독교, 유대교 등도 엄연히 존재하고 개인이 이슬람 외의 종교 활동을 하는데 문제가 없으며, 중동 외에도 인도네시아, 말레이시아, 인도, 파키스탄 등 이슬람권 국가가 많음에도 '중동=이슬람 광신' 의 이미지가 강하다. 중동에 이슬람 극단주의가 없는 것은 아니나 매우 소수에 한정되며 이슬람 교리보다는 정치적 목적으로 표방하는 경우가 대부분이라 평범한 중동 사람들 대부분과는 전혀 무관한 집단이다. 알카에다, 이슬람국가(ISIS) 등 무장단체에 있어 이슬람은 정치적 목적을 위해 특정의 이슬람교 일부분을 편파적으로 차용하는 수단적 의미가 훨씬 크다고 할 수 있다.

<고정관념 3. 중동은 원시적이고 발전을 거부한다>

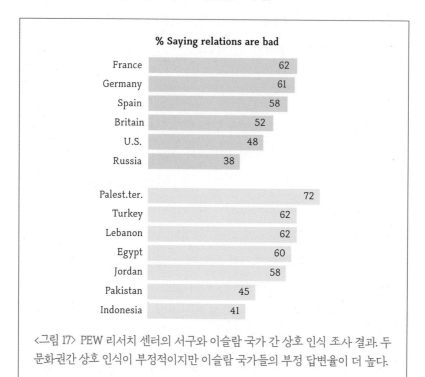

% Saying relations are bad

France	62
Germany	61
Spain	58
Britain	52
U.S.	48
Russia	38
Palest.ter.	72
Turkey	62
Lebanon	62
Egypt	60
Jordan	58
Pakistan	45
Indonesia	41

<그림 17> PEW 리서치 센터의 서구와 이슬람 국가 간 상호 인식 조사 결과. 두 문화권간 상호 인식이 부정적이지만 이슬람 국가들의 부정 답변율이 더 높다.

서구 미디어에 의해 조장된 전형적으로 오리엔탈리즘에 기반한 인식이다. 특정한 사건이나 사실에 기반하지 않고 습관적으로 중동의 역사와 인물을 묘사하는데 동원되는 클리셰이다. 미디어의 반복적인 묘사에 의해 우리를 포함해 많은 외부인들의 의식에 잠재하는 중동에 관한 이미지로 고착된 측면이 있다. 중동의 다양성과 현대적 발전에 무지한 사람들이 아무런 여과 없이 제작하는 많은 뉴스와 창작물들에 의해 조장되고 있다. 인프라, 교육, 문화, 과학, 기술 등 분야에서 과감한 발전을 보인 최근의 중동의 성과를 일부러 폄하하거나 왜곡하려는 의도도 담겨

있다고 본다. 그 결과 이슬람권에서도 서구의 편향적인 왜곡에 대해 반발하는 저항적 인식이 생겨나기 시작했고 서구에 대한 테러나 인종차별에 대한 시위도 이러한 인식과 맥을 같이 하고 있다고 할 수 있다. 한국에서도 예멘 난민 제주도 입국이나 모스크 건립 반대 운동 등 반(反) 중동적 캠페인에 이러한 고정관념이 상당한 영향을 미쳤을 것으로 본다.

<고정관념 4. 중동은 여성을 억압한다>

중동 전체에서 모든 여성들이 억압받고 기본권을 무시당하고 전통적인 여성의 역할에 머물러 있다고 보는 인식이다. 서구의 시각에서 여성 차별이 중동에 존속되고 있는 것은 사실이나 모든 여성들에 해당된다고 볼 수 없으며 일부에서는 서구 미디어에 의해 확산, 왜곡되고 있다고 반론한다. 중동 전체를 단순화하고 여성들의 다양한 입체적 활동을 고의적으로 간과하는 시각이라는 것이다. 중동 전역에서 눈부신 성취를 이룬 여성들의 사례나 여성권리 증진을 위한 집단적 노력을 폄훼하고 있다고 본다. 실제 중동에 와보는 한국인들은 공공, 민간 기관 막론하고 간부급 여성들이나 전문직 여성들을 보고 놀라는 경우가 많으며 산업다각화 차원에서 여성의 사회진출을 적극 장려하는 국가들이 늘어나면서 여성의 경제활동 참여는 갈수록 확산되는 추세이다.

<고정관념 5. 중동은 석유에만 의존하는 경제이다>

중동과 석유를 과도하게 연결 짓는 인식이다. 오히려 세계 최대 석유매장량은 중동이 아닌 남미의 베네수엘라, 세계 최대 생산국은 미국과 러시아이며, 3위가 사우디이다. 걸프 지역과 이란, 이라크 정도를 제외하고 석유 매장량도 크지 않고 석유에 의존한 경제구조도 아니다. 석유생산량에 따라 국가간 경제력 격차도 크고 석유자원 고갈 시대를 대비하여 사우디, UAE 등을 중심으로 탈석유 경제로의 구조개혁이 중동 경제의 화두가 된지 오래이다. 사우디의 네옴시티, 두바이 엑스포, 카타르 월드컵 등이 모두 포스트 오일 시대 경제에 대비하기 위한 국가적 역량을 끌어 올리기 위한 목적으로 추진된 프로젝트들이다.

<고정관념 6. 중동을 하나의 일체로 보는 인식>

중동 전체의 다양성을 무시하고 단일한 인종(아랍), 단일한 종교(이슬람), 단일한 가치관(전근대성)을 지닌 하나의 지역과 문화로 보는 인식이다. 중동 내 복잡 다양한 인종, 언어, 종교, 역사적 다양성을 도외시한 시각으로서 만약 아시아를 이런 시각으로 본다면 어불성설이라고 하면서도 우리도 중동에 대해 이러한 오해를 갖는 경우가 많다. 아시아가 동북아, 동남아, 서남아, 태평양 등 지리적은 물론 민족적, 문화적으로 셀 수 없는 다양성을 가진 것과 유사하게 중동도 아랍 민족 외에 이란(페르시아), 튀르키예(투르크), 유대(이스라엘) 등 다양한 문화와 역사와 전통이 섞인 모자이크와 같다는 사실을 간과한다. 아울러 산유국/비산유국으로 구분된 경제 격차로 인한 산업화의 차이로 인한 외국 문명 수용의 정도도 국가별로 차이가 크며, 종교 역시 크게는 같은 이슬람이지만 국가별로 세속화의 정도에 큰 차이가 있어 외국인으로서 피부로 느끼는 체감의 정도는 나라마다 큰 차이가 있다. 필자 역시 중동 지역 근무가 길어지고 여러 국가를 다닐수록 나라마다 다양한 기준에 의한 격차가 크다는 점을 실감하는데 지금은 많이 바뀌긴 하였지만 당시 두바이에서 느끼는 자유로움이 불과 2시간 비행 후 사우디에서 느꼈던 폐쇄감과 크게 대조되었던 기억이 새롭다.

이상 언급한 고정관념의 대부분은 기본적으로 서구와 기독교 대 중동과 이슬람교의 역사적 대립에서 파생된 것이라고 할 수 있다. 십자군 전쟁 이후 지중해 주변을 장악하고 18세기까지 융성했던 오스만 세력이 18세기 말 프랑스 나폴레옹의 이집트 원정 이후 근대 유럽 국가들이 중동전역을 장악하고 식민지배를 시작하면서 중동이 역사의 주도권을 상실하고 자력으로 근대국가를 만들지 못하면서 자신감을 상실한 것에 큰 원인이 있다고 할 것이다. 그 와중에 서구의 일방적인 중동문화와 이슬람 해석에 대항할 여력을 상실했고 20세기 중반에 와서야 서구의 자의적인 국경선 획정에 의한 근대국가 수립과 식민해방 국면에서도 국민통합에 의한 국가발전의 기회를 잡지 못하고 국가로의 발전도 버거운 상황에서 토착화되어 있던 이슬람주의가 국가발전에 장애로 작용하여 개방과 포용이 아닌 쇄국과 폐쇄의 노선을 걸으면서 중동-이슬람-아랍을 하나로 묶어서 퇴행적이고 전근대적인 집단이라는 낙인의 대상이 되고 만다. 여기에 '79년 이란의 이슬람 혁명 이후 수니파-시아파, 사우디-이란 종파 분쟁이 가세하고 미국의 군사개입 이후 이슬람 원리주의가 득세하면서 무장 테러 집단이 연계되고 마침내 폭력과 잔인함이라는 이미지까지 덧칠되어 지독하고 극복하기 힘든 고정관념의 희생양이 되고 만 것이다. 다행인지 불행인지 20세기 후반 석유가 자원무기가 됨으로써 다시 한 번 세계사의 중심으로 재부상한 중동 국가들이 과연 현재의 역량을 바탕으로 역사적 약세를 극복하고 중동과 이슬람에 대한 낙인을 벗어날 수 있을지 관심이 주목되지 않을 수 없다.

우리 역시 해방 이후 국가발전에 성공하지 못하고 구 식민주의 세력의 주변부에서 종속된 정치, 경제 체제를 갖고 있는 나라에 머물러 있었다면 중동 못지않은 고정관념과 낙인의 대상이 되었을지 모를 일이다. 역사의 주도권을 뺏기고 자신감을 상실하여 쇄국의 길을 걷고 만 100년 전 우리의 역사가 아주 먼 과거의 일이 아니잖은가.

한국인의 중동인식: 긍정적?
부정적? 중동인과 더불어 살
마음의 자세는?

한국인의 중동에 관한 인식은
어떠한가? 중동에 관해 어떤 이미
지를 갖고 있으며 대체로 긍정적
인가 부정적인가? 2020 국내 한
연구소가 조사한 바에 의하면 중동에 대한 이미지는 에너지 자원 부국,
이슬람 문화, 무장단체 테러, 종파갈등, 문명발상지 등의 순서로 나타났
고 한-중동 관계에서 경제가 차지하는 비중을 반영이라도 하듯이 중동
을 에너지 부국으로 연관시키는 항목이 제일 큰 것으로 나타났다.

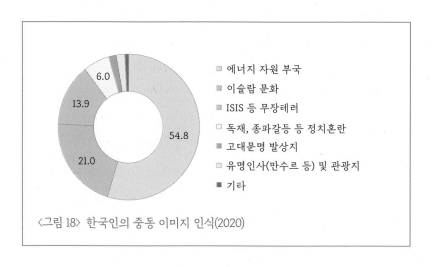

〈그림 18〉 한국인의 중동 이미지 인식(2020)

특히 한국인들은 중동으로부터 원유수입과 국가경제의 상관관계가
국익에 중요하다는 인식의 연장 선상에서 중동의 긍정적 이미지와 중요
성을 판단하는 것으로 조사되었으며, 반면 문화(이슬람), 정치(테러, 혼란)
등은 부정적 이미지에 영향을 끼쳤고 국익과의 연관성은 낮게 본 것으
로 해석되었다. 또한 긍정/부정으로 구분한 조사에서는 긍정이 부정을
2배 이상 앞섰고 중동이 한국에게 중요한가에 대한 질문이 추가되자 긍
정이 부정을 거의 10배나 앞섰다.

반면 중동 출신 이민자에 대해선 7:3의 비율로 부정이 긍정을 훨씬 앞섰는데 우리와 직접적 상관이 없는 보편적 의미에서의 중동 이민자(난민적 관점)에 대해서는 긍정적 이미지가 훨씬 큰 반면 우리나라에 유입되는 중동 이민자(무슬림적 관점)에 대해서는 7:3의 비율로 부정이 긍정을 훨씬 앞섰다. 이는 2018년 제주도에 무비자로 입국하여 난민 신청을 한 예멘 난민 사태에 대해 국민들이 보인 반응에서 드러나는데, 한국인이 유독 다른 지역보다 중동 출신 이민자에 대해 더 강경한 입장을 갖고 있던 것으로 나타났는데 아프리카보다도 부정적 입장이 높게 나타난 것을 보면 한국인도 중동에 대해 내재된 편견이 크다고 볼 수 있겠다.

우리나라 국민들이 겉으로는 정치적 올바름(political correctness) 때문인지 경제적 차원에서 중동의 중요성 때문인지 모르지만, 중동을 긍정적으로 본다고 하면서도 내 주변의 이민자로 올 수 있다는 가능성에 대해서는 단호한 입장을 보인 것은 반이슬람 정서가 가장 큰 역할을 한 것으로 보인다. 한국을 비롯한 동북아 지역이 이슬람 무장단체의 테러 대상 지역이 아님에도 이슬람 반대 정서가 높은 것은 ▲ 서구사회에 존재하는 이슬람 혐오 정서를 우리가 수용하고 있으며 ▲ 중동 관련 정보를 주로 서구 미디어를 통해 수입하는 우리의 미디어 환경 ▲ 한국내 반이슬람 캠페인을 주도해 온 기독교 계열 시민단체의 캠페인의 영향을 미친 것으로 보인다.

결국 한국 역시 앞에 설명한 서구를 중심으로 형성된 중동과 이슬람에 대한 선입견과 고정관념에서 자유롭지 못하거나 오히려 더 적극적으로 유입을 막는 듯한 태도는 장기적으로 중동과의 관계를 통해 상호이익의 크기를 키워가야 하는 우리의 목표에 역행하는 것이다. 경제적으로 보면 우리는 중동으로부터 대체 불가결한 에너지를 수입하지만 중동이 한국에서 가져가는 것들은 대체가 가능한 물건들이 대부분이다. 한국산 수입이 없어도 일본, 유럽, 중국 물건으로 얼마든지 대체가 가능하다. 우리가 중동을 경제적 파트너로 인식하는 부분이 가장 크면서도 천년에 가깝게 대립해온 서구도 아닌 한국이 유럽 못지않은 반중동, 반이슬람 정서를 갖고 있다고 하는 것이 누구에게 어떤 도움이 될지 가늠이 되지 않는다.

중동과 이슬람의 현장에서 자유와 인권의 증진, 인류 보편적 가치에 부합하지 않는 부분이 있다면 그 부분만 문제 삼고 동의하지 않으면 되는데 일반화와 오류에 갇혀 총체적인 거부 반응을 보이는 것은 우리의 이해에도 맞지 않고 공존과 협력이라는 보편적 가치에도 맞지 않는 일이다. 서구와 같이 중동과 피비린내 나는 갈등의 역사를 가진 것도 아닌 우리가 왜 서구의 짐을 나눠지려 하는지 모르겠다. 한국이 서구와 같이 중동을 200년 가까이 식민 통치를 한 것도 아니고 오히려 중동과 같은 서세동점(西勢東漸)과 제국주의의 피해자 아니던가.

중동과 건설적이고 미래지향적인 경제 파트너십을 더욱 발전시키고 싶다면 지금과 같은 실용과 교조적 자세가 혼합된 형태가 아닌 철저하게 실용적 접근이라도 취하는 것이 옳다. 차라리 그렇게 하는 것이 오히려 서구의 아류라고 볼 수 있는 오해와 갈등의 소지를 줄이고 중동과의 관계에서 '반이슬람'이라는 주제가 끼어들 여지를 줄이는 길이다.

지금까지 우리나라는 아시아 국가로서 중동과의 관계를 경제적 상호주의를 토대로 잘 발달시켜 온 나라 축에 속하는데 이슬람 혐오주의라는 서구가 만든 프레임을 스스로 쓰면서 문제의 씨를 키울 필요가 있을까. 어차피 인구절벽과 경제활동인구 감소라는 생존의 위기에 직면한 상황에서 외국인 인구의 유입 증대가 불가피한 추세라면 속에서 무슬림 인구와의 접점은 늘어날 수밖에 없다. 얼굴을 맞대고 살 사람들과 평화롭게 공존할 수 있는 지혜를 길러야 하는 마당에 우리를 상대하는 무슬림 인구들에게 실망과 원망을 심어줄 필요가 없다. 중동 사람들은 자기들 일에만 몰두하고 한국에서 벌어지는 일과는 무관하게 사는 사람들이 아니다. 한국은 중동 각국에 있어 핵심 파트너로 부상했고 유심히 관찰할 나라가 된 지 오래이다. 아직도 중동의 오일머니만 보고 물건 팔고 거래만 끝나면 사라지는 나라라는 인상이 잔존해 있는 마당에 이슬람포비아 증세가 가장 높은 나라 군에 이름을 올리는 것은 머지않아 엄청난 국력과 경제적 손실을 가져올 일이다.

❷ 이슬람을 모르고 중동을 안다고?

•──────
중동의 뿌리 이슬람

이슬람에 대한 기초지식이나 상식 없이 중동에 진출하거나 거래를 한다고 한다면 어려움이 클 수밖에 없다. 다른 곳의 세속화된 종교와 달리 이슬람은 종교 차원에 머물러 있는 것이 아니라 중동 사회의 개인과 주변의 거의 모든 것을 지배한다고 해도 과언이 아니다. 즉, 종교와 세속적 삶의 분리를 허용하지 않는다. 신자이지만 주말에 예배당이나 사찰에 갈 수도 있고 안 갈수도 있는 다른 종교와 달리 일단 이슬람 신자임을 맹세한다면 철저하게 행동으로 규율을 실천해야 한다. 그래서 믿음, 가치관, 생활이 밀착되어 있는 종교가 이슬람이라고 한다. 단순한 신앙이 아니라 하나의 생활양식이라고 볼 수 있는데 그래서 이슬람을 종교가 아니라 이데올로기라고 하는 사람도 있다.

이슬람은 전 세계 57개국, 20억 명에 가까운 신자가 있는 세계 최대의 단일 종교 문화권을 형성하고 있다. OECD 국가 중 가장 교역의존도가 높은(90% 이상) 한국으로서는 싫건 좋건 이슬람권과 어울리고 부대끼고 때로 공존의 방법을 알아야 하는 중요한 대상이다. 이슬람의 종주국이자 석유자원을 가장 많이 가진 중동이 오일머니를 바탕으로 세계 금융시장을 쥐락펴락하고 있는 마당에 중동의 핵심 문화코드인 이슬람을 이해하지 않고서 비즈니스를 하는 것 자체가 어불성설(語不成說)이라고 봐야 한다.

이슬람은 기독교, 유대교와 뿌리를 공유하는 유일신 신앙이다. '이슬람(Islam)'이란 말은 '알라(하느님)'에 대한 복종을 의미하며 '살람(평화, Salaam)'이란 말에서 파생되었다. 무슬림(Muslim)은 이슬람을 믿는 사람이다. 특정국이 이슬람이면 '이슬람 국가'라고 하고, 한 개인이 이슬람 신자이면 무슬림이라고 해야 맞는 표현이다.

이슬람은 예언자 마호메트의 가르침을 따르는 종교이며 신자들은 마호메트가 알라의 마지막 예언자라고 믿는다. 즉 하느님이 최초의 인간 아담부터 아브라함, 모세 등 구약(Old Testament)에 나오는 많은 예언자를 통해 자신의 뜻을 인간에게 전달하였으나 소용이 없자 신약(New Testament)에 나오는 예수(Jesus)를 보냈고 그래도 소용이 없자 최후의 예언자 마호메트를 보냈다는 것이다. 유대교는 예수가 예언자임을 인정하지 않았고 유대민족의 역사를 담은 구약과 조상의 가르침인 토라(Torah)를 믿으며, 기독교는 구약과 더불어 예수의 신성을 기록한 신약을 믿는다면, 이슬람은 예수 역시 예언자 중의 하나일 뿐이고 마호메트가 최후의 예언자라고 믿으므로 구약과 토라, 코란을 모두 경전으로 인정한다. 그중에서 코란을 가장 중요한 경전으로 본다. 이슬람은 유대교와 기독교의 뿌리를 공유하고 유대교와 기독교 자체를 부정하지 않되 예수와 마호메트의 신성에 대한 해석이 다를 뿐이다.

이슬람 신자는 코란(Quran)을 성경으로 숭배하는데 이는 가브리엘 천사가 수년간 신성한 달(holy month)인 라마단(Ramadan) 기간 동안 예언자 마호메트에게 신의 계시로서 보여준 것이라고 한다. 코란은 초기에 오로지 아랍어로만 쓰여졌는데 지금은 번역이 되어 있지만 해석상 다툼이 있을 때는 오로지 아랍어 버전만을 순수한 코란이라고 인정한다. 뿌리를 공유하므로 코란에는 유대교 토라와 기독교 성경의 내용과 유사한 내용이 많이 등장하지만 뜻은 다르게 해석되며 무슬림들은 코란이 토라와 성경의 불충분한 점을 완성한 것이라고 믿는다. 코란에 기초해서 이슬람 율법인 샤리아(Sharia)가 탄생하였으며 무슬림의 일상적인 민사부터 형사까지 총체적으로 규정하는 포괄적인 법체계이다. 샤리아를 얼마나 엄격하게 적용하느냐에 따라 외부인이 느끼기에 그 나라의 율법적 자유로움의 척도가 된다고 볼 수 있다.

이슬람의 예배당은 모스크(mosque)이며 이맘(Imam)은 수니파와 시아파 사이에 약간의 차이가 있지만 예배를 주관하되 신부, 목사, 랍비와 같은 성직자라기보다 공동체의 어른과 같은 역할을 한다고 보면 적합하다. 이와 별개로 코란을 해석해 주는 학자가 따로 있는데 수니파에서는 무프티(mufti), 시아파에서는 아야톨라(ayatollah)라고 한다. 생활 속 이슬람을 실천하는 무슬림들은 하루 다섯 번 기도를 하며 이를 살라트(salat)라고 하는데 태양의 움직임을 보고 기도 시간을 정하므로 지역에 따라 날마다 다른데 기도 시간이 될 때마다 모스크에서 기도를 암송하는 사람 목소리가 나오며 이를 아잔(azan)이라고 한다. 그 기도를 암송하는 사람을 무에찐(muezzin)이라고 하는데 목소리 좋고 신앙심이 깊은 '남자'만이 할 수 있다. 지금은 모스크에서 사전에 녹음된 목소리가 나오는 경우가 많지만 아직도 중동 전역에서 생방송으로 아잔이 낭송되는 경우도 많다.

모스크 기도 전에는 반드시 우두(Wudu)라는 목욕재계를 해야 한다.

손, 입, 코, 얼굴, 팔, 이마, 귀 등을 차례로 씻는다. 모든 모스크에는 우두를 위한 수도꼭지가 마련되어 있는데 사막과 같이 물이 없는 곳에서는 모래로 하든지 그것도 어려우면 씻는 흉내라도 해야 한다. 기도할 때는 신발을 벗고 카페트가 깔린 바닥에서 하며, 모스크가 아닌 곳에서 가도를 할 때는 작은 사자다(sajada)라는 카펫을 깔고 한다. 그것도 여의치 않으면 벽에 기대 서서하기도 하는데 두바이 같은 대도시 쇼핑몰에서 간혹 볼 수 있다. 공항의 기도실에 이런 기도용 카펫이 비치되어 있는 것을 본 사람이 많을 것이다.

〈그림 19〉 메카의 카바 신전, 순례객들이 신전을 돌면서 돌에 입을 맞춰야 순례가 끝나기 때문에 인파가 몰려들다가 대형 사고가 자주 발생한다. 1900년과 2015년에 각각 2천여 명이 압사하는 사고가 발생하였다.

카바(kaaba)는 성지 메카에 있는 검은색 정육면체에 황금 테를 두른 거대한 돌기둥인데 성지 메카를 방문한 무슬림들이 주변을 빙빙 돌면서 기도를 올린다. 전 세계 모든 무슬림들은 기도를 올릴 때 메카 방향으로 한다. 그래서 아시아에서는 서쪽으로, 유럽에서는 동쪽으로 하게 된다. 기도는 일정한 의식과 순서에 따라 코란을 암송하면서 20~30분 정도 진행하는 것이 원칙인데 여럿이 하는 모스크 예배가 아니라 혼자 집이나 사무실에서 할 때는 몇 분 안에 마치기도 한다. 기도는 해도 되고 안 해도 되는 것이 아닌 상당히 진지하게 지켜지며 특히 남성에게 더 의무로 주어진다. 모스크는 여성과 남성 구역이 구분되어 있으며 어떤 이슬람 국가에서는 여성은 모스크 출입이 아예 허용 안 되는 곳도 있다. 이슬람은 금요일이 주일이고 금요일 정오 예배는 가장 중요한 예배로서 이맘의 설교가 있어 보통 1시간 반 정도로 길다.

● ─────────────
자주 쓰이는 이슬람 용어들

이슬람권 밖에서도 자주 쓰는 이슬람 용어들이 많다. 주로 서구 언론에서 많이 언급하고 우리 언론도 종종 쓰는데 용어들이다. 지하드 (Jihad), 파트와(fatwa), 마드라사(madrassa), 탈레반(Talib) 등이 있는데 대개 원래의 뜻과는 달리 쓰이고 있다. '지하드'는 이슬람의 가르침대로 살기 위한 삶 속의 일반적 투쟁을 의미하는데 서구와의 싸움의 정당성을 이슬람에서 끌어 오면서 성전(Holy War)으로 왜곡되었다. '파트와'의 원래 뜻은 무슬림을 도덕적으로 이끌기 위한 종교적 견해라는 의미인데 이란의 호메이니가 영국 시인 살만 루시디(Salman Rushdie)에게 사형선고라는 파트와를 내리면서 파트와 자체가 사형선고라는 뜻으로 오인 받고 있다. '마드라사'는 배움의 장소라는 뜻으로서 전통 이슬람권에서 학교를 가리키는데 원래 초등학교부터 고등 기술교육까지 가르치고 지금도 그런 마드라사가 있긴 하지만 이슬람 원리주의 테러조직이 마드라사에서 많이 배출되면서 코란 암송만 시키는 이슬람 원리주의 교육 기관의 이미지를 갖고 있다. 지금도 낙후된 곳일수록 정규 학교보다 마드라사만 있는 곳이 많다. '탈레반'은 학생을 뜻하는 '탈리브(talib)'에서 나온 말로서 아프간 원리주의 그룹이 자신들이 마드라사에서 코란을 배운 학생들이란 뜻에서 탈레반으로 부름에 따라 사실상 고유명사화 되었다.

• ─────────
이슬람 교리의 핵심　　　　　　그렇다면 20억 무슬림들이 믿는 이슬람 교리의 핵심은 무엇인가? 그리고 서두에서 말한 대로 이것을 생활 속에서 어떻게 실천해야 무슬림이라고 하는가? 교리의 핵심은 6신(信), 즉 6가지를 믿는 것이고, 실천은 5행(行), 다섯 가지를 실천하는 것으로 요약된다.

┃ 표9 이슬람교 6신(信)과 5행(行)

6신		5행(기둥)	
1	**유일신** 알라만을 믿고 복종한다. (다신교 배격)	1	**샤하다(신앙증언)** "알라 외에 신은 없고 무함마드는 알라의 사자(使者)"라는 말을 소리내어 고백(속으로 믿음은 불용납)
2	**천사**의 존재를 믿는다(가브리엘 천사가 알라의 계시를 무함마드에게 전달)		
3	**코란**을 가장 완벽한 경전으로 믿는다. (구약, 신약도 경전으로는 인정)	2	**쌀라(예배)** 하루 5번(새벽, 정오, 오후, 저녁, 밤) 금요일은 모스크에서 집단 예배
4	**예언자**들의 존재를 믿는다. (단, 무함마드가 최후의 예언자)	3	**자카트(자선)** 재산은 알라로부터 잠정 받은 것이니 갹출해서 구제에 쓴다
5	**최후의 심판**, 천당과 지옥을 믿는다 (단, 죽기 전에는 어디로 갈지 모른다)	4	**사움(금식)** 이슬람력 9월 한 달간 낮에 금식. 알라로부터 10배의 보상을 받는 선행
6	**정명**, 만물은 알라의 뜻대로 이뤄진다 (인샬라, 알라의 뜻대로)	5	**성지순례(하지)**. 일생에 한번 메카에 순례.

위의 6신에서 마지막 정명(定命)은 기독교의 예정설과 비슷한데 인간의 최종 목표는 알라의 정해준 대로 사는 것이며 우주 만물이 알라의

의지에 따라 일어난다는 뜻이다. 이슬람에서 인간의 자유의지는 인정받지 못한다. 중동에 오면 정말로 귀에 박히게 듣는 '인샬라(Inshallah)'라는 말은 바로 정명 신앙에서 비롯된 것이다.

관찰자의 시각에서, 이슬람의 강한 종교적 결속력과 타 종교와 구분되는 정체성은 막강한 오행, 다섯 기둥의 실천력에 있다고 본다. 마음속에 신앙을 갖고만 있는 것이 아니라 적극적으로 밖으로 표출하고 생활 속에서 의무를 다함으로써 무슬림 공동체의 일원임을 상호 확인한다. 일주일에 한 번 종교행사에 가기도 급급한 타 종교에 비해 입으로 소리 내어 코란을 암송하고, 하루에 다섯 번이나 기도를 하게 하며, 수입의 일정액(연 2.5% 정도)을 자선활동에 기부하며, 일 년에 한 달 반드시 금식 (라마단)에 참여함은 물론, 죽기 전에 한번 반드시 사우디 메카를 순례하는 의무를 20억 모든 무슬림이 한다고 생각한다면 실로 타 종교에서는 엄두를 못 낼 스케일과 헌신이 수반되는 종교라 아니할 수 없다. 실제로 무슬림들은 5행의 의무를 실천함에 있어 외부인들이 생각하는 것보다 그렇게 힘에 부친다는 생각은 안 한다고 하며 그나마 하지(성지순례)가 먼 사우디까지 가야 하는 여정이므로 건강과 재정이 받쳐줘야 하므로 가장 부담이 된다고 한다. 다만 하지를 다녀 온 무슬림들은 드디어 가장 중요한 신앙의 의무를 완성지었다는 뿌듯함을 느끼며 신앙적 기쁨을 반복하기 위해 일부러 여러 번 하지를 한 사람도 많다.

이슬람도 안에 종파가 있다. 기독교가 가톨릭과 정교회, 나중에 종교개혁 후 개신교가 출현하였듯이 이슬람교도 크게는 수니파와 시아파로 나뉘며 두 종파 안에 여러 세부 종파로 또 나뉘고 매우 소수지만 둘 다 속하지 않은 제3의 종파도 있다. 이슬람 종파는 중동 정치와도 연관되므로 제3장 중동 정치 부분에서 더 상세하게 다룰 예정이다.

무슬림은 일상에서 자신들의 신앙을 5행(다섯 기둥)이라는 의식적 행위로 표출해야 하며 이슬람 신앙이 일상의 준거가 되도록 해야 한다. 앞서 말한 지하드, 즉 이것이 삶의 종교적 투쟁이다. 이 투쟁은 이슬람적 가치를 삶 속에 실천하는 것인데 가족 우선주의, 명예와 체면, 예의와 상호존중, 타인에 대한 대접, 타 종교로의 개종 금지 등을 대표적인 핵심 가치이자 관습이라고 할 수 있다. 또한 돼지고기와 술(알콜), 욕, 도박, 포르노, 공공장소 애정행위, 남자의 장신구 착용, 애완견, 비무슬림의 성지(메카·메디나) 방문 금지 등 사회적 금기사항(taboos)이 있는데 이러한 일상적 내용들을 모두 이슬람법인 샤리아(Sharia)에서 규정하고 있다. 이러한 사회적 관습들은 비즈니스 행위에서도 직접 영향을 미치는 중요한 부분이므로 다른 절에서 따로 다룰 예정이다.

표 10   이슬람 세계의 신앙서열도

서열	종교	하위그룹
높음	경전 신앙자	이슬람(수니, 시아 포함)
	//	기독교
	//	유대교
	우상숭배자	비유일신교(힌두교, 불교, 도교, 조로아스터, 유교, 신도 등)
낮음	무신론자	(스스로 인정할 경우)

이슬람 세계에서는 종교적 서열이 존재한다. 이 서열은 사실상 존재하는 국적에 따른 인종간, 민족간 서열과도 연관이 되어 있다(이 부분은 다른 절에서 후술). 이런 것은 소위 정치적 올바름(political correctness)을 초월하는 부분이다. 이슬람을 믿는 자를 최상위에, 그 다음에 이슬람과 같은 뿌리의 유일신 경전 신앙이라고 간주하는 기독교, 유대교, 그리고

그 밑에 유일 신앙이 아닌 것으로 간주하는 우상숭배 종교가 있다. 맨 밑에는 무종교, 무신론자가 있는데 이는 단순히 종교가 아니라 인간성과 도덕성이 없다는 것을 인정한 것으로 간주하여 사실상 사람으로 취급을 안 한다는 점을 주의해야 한다. 그래서 진짜 무신론자들의 경우 관공서에 서류 등을 제출할 때 동료 현지인들이 아무 종교라도 가진 것으로 하라고 충고하기도 한다. 대개 서양인들은 기독교에, 동양인들은 불교에 동그라미를 하는 게 좋다고 한다. 이슬람이 기독교에 적대감을 가질 줄 알고 신앙이 없다고 했다가는 더 큰 낭패를 볼 수 있다. 특히 사우디의 경우 무신론자나 불가지론자라고 밝힌 입국비자 신청자의 경우 종종 거부되는 경우가 많으니 주의를 요한다. 사람이 아니라 개와 동격으로 보기 때문에 거부한다는 풍문이 있다. 그러므로 중동 현지에서 비즈니스를 직접 하거나 중요한 거래 때문에 자주 중동을 방문할 때는 반드시 '적절한' 종교를 가진 사람으로 하는 것이 더 안전하다.

③ 중동에서의 국적과 인종주의

•
─────────────
왜 두바이에는 현지인이 적을까?   앞 장에서 사실상 중동에서 존재하는 종교적 서열을

소개했지만 더욱 극적인 것은 국가 간 서열의 존재이다. 어떤 사람이 어떤 일을 하는가를 정하는 변수 중에 출신 국가가 결정적인 요인이 된다. 그러한 서열이 존재한다는 것과 그것을 대외적으로 인정하는 것은 별개의 문제인데 이러한 '정치적 올바름(political correctness)'의 문제가 중동에서는 그다지 민감성 있게 다뤄지는 분위기가 아니다. 국적에 따라 사

람에게 값을 매기는 서열화의 관행이 존재하는 것은 구조적으로 내국인보다 외국인이 압도적으로 많기 때문인데 인구는 적고 에너지 자원이 발달해 외국인의 손으로 산업과 경제를 움직여야 하는 부유한 걸프 산유국에 특히 집중되어 발견되는 현상이다.

두바이나 카타르에 가게 되면 내국인 보기가 쉽지 않다고 하는 사람들이 많다. 자국민 비율이 10~20% 수준이니 신기한 일도 아니다. 그러므로 이들 간에 줄 세우기가 발생하고 이것이 고스란히 노동과 산업에 반영이 되는 것이다. 물론 내국인 비율이 많은 중동 내 다른 지역(레반트, 북아프리카 등)에 해당하는 문제는 아니고 앞 장에서도 언급된 바와 같이 이들 걸프 지역 외의 아랍국가 출신들은 역시 외국인 노동자로 분류되어 걸프 산유국내 외국인 집단의 한 층을 형성하게 된다. 이들 외국인 집단을 통칭하여 '익스팻(expatriates의 준말)'이라고 하는데 영주를 목적으로 하지 않고 일정 기간 근로를 목적으로 체류하는 외국인을 의미하며 중동에서는 외국인(foreoighners)란 말보다 익스팻이란 말이 더 많이 쓰일 만큼 외국인을 가리키는 보편적 용어로 쓰인다. 그러나 익스팻이라 함은 대개 외국인 육체노동자가 아닌 전문직, 중산층 이상의 서구나 아시아인을 가리키는 의미가 보편적이다. 어느 주거 구역이 외국인(expat)에게 인기가 좋다라든가, 어디는 외국인은 없고 로컬(현지인)이 많다고 할 때 그 외국인은 선진국 출신의 중산층을 내포한다는 것이다. 험한 육체 노동을 하는 서남아, 동남아 출신 외국인 노동자들은 익스팻보다는 노동자(workers, laborers)로 불리는 경우가 일반적이다. 같은 외국인 중산층이라도 아랍 출신 외국인의 경우 문화적 동질성의 프리미엄이 작용하여 비교적 좋은 대접을 받곤 한다. 그래도 대개 서양권 전문직보다는 하위급의 일이 주어진다. 아랍 출신으로는 이스라엘-팔레스타인 분쟁으로 고국을 떠나 객지로 나간 팔레스타인인이 대표적인 외국인 그룹이라고 할 수 있는데 인근 요르단과 시리아와 같은 레반트 지역에서는 현지 국적이 주어지고 이집트와 레바논에서도 일부는 국적이 주어지지만 무국적자가 많다.

중동에 있는 외국인들　　　중동 전체의 외국인 인구는 약 4천만으로 추산되며 압도적으로 남성이 많은데 이는 주로 걸프 국가들이 육체노동자들의 비중이 크기 때문이다. 물론 현지인 가정의 보모나 가정부와 같은 경우는 여성 외국인이다. 외국인 여성의 비중은 갈수록 느는 추세인데 법률, 은행, 보건, 항공, 다국적 회사들의 여성 채용이 늘고 있기 때문이다. 특히 사우디의 여성 문호 개방이 본격화하면서 중동 전체로도 여성의 전문직 진출이 느는 추세이다. 본격적으로 국적에 따라 하는 일, 더 정확하게는 주어지는 일이 달라지는 서열적 상황은 어떤 모습인가? 아래의 <표-11>을 살펴보자.

표 11　국적에 따른 외국인 서열 현황(걸프 지역 중심)

지위	국적	세부 구분
고	아랍권	1. 걸프 지역 아랍 2. 레반트 아랍(팔레스타인, 요르단, 이라크 등) 3. 마그레브(모로코, 튀니지, 알제리)
	서양권	1. 서유럽, 북미, 호주 등 2. 남아공 백인 3. 러시아 4. 동유럽 출신(구소련 포함)

	준서양권	1. 튀르키예, 이란 2. 일본, 한국 3. 홍콩, 대만 4. 싱가폴, 말레이시아
↕	서남아1	인도, 파키스탄(전문직, 사무직, 기술직)
	서남아2	아프가니스탄, 방글라데시, 필리핀, 스리랑카, 네팔, 사하라 이남 아프리카 등
저	국적 불문	최하위 육체노동 계급(서남아, 중국)

사람의 값이 국적에 따라 달라지는 살벌하고 냉정한 현실은 일상화된 루틴이라 이곳에선 더 이상 신기할 일도 아닌 듯이 보인다. 모든 인간을 평등하게 대하라는 이슬람의 가르침은 자신들과 같은 부류 안에서 이뤄지는 선택적 진리이다. 어느 종교나 문화권도 배타성에서 자유롭지는 못하다. 걸프 국가들에서 발견되는 외국인 노동력이 압도적으로 많은 인구 구조와 아랍 민족 특유의 배타성이 결합되어 이런 현상이 유독 노골화되었을 것으로 유추해 본다. 물론 국적이 달라서 다른 일을 부여하는 것인지, 일에 따라서 사람을 찾다 보니 국적에 따라 서열이 정해지는 것인지는 닭이 먼저냐 달걀이 먼저냐의 문제로 볼 수도 있지만 아랍국가 입장에서는 나름의 경험적 합리성을 바탕으로 한 편의적 서열화라고 할 수 있다. 서구에서는 이런 서열적 구조화 중에서 특히 하층 노동계급에 대한 인권착취를 비판적으로 보도하지만 많은 서구 인력자원들이 중동에서 단지 자신들의 국적의 프리미엄을 이용하여 충분한 전문성 없이도 상위 업무를 맡는 불합리성에 대한 지적은 거의 없다.

위의 <표-11>을 보자면, 국적에 따른 서열화를 필자의 경험을 통해 정리해 보았다. 아랍권도 서열이 있고 서양권도 그 안에 서열이 있다. 최상위 아랍국가 중 비(非)걸프 지역 아랍국가의 경우 아랍과 이슬람적 동질성 차원에서 비교적 후한 대접을 받긴 하지만 교육이나 전문성 때문에 실제적으로 주어지는 업무는 매우 고위직이거나 전문성을 요하는 일들은 많지 않으며 중간 위치의 일을 하는 경우가 일반적이다. 그래도 서양인들이 별로 없는 분야나 조직에서는 걸프 현지인들의 지휘를 받아 업무를 총괄하는 역할을 한다.

아랍인 그룹 바로 밑은 서구권 그룹이다. 여기도 그 안에 서열이 존재하는데 앵글로색슨을 비롯한 서유럽군이 최상층에 자리하며 그중에서도 호주나 남아공은 개별적 취업을 통해 다양한 직역에 종사하며 관리자 역할을 많이 한다. 둘 다 영연방에 속하는 나라로서 걸프를 비롯한 중동 지역 전역에서 전문직이나 상위 관리자로 일하는 이들이 많은데 북미를 제외한 이들 영국계 국가 출신들의 응집력과 상호부조가 두드러진다. 이들은 거꾸로 한국이나 일본과 같은 아시아계들의 결속력을 칭찬하거나 때로 질투의 의미를 내포하여 지적하지만 반대로 이들 영국계의 장악력이나 결속력은 영국의 중동에 대한 200여 년에 이르는 식민 지배가 종식된 지 한참 지났지만 여전하다는 인상을 받게 된다. 반대로 북아프리카(마그레브)쪽에 비즈니스 거래를 한다면 그곳에서는 영국계가 걸프나 이집트, 레반트에서 누리는 프리미엄을 프랑스 국적자나 프랑스어 사용자(Francophone)가 대체한다.

필자가 과거에 중동에서 거주하던 약 300여 가구가 있던 아파트 단지 관리인이 공석이 되자 한동안 비어 있다가 호주 중년 여성이 관리인으로 부임했다. 청소나 수리 등 현장 직원이나 사무직도 절대 다수가 인도인이고 약간의 요르단인이 섞여 근무했는데 최종 관리자는 호주 사람인 것이다. 물론 전체 단지의 소유주는 현지 카타르인이었는데 영어와 아랍어가 능통한 팔레스타인, 요르단 출신을 쓰지 않고 서양인을 쓴 것은 그 사람의 전문성과 경력과는 상관없이 그래야 제3국 노동자 관리가 되고 서양 입주민들이 만만히 보지 않을 것이라고 믿었기 때문이었을 것이다.

서남아1로 표기한 관리자 직위의 인도, 파키스탄 등 서남아 그룹의 위세 역시 만만치 않다. 한국을 포함한 많은 외국인들이 비즈니스를 위해 중동과 접촉할 때 최우선적으로 맞닥뜨리는 그룹이 이들이다. 거대한 인구 규모나 지리적 근접성 같은 원인도 있겠지만 이들이 강고하게 중간관리자 그룹을 형성하는 중요한 이유는 영어 구사 능력이다. 한국 사람들이 이들의 벽을 뚫지 못해 현지 아랍인과의 직접 협상까지도 못 가는 경우가 많다. 워낙 이들의 숫자가 많고 관공서나 민간을 불문하고 광범위하게 포진되어 있어 두바이나 카타르와 같은 걸프 국가들을 '리틀 인디아'라고 할 정도로 이들의 존재감은 크다. 또한 이들은 소상공업을 막강하게 장악하고 있다. 걸프 지역의 웬만한 전통시장이나 가게들은 모두 인도인들이 운영한다고 해도 과언이 아닐 정도이다. 장시간 영업을 하는 이들 직종에 인도인을 능가할 경쟁자는 없어 보인다. 전산, 회계, 기술직 분야도 인도인들 차지인 것은 마찬가지이다.

한편 국적(여권)으로는 상위권 국가에 속하는데 원래의 출신지가 하위권에 속하는 외국인의 경우 난감한 상황에 처하는 경우가 많다. 필리핀 출신이나 캐나다 국적자가 있다고 했을 때 많은 경우 필리핀인 취급을 받는 경우가 흔해서 이들은 평소에 자신의 국적이 서구권임을 강력하게 발신하고 다니는 경우가 많다. 필자의 이웃에 살았던 인도계 미국인 엔지니어 가족은 심지어 옷차림조차 전통의상을 입고 다니는 인도 구자라트 출신 수니파 무슬림이고 억양도 심했는데도 불구하고 자신이 미국인임을 늘 강조하고 다녔다. 혹시나 있을 불이익을 줄이기 위해 의식적으로 그렇게 행동한 것 같은데 공항이나 식당, 관공서, 음주가 가능한 외국인 전용 클럽에서 이들 아시아, 아프리카 출신 서양 국적자들이

제3국인 대접을 받는 경우가 종종 발생한다. 한 미국 흑인은 파티나 큰 모임에 절대 일찍 가지 않는다고 하는데 혼자일 경우 입장을 거절당하기 때문이며 반드시 동료들과 같이 가거나 중간에 가서 동료들이 신분을 증명해 주길 기다린다는 것이다. 슬프지만 이곳에선 일상적 현실이다.

위에서 언급한 호주 아파트 관리인의 사례와 같이 사람을 채용할 때는 1차로 국적, 2차로 개인적 특성(성격, 추천, 충성도), 3차로 객관적 능력 등이 복합적으로 작용하여 결정된다. 2차와 3차 기준의 순서는 가변적일 수 있지만 결정권을 쥔 아랍 현지인의 입장에서 능력은 둘째이고 성실함과 충성도를 먼저 고려하는 것은 이해가 간다고 할 수 있다. 그에 비해 세세한 자격 여부는 누가 더 낫고 덜 나은지 별로 중요하지 않을 수도 있다. 국적에 따른 고용문화는 다국적 기업을 중심으로 실력주의 고용으로 조금씩 완화되고 있다는 평가도 있지만 당분간 이런 패턴은 큰 변화가 없을 것이다.

외국인이 많은 걸프에서 채용공고를 보면 종종 노골적으로 특정 국적자를 희망한다는 암시를 강하게 주곤 하는데 서양인을 원할 때는 '서구에서 받은 학위'를 우대한다거나, 아랍권을 원하면 '아랍어 능통자', 주로 서양 여성을 원하면 '배우자의 워킹비자를 통한 법적 거주자' 등의 암호와 같은 조건을 제시하여 특정 종류의 직원에 대한 선호를 강력히 암시한다. 이보다 더 노골적으로 연령, 종교, 기혼 여부 등을 명시하는 경우도 있다.

한국인의 입장에서 중동에서 살거나 일을 하다 보면 결정적인 고비마다 서양권 관리자가 나타나는 경험을 많이 한다. 정부나 민간 가릴 것 없이 상위직에 포진되어 있고 평소에는 잘 드러나지 않다가 의사결정의 핵심에 근접할수록 결국 이들의 고비를 넘겨야 하는 경우가 많다. 때로는 현지인 오너(최종 의사결정권자)의 전권을 부여받았다고도 하는데 현지인 대표와 소통 통로를 갖지 않는 한 이들을 상대로 거래를 만들어 내야 하는 부담이 따른다. 필자도 중동의 국부펀드이자 사실상 정부 부처 역할을 하는 기관과 업무를 한 적이 있는데 중간급 실무진은 현지 아랍인, 그 위에 대외협력과 실무 총괄은 미국인, 비서실장과 대표는 현지인인 구조였다. 대개는 그 미국인이 대표를 대리해 웬만한 미팅과 결정을 주관하였고, 매우 확실한 용건이나 왕실 차원의 메시지가 있는 경우에만 대표가 전면에 나타나곤 했다.

같은 아랍 국적자 중 레바논은 아랍어, 영어, 프랑스어 등 다국어를 구사하여 활용도가 높아 서양인들 못지않게 관리직에 잘 기용되고 특히 레바논 인구의 30% 이상이 기독교인이라서 무슬림 아랍인들이 꺼리는 직종에도 인기가 높은 편이다. 아랍인은 아니라도 이란인(페르시아) 역시 정치적 긴장 관계에도 불구하고 노동시장에서는 인지도와 활용도가 높은 그룹이다. 소상공인이나 무역에 종사하거나 회계를 포함해 지식을 요구하는 업무에 종사하는 사람들이 많으며 특히 해외에서 받은 학력을 보유한 이란인의 경우 서양인 못지않은 대우도 받는다. 또한 이란인 중에서는 걸프 지역에 오래 거주해 이중국적을 가진 자가 많은데 그럴 경우 활용도는 더욱 높은 편이다. 다만 다른 걸프 국가에 비해 아무래도 적대관계인 사우디에서의 활동성은 떨어지는 편이다.

서비스 직종과 건설 현장 등 거친 육체노동은 대부분 필리핀, 방글라데시, 스리랑카, 최하층 인도인들의 몫이다(서남아2). 서비스 분야도 호텔, 식당, 소매점에 근무하는 직원들은 영어를 상당히 잘하며 운전기사로 일하는 직원들도 필요한 만큼의 영어를 할 줄 안다. 필리핀인들은 모든 서비스 분야에서 가장 압도적 다수인데 영어를 비교적 잘하고 가톨릭 국가인지라 종교적 부담이 없어 알코올을 다루거나 춤과 음악이 가미된 엔터테인먼트 분야에서 두드러진다. 필리핀인들 중에서도 하급 사

무직이나 가정부로 일하는 여성들의 비중도 적지 않은 편이다. 방글라
데시, 스리랑카 출신들은 운전사, 가정부, 보모 등으로 고용되는 경우가
많고 야외 육체노동자로도 투입된다. 그래도 육체노동은 인도인들이 압
도적으로 가장 많은데 거대한 국가답게 인도 오지(奧地)에서 정규교육
을 받지 못해 문맹자들이 많다.

●━━━━━━
중동의 한·일·중 사람들

한·일·중 동아시아 출신들도 그
안에 지위가 세분화된다. 일본이야 서
양에 버금가는 선두 그룹이긴 하나 서구만의 독자적인 정체성 그룹에
포함된다고 보기는 어렵다고 봄에 따라 준(準) 서양권에 포함하였다. 일
본인의 특성이지만 외국어 구사 능력 한계 등으로 외국 회사에 취업한
수는 적고 자국 회사에만 취업하는 경우가 많아 외국인 집단(expats)내
주도적 위치에 있다고 보기는 어렵다. 서양인들은 일본을 종종 '명예 서
양인(the honorary Westerners)'이라고 하는데 일본인들이 이런 표현을 듣
고 흐뭇해하는지 모르겠으나 듣기에 썩 좋은 표현은 아니다. 한국의 경
우 일본에 비해 중동 진출의 역사나 규모, 인지도 면에서 한참 밀려온
것이 사실이지만 지난 10여년 간 소비재를 중심으로 한 국내 대표 브랜
드들의 약진도 있었고 특히 한류의 폭발적인 인기로 말미암아 일본에
준하는 위상과 인지도를 얻은 것으로 보인다. 일본의 고품질 상품과 글
로벌 브랜드에 대한 신뢰도는 탁월하지만 최소한 대중문화에서는 이제
한국에 대한 호응도가 거의 일본을 추월한 것이 아닌가 한다.

중국은 상황이 복잡한 편이다. 대만, 홍콩 그리고 소수의 본토 출신
영어 능통자들은 한국, 일본과 대등하게 분류되지만 소상공인은 비슷
한 직역의 인도인 정도로 간주된다. 그래도 중국은 규모 자체가 워낙 크
다 보니 중동 대부분 국가 내에 차이나타운 개념의 단독 매장이나 구역

이 지정되어 있고 개인이야 하대를 당할 수 있어도 집단으로서의 중국인 집단의 위상은 갈수록 커지고 있다.

이상 한국인을 비롯해 외국인들이 가장 많이 진출하고 거주하는 걸프 지역을 중심으로 현지인과 외국인 사이의 서열적 관계, 외국인 집단 내 현실적으로 존재하는 서열구조를 살펴보았는데 이는 나라마다, 산업마다 조금씩 상황이 다를 수 있다. 그래도 중동 내 외국인 사회의 구조를 파악하는데 이러한 서열적 분석이 도움이 될 것이라 믿는다. 이런 서열적 구조화가 좋고 나쁘고의 문제가 아니라 우리와 인구 구조나 글로벌화 양상이 크게 다른 중동의 구조적 내막을 이해하는 데 도움이 되기를 바랄 뿐이다.

④ 변화하는 여성의 역할과 지위

중동 여성 문제의 모순과 선입견

작년 가을 이란에서 20대 초반 여대생이 공공장소에서 히잡을 부실하게 착용했다는 구실로 경찰에 끌려가 의문사하는 사건이 발생하였다. 흡사 1985년 우리의 박종철군 고문치사 사건을 연상시키는 이 사건을 기화로 전국으로 항의 시위가 들불처럼 번져 자그마치 530여 명이 경찰의 유혈진압으로 사망하는 초유의 사태가 벌어졌다. 여성들은 저항의 표시로 공공장소에서 히잡을 벗고 찍은 사진을 SNS에 올리는 시위를 벌이기도 했으며 반면에 이란 경찰은 강경 단속은 물론 히잡을 벗고 차를 운전하는 경우까지 첨단 카메라를 이용해 적발하여 벌금을 부과하겠다는 방침을 공표하고 실제 그러한 여성들에게 사진을 증거로 경고장을 보내고 있다고 한다.

이렇듯 히잡이 현대 이슬람 사회 여성에 대한 차별과 불평등의 상징이 되고 있는데 사실 히잡은 이슬람의 발명품도 아니요, 이슬람 세계 전역에서 반드시 쓰는 것도 아니다. 히잡을 수용하는 정도도 나라마다, 지역마다 차이가 많고, 문화적으로 히잡을 여성의 자유를 억제하는 기제로서 받아들이는가의 정도도 나라마다 차이가 있다. 여태까지 히잡을 법으로 강제하는 나라는 수니파 종주국인 사우디, 시아파 종주국이자 이슬람 혁명 국가 이란, 독특한 부족주의적 원리주의에 기반한 탈레반이 집권한 아프가니스탄 세 나라 정도였다. 그나마 사우디가 최근 대대적인 개혁개방 모드 속에서 무함마드 빈살만 왕세자의 '사우디 비전 2030'의 일환으로 복장 의무규정을 폐지함에 따라 현재 정상적인 국가로 인정받지 못하고 있는 탈레반 정권을 제외하고 법으로 강제하고 있는 나라는 이란뿐인 상황이다.

히잡에 대한 반대론과 옹호론 간의 논쟁이 서구와 비서구 간의 문화충돌, 이슬람교 원리주의 해석의 정당성, 이슬람 페미니즘 등 복잡하고 다양한 차원에서 벌어지고 있지만, 비즈니스적 관점에서 중동을 대하는 입장에서는 이념적 분석보다는 현장에서 실제 경험이 가능한 현상에 초점을 두고 여성 문제를 접근하는 것이 바람직하다고 본다. 그렇다면 우리의 관심사는 중동 여성들이 얼마나 경제활동에 참여하고 있는지, 히잡을 포함하여 남녀 차별 문화에 대해 중동 여성들이 얼마나 수용 또는 저항하는지, 외국인으로서 현지 여성을 대하는 사회적 코드(code)를 분별하는 것이 보다 더 중요하다고 본다.

중동에는 확실히 남녀 간의 차별, 서열, 구분이 존재한다. 현지에서는 이것을 실감하고 인정하는데 많은 분석과 고민이 필요 없을 정도이다. 외국인 여성을 제외하고 관공서에나 가야 직업을 가진 현지 중동 여성을 만날 가능성이 있다. 여성의 위치는 여전히 가정이 압도적이고 현지 여성을 볼 수 있는 곳은 가족과 함께 온 식당이나 쇼핑몰에서 여성들끼리 또는 남편과 같이 쇼핑을 하는 모습들이 일반적이다. 중동의 가족 개념에서 남자는 생계를, 여성은 가정을 책임지는 전근대적 역할 구분은 여전히 견고한데 그렇다고 외부에서 짐작하는 것처럼 여성의 권한이 적다고 생각하는 것도 오산이다. 사회적 참여도와 현실적 역할이 작다고 하는 것은 다르다. 세상은 남자가 움직이고 남자는 여자가 움직인다는 다소 진부한 얘기를 소환하지 않더라도 중동을 경험한 사람들은 현지 여성의 역할이 결코 작지 않다는데 동의할 것이다. 가족과 부족(tribe)을 중심으로 사고와 행동이 크게 제약받는 중동의 생활환경에서 여성의 역할은 외부인의 눈에 드러나는 것만을 기준으로 판단해서는 곤란하다.

중동의 양성평등지수는 왜 바닥을 쳤을까

그럼에도 불구하고 전통적인 남녀의 역할 차는 여성의 사회 참여의 격차로 여실히 드러난다. 세계경제포럼(WEF)이 해마다 조사하는 성 격차보고서(Gender Gap Report)는 중동 지역의 양성평등지수가 전 세계 8개 지역 중 인도 등 남아시아와 더불어 최하위권이라고 발표했다. 예상할 만한 일이다. 남녀 격차를 사회적 참여의 격차로 단순화시켜 보면 중동국가들은 확실히 하위권에 머무를만한 요소를 두루 갖추고 있다. 전문가들은 그 원인을 대략 3가지로 제시하는데 ▲ 사회문화적 요인(가부장제도, 명예중시) ▲ 제도적 제한 ▲ 중동경제의 특수성(석유중심)을 배경으로 지적한다.

〈그림 20〉 세계경제포럼이 발간하는 성 격차보고서 (Global Gender Gap Report)

　먼저, 가장 큰 원인은 역시 사회문화적 요인이다. 이슬람의 영향이든 아랍 부족주의의 영향이든 가부장제의 전통과 남성 중심의 권위주의 질서가 여전히 유지되면서 여성의 사회적 역할이 제한되어 왔다. 남녀의 성역할이 뚜렷이 구분되면서 여성의 생활공간이 제약되고 사적(가정적) 영역으로 활동이 축소된다. 심지어 외출도 자유롭지 못하다. 자기 부족의 여성이 바깥으로 나돌면 다른 부족의 위협(위험)을 살 수 있으므로 차단해야 한다는 사막 유목민 문화에서 비롯된 부족주의 전통도 한몫을 한다. 부족주의 문화는 가부장제의 정점이다. 이러한 풍습과 문화는 중동 사회 전반에 깊숙이 자리잡고 있으며 여전히 많은 국가들의 문화와 가치에 영향을 미치고 있다.

　사회적 명예를 중시하는 문화도 여성의 활동을 억제하는 역할을 하였다. 중동 여성의 명예는 여성성(순결)을 지키는 것으로서 여성의 외부 활동은 여성의 명예 실추 가능성을 높이는 것으로 간주되고 이를 억제(보호)하기 위한 문화와 관습을 발전시켰다. 외출시 신체를 가리는 히잡이나 남성 동반자를 반드시 동행하게 하는 것, 가족 외 남성과는 일체 신체 접촉을 금지하는 풍습들이 그런 것이다. 한마디로 가정을 벗어난 외부활동(공적 영역)은 여성의 명예를 실추시킬 가능성을 높이고 이는 가족과 부족 전체의 명예에 손상을 주는 것이므로 가능한 한 제한해야 마땅한 것이라고 보는 것이다. 간통이나 혼전 남녀관계를 가진 여성을 가족, 부족, 공동체의 명예를 더럽혔다는 명분으로 살해하는 행위를 '명예살인(honor killing)'이라고 부르는 이유도 이 때문이다. 단, 명예살인은 중동과 이슬람에만 한정되는 것은 아니며 아시아의 타종교 문화권에서도 발생하고 있는 부족사회적 관습이라는 점에 대해 오해가 없어야 한다. 유엔은 해마다 전 세계적으로 약 5천 명 이상의 여성이 명예살인으로 희생되고 있다고 추정하고 있다.

둘째, 중동 일부 국가는 아예 관습을 넘어서서 법과 제도를 통해 여성의 활동을 제한하고 있다. 취업, 이동(여권, 운전), 거주지 선택을 여성이 독자적으로 결정하지 못한다. 마흐람(Mahram)이라는 악명 높은 남성 후견인 제도가 있는데 여성 혼자 거주지 선택이나 이동을 못하고 마흐람의 허락을 받아야 한다. 마흐람은 아버지, 남편 심지어 남편이 없으면 아들이 하는데 국제사회는 마흐람 제도를 여권 신장에 가장 큰 장애 요인 중 하나로 지적한다. 사우디가 마흐람을 유지하는 대표적인 국가였는데, 몇 년 전 전격 폐지되었으나 이를 유지하는 중동국가는 아직도 절반을 넘는다. 마흐람은 히잡과 더불어 중동 여성의 낮은 인권을 상징하는 단골 소재인데 성문법이 아니라 관습법 형태로 작동하고 더더욱 폐지가 어려운 측면이 있다.

셋째, 석유 경제라는 중동 경제의 특수성도 여성의 사회참여를 저조하게 만든 원인이다. 전통적인 제조나 서비스업에 비해 석유산업 자체가 여성 인력의 수요가 거의 없는 분야이다. 또한 막대한 오일머니로 남

Part_ 3 중동의 문화

자들이 종사하는 정부기관이나 석유 관련 산업 분야의 임금이 크게 오르면서 여성이 굳이 밖에서 일을 해야 할 유인이 희박해졌다. 그러므로 산유국 여성의 사회 참여가 위축되었으며 반대로 석유산업의 비중이 적고 국가재정이 여유롭지 못한 국가들(레반트, 마그레브 등)의 경우 남녀 성평등 지수가 산유국보다 상대적으로 높고 정부가 가정에 지원할 보조금이 적다 보니 여성의 경제활동 참여가 늘어나게 된 것이다. 유사한 논리로 석유 자원이 많은 나라일수록 여성의 참정권(투표) 부여도 늦어지는 경향이 발견되었는데 걸프 산유국들이 2000년대 이후에나 이뤄진 반면에 레바논, 이집트, 튀니지, 모로코, 알제리 등 석유자원이 작거나 거의 없는 국가들의 경우 여성 참정권 부여는 대부분 1950년대 ~1970년대 사이에 이루어졌다.

〈그림 21〉 춤과 노래가 금지된 사우디에서 사상 최초로 히잡을 벗고 2017년 12월 사우디에서 단독 콘서트를 개최한 레바논 여가수 히바 타와지(Hiba Tawaji)

그러나 이러한 여성의 사회진출을 억제하는 관습적, 제도적 상황도 변화의 길목에 와있다. 영원히 안 바뀔 것 같은 중동의 성역할에도 변화의 바람이 불고 있다. 여성들의 스포츠를 허용하고 운동경기나 영화 관람을 허용하며 앞에서도 언급한 것처럼 히잡이나 온몸을 가리는 검은색 전통 복장인 아바야(abaya) 착용과 같은 복장 규정도 없애고 있다. 물론 사회적 관습이 여전하므로 완전한 복장 자율화까지는 시간이 걸리겠지만 더 이상 무타와(Muttawa)라는 도덕경찰이 복장을 단속할 수 없게 되자 도덕경찰 자체가 공공장소에서 크게 사라지게 되었고 느슨하게 히잡을 쓰거나 맨머리를 드러낸 현지 여성들이 자주 보이고, 특히 방문객이나 외국인 여성들에게도 강요하던 복장 규정이 없어지면서 사우디를 방문하는 외국인의 탄성을 자아내고 있다고 한다. 중동 사정에 밝은 필자의 지인인 우리나라 여성 기업가는 최근 리야드 출장을 다녀와 본인의 소감을 전했는데 몇 년 만에 방문한 사우디의 분위기가 믿기지 않을 정도로 급변하였다고 하면서 현지 여성들이 외국인에게 먼저 다가와 말을 걸고 여성 운전자들이 도로에 넘쳐나면서 남성 운전자를 기다리며 쇼핑몰 앞에서 여성들이 우루루 모여 있던 사우디 특유의 광경이 사라졌다는 것이다. 사우디는 이제 정부 차원에서 여성의 경제활동 참여도 적극 장려하고 있으며 취업을 한 여성들 대부분의 복장도 과거에 비해 훨씬 자유로워졌다고 한다.

영원히 견고할 것 같은 여성의 사회활동에 대한 중동내 보수성이 변화의 압력에 직면한 것은 중동의 존립 기반인 석유 경제의 미래에 대한 불안감에서 시작되었다. 앞 장에서 언급한 탈석유 경제와 산업 다변화라는 산유국들의 국가 비전과 시대적 소명 앞에서 여성을 더 이상 경제활동의 예비인력으로 남겨둘 여력이 없게 된 것이다. 가장 보수적인 사우디가 그렇게 전격적으로 개혁의 길을 택한 만큼 중동 전체적으로 변화의 바람은 대세이다. 외국인 노동력을 자국민으로 대체하고 청년실업률을 낮추어 고용의 판도를 바꾸려는 목표를 서둘러 추진해야 되는 상황에서 여성의 경제활동 참여 확대를 더 이상 미룰 수 없다는 계산에서 변화의 원동력이 마련되었다고 보는 것이 타당할 것이다.

그럼에도 불구하고 중동에서 남녀 성역할과 여성의 권리 문제를 남녀평등이라는 보편성의 원칙에만 중심을 두고 개혁의 대상으로만 접근하는 태도는 중동이라는 사회의 다양성과 여성의 가치를 대하는 상대성을 지나치게 폄하할 가능성도 있다는 점을 염두에 두면 좋겠다. 중동에서 여성의 인권과 가치가 서구의 그것과 같지 않다고 하여 중동 여성의 사회적 역할이 생각만큼 낮다고만 볼 수는 없다고 본다. 일부 극단적인 나라들의 경우를 제외하고 중동 사람들의 일상에 여성인권이 문제화되어 사회적 어젠다가 되는 일은 생각보다 매우 드물다. 밖에서 보는 것과 안에서 보는 것에는 차이가 있다. 정도의 차이는 있겠지만 극단적인 경우를 제외하고 바깥에서 보는 것과 안에는 온도 차가 있다. 여기는 여기 나름의 질서와 문제 해결 방식이 있다. 중동 여성의 인권 문제 역시 무조건 바꾸어야만 한다는 태도로 접근하는 것은 이들의 심기를 크게 거스를 수 있고 비즈니스에도 마이너스로 작용할 수 있다는 점을 명심하자.

중동 '사람' 알기

① 반드시 알아야 할 중동의 터부

중동 일상에서 알아야
할 터부 기초상식

중동은 우리보다 글로벌화의 세부적인 수준에서 앞서 있는 부분이 많다고 할 정도로 세계와의 접점이 많은 곳이지만 이슬람과 아랍 민족의 특성에서 비롯되는 금기(taboos)도 많다고 할 수 있으며 외부인의 입장에서 당혹감을 가지게 할 수 있다. 사회적 금기가 많고 대놓고 드러나지 않지만 꼭 미리 알고 삼가해야 할 사회적 코드(code)도 넘쳐 난다. 이러한 금기들을 의식하지 않으면 자신이 무엇을 어겼는지조차 모른 채 출장에서 돌아오거나 현지에서 계속 지낼 수 있는데, 이는 중동 아랍 사람들이 불쾌감이나 불만을 쉽게 내색하지 않기도 하거니와 외국인에 대한 관대한 마음에서 그냥 넘어가는 경우가 많기 때문이다. 그러나 이러한 실수가 반복된다면 결국 신뢰 구축과 거래 성사에 실패할 가능성이 높아질 것이다. 중동에서의 사회적 금기사항을 이슬람에 기반한 일상적인 금기와 비즈니스 거래에서 주의해야 할 대화적 금기로 구분하여 살펴본다. 일상적 터부들에는 다음과 같은 것들이 있다.

<그림 22> 중동에서의 금기는 대부분 이슬람과 관계된 것들이다.

일상에서 겪는 금기들은 대부분 이슬람 문화의 영향에 의한 것들이다. 중동에는 우리의 상식선보다 훨씬 신앙심이 강한 무슬림들이 많으므로 각별한 주의를 요하며 법적인 제재와 연결된 것도 많다.

돼지고기

무슬림은 돼지고기를 일절 먹지 않는다. 유대인도 마찬가지이다. 술과 달리 외국인 전용 면세점을 제외하고 거의 구경하기가 힘들다. 단, 두바이, 바레인, 이집트 등은 비교적 자유롭게 식당에서 먹을 수 있다. 술과 달리 예외 없이 돼지고기는 무슬림들 전체가 먹지 않는다.

술(알콜)

일반 식당은 금지이고 외국인은 허가된 곳(주로 호텔)에서만 가능하며 무슬림을 동반할 때 마셔서는 안 된다. 공항 반입도 안 된다. 한국인들에겐 가장 고통스러운 금기이다.

왼손 사용

깨끗한 것(음식, 명함, 선물 등)을 주거나 받을 때 왼손은 사용 금지이다. 왼손은 전통적으로 더러운 것(화장실, 신발 등)을 만질 때만 쓰는 것으로 인식한다.

발바닥 보이기

발이나 신발의 바닥을 보이는 행위는 금지된다. 신발 바닥은 더러운 것으로 인식되며 왼손을 쓰는 것보다 더 혐오한다. 부시 미국 대통령의 2008년 이라크 방문 당시 이라크 기자가 자기 신발을 던졌는데 모욕을 주기 위해 미리 준비한 것이다.

집안에서 신발 벗기

원래는 벗어야 하나 외국인이 방문하는 현지인의 대형 빌라 등에서는 신기도 한다.

포르노 금지

일절 금지하며 포르노의 기준도 적절한 의상을 걸치지 않은 여성이 나오는 것 자체를 포르노로 분류할 정도로 훨씬 강하다. 레바논, 두바이, 모로코, 튀니지 등에서는 TV나 영화에서 레깅스나 맨살이 드러나는 여성의 이미지 노출을 꽤 용인하는 편이나 대부분의 중동 국가에서는 그렇지 않다. 공항에서 단속도 철저하다.

도박

심지어 복권도 금지된다. 카드게임도 도박으로 본다. 반면 경마와 낙타경주는 성행하는데 동물을 이용한 경쟁은 예외로 한다는 이슬람 율법을 들어 허용한다.

마약

중동에서 마약은 적발되면 엄벌에 처한다. 심지어 처방 없이 구입할 수 있는 약들도 공항에서 다량이 적발되면 압수되는 경우가 많으며 국제우편으로 주문하는 약들도 세관에서 압수당하는 경우가 많다. 종종 노동자층 외국인들 사이에 마약 성분이 가미된 싸구려 허브 마약이 유행하기도 한다.

욕하기

아랍어도 욕이 없진 않지만 일반적으로 욕 사용은 엄격히 금지되며 특히 비즈니스 상에서는 더욱 그렇다. 설령 머리끝까지 화가 나는 경우에도 욕은 삼가하자.

강아지

이슬람 전통은 개를 환영하지 않는다. 고양이는 상대적으로 용인된다. 일반적으로 애완견을 기르는 환경 자체가 호의적이지 않다. 그래도 외국인 인구가 많은 곳은 슈퍼에 애완견 코너가 있는 경우도 있다.

사진 촬영

기본적으로 사진은 환영받지 않는데 이슬람은 살아있는 생명을 찍는 것을 선호하지 않는다. 사우디에서 특히 더 그렇고 사막, 바다 등 자연 사진은 예외이다. 비즈니스 상 사진을 찍을 때도 여성이 있으면 반드시 사전에 의향을 물어야 한다. 관공서나 공항 등 보안과 관련된 시설 사진도 금지된다.

애정행위

부부사이라 하더라도 남녀간 공공장소에서 키스, 포옹 등 애정행위는 금기시된다. 이를 무시하고 외국인 관광객들이 하다가 봉변을 당하는 경우가 종종 있다.

남의 여자 안부 묻기

현지인 아내나 딸 등 무슬림 가족 여성의 안부를 묻는 것은 바람직하지 않다. 서로 아주 친해서 무슬림 친구가 먼저 말하는 경우는 예외이다.

비혼간 성적행위

비혼 남녀(외국인 포함)간 성행위가 있거나 의심되는 경우 현지 경찰에 신고하여 처벌받는 경우가 종종 있다. 외국인 간에는 사실상 관대한 편이지만 남녀 둘만이 문 닫힌 실내 공간에 있는 것 자체만으로 의심을 산다. 외국인 전용 노래방에서 남녀 둘이 문을 닫고 있는 것도 주의를 요한다.

무슬림 여자 접촉

현지 무슬림 여성의 신체를 만지는 행위(여성이 먼저 내미는 악수 제외)나 뚫어지게 바라보는 행위는 금물이다. 과거보다 약화되었으나 외국인이 현지 여성을 오래 쳐다볼 경우 여성의 신고로 경찰이 출동할 수 있다.

동성애

동성애를 하거나 그렇게 오해받는 행동은 위험하다. 현지인의 신고로 경찰이 바로 출동할 수 있다. 반대로 현지인 간의 동성애적 코드로 읽히는 행위는 종종 목격할 수 있다.

남자 보석 금지

부를 과시하는 금, 실크, 다이아몬드 등의 착용은 여자만 허용하고 남자는 금지된다. 단 외국인들은 자유롭게 착용해도 괜찮은데 비무슬림으로 간주하기 때문이다. 그럼에도 부유한 남성들이 부를 과시할 방법은 매우 많다(자동차, 명품 시계와 구두, 보석 박힌 만년필, 커스텀 메이드 핸드폰 등).

모스크 방문

외국인(비무슬림)의 모스크 출입은 금지되며 관광을 목적으로 일부 대형 모스크를 개방하는 것은 예외이다.

성지순례

외국인(비무슬림)의 사우디의 두 성지(메카, 메디나) 방문은 금지된다.

소셜미디어 주의

페이스북, 트위터 등에 이슬람이나 특정 국가를 비판할 경우 처벌받을 수 있다. 소셜미디어는 사적 영역이 아니라 공적 영역으로 간주된다. 많은 외국인들이 반정부, 반이슬람적인 포스팅으로 구금, 추방당하는 봉변을 종종 당한다.

다음, 정치적, 사회적 금기가 있는데 주로 현지 무슬림과의 대화 시의 주의 사항이라고 할 수 있다. 이런 금기를 피하면서 자연스러운 대화가 가능하도록 잡담(small talk) 주제 몇 가지를 평소 갖고 있다면 유리하다. 중동 사람들은 보통 처음 만나면 '이곳이 맘에 드느냐?'로 시작해 자연스럽게 대화를 하는데 능한데 남자들이 술도 없이 오랜 시간 차나 커피, 군것질을 하며 대화를 하는 것을 보면 신기하기도 하다.

스포츠 주제는 만국 공통이다. 공통적으로 좋아하는 스포츠가 있으면 자국 리그를 팔로우업 한다든지 해서 만날 때마다 써먹으면 유용하다. 한국 교민이나 지상사 주재원들은 골프를 즐겨 하지만 중동 사람들에게 골프는 문화적으로 먼 운동이며 골프장이 갈수록 늘어나지만 외국인을 위한 시설일 뿐이다. 축구는 모두 좋아하는데 사우디 리그가 호나우도나 네이마르 같은 스타를 영입한 것과 같이 관심도가 매우 높다. 외국인 인구 중 최대를 자랑하는 인도인들이 가장 사랑하는 운동은 크리켓이다. 공원 같은 넓은 공터에는 주말마다 인도나 파키스탄 인들의 크리켓 경기 모습을 볼 수 있고 TV에서도 자주 경기를 중계한다. 참고로 사우디, UAE, 카타르 등에서는 매사냥(falcon)에 열광한다. 사육용 매를 기르는 일은 돈 많은 호사가나 가능한 일인데 부의 과시의 방편으로도 쓰인다.

만약 이슬람 문화에 관해 묻거나 주제로 다루고 싶다면 단순한 구색 맞추기나 조금이라도 조롱으로 오해할만한 소지를 주지 말고 진정성을 갖고 해야 한다. 무슬림들은 진정성 여부를 금방 알아차린다. 특히나 아래의 주제들은 가급적 피하는 것이 바람직하다.

- ▲ 이슬람에 비판적인 얘기 – 정말 화를 자초한다.
- ▲ 자신이 무종교임을 밝히는 얘기 – 짐승 취급 당할 수 있다.
- ▲ 왕실이나 정부에 비판적인 얘기 – 추방당할 수 있다.
- ▲ 특정 무슬림 여성에 관해 묻는 것 – 매우 실례이다.
- ▲ 이스라엘-팔레스타인 이슈 – 설령 팔레스타인에 우호적인 얘기도 잘못하면 안하느니만 못할 수 있다. 이스라엘과 미국에 대한 무슬림들의 속감정은 깊고 어둡다.

▲ 특정 중동 국가 내부 분쟁 이슈 – 어찌 됐든 같은 중동으로서 자존심 상하는 얘기다.

▲ 중동과 테러리즘을 연계시키는 얘기 – 무조건 손해다. 중동 사람들은 기분 나빠한다.

다음은 자세와 태도의 금기이다. 아래의 마음 자세나 태도를 갖고 접근할 경우 중동인들의 자존심의 손상과 불편함을 넘어 적대감까지 생기게 할 수 있다.

잘난 척하는 태도

외국인인 자신이 중동 무슬림보다 우월하니까 한 수 지도하겠다고 하는 태도로서 중동인들이 내색은 잘 안하나 매우 불쾌하게 생각한다. 아시아인들은 덜 해당되는 부분이나 중동에 처음오는 서구인(특히 미국)에게 자주 주의가 요구되는 대목이다. 중동인들 중에는 서구 기업인에 대해 필요해서 불러서 일하지만 초청받은 주제에 거꾸로 갑질을 해대서 불쾌하다고 말하는 사람들이 많다. 일은 우리가 주고 돈받아 가는데 왜 이래라 저래라 하냐는 것이다. 우리가 접하는 중동 파트너들은 외국 유학이나 해외 체류 경험이 우리보다 많고 영어도 유창한 사람들이 많아 '이 정도는 모르겠지' 하고 만만히 접근했다가는 낭패를 본다는 점을 명심하자.

트럼프 칭찬

한국 사람이야 확률은 낮지만 트럼프 칭찬으로 해석될 수 있는 얘기는 안 하는 것이 좋다. 오바마도 인기가 높지는 않았지만 트럼프 시절의 예루살렘 수도 이전 정책이라든지 중동을 무시하는 듯한 특유의 '미국 제일주의(American patriotism)'는 중동 사람들이 무척 싫어하는 대화 메뉴이다.

인권 이슈

개인주의, 다양성, 표현의 자유 등 중동이 뒤처지는 분야로 오르내리는 인권 이슈를 쉽게 입에 올리는 행위는 불쾌감을 넘어 자신들의 국익을 해치는 이적행위로 처벌까지 받을 수 있다. 소셜미디어에 비판적 포스팅을 하는 경우도 포함된다.

지나치게 무지하거나 겁먹는 태도

확률은 낮지만 중동과 거래한다면서 지나치게 중동에 관해 무지하거나(예: 두바이가 사우디의 도시라고?), 중동인을 무서워하거나 몹시 불편해하는 태도에 해당된다. 중동 사람들은 자존심상 내색은 쉽게 안 해도 외부인들의 중동에 대한 의심과 공포심을 가질 경우 역시 같은 정도로 불쾌해 한다. 의식적으로라도 긴장을 풀고 여유있게 중동인들의 호의를 수용하면서 편안하게 대하는 자세가 필요하다.

선교하려는 태도

개인적 신앙의 자유는 존중하나 중동에서 비즈니스도 하고 선교도 하겠다는 태도는 매우 위험하다. 거래를 망침은 물론 본인과 주변인의 안전도 위협할 수 있다. 보통은 기독교 발생지인 서양인들에게 주의사항으로 강조되는 내용이지만 아시아권에서는 한국이 유일하게 해당되지 않을까 한다. 2007년 아프간 샘물교회 사망 사건 이후 유사한 대형 사건이 터지지 않은 것은 아마 그 사건이 남긴 너무 처참하고 강렬한 학습 효과의 영향이 아닌가 한다. 필자가 처음 중동에 근무하던 2007년 7월 샘물교회 사건이 터졌던 당시 아프간에 급파된 알자지라 방송 특파원이 했던 멘트가 아직도 잊혀지지 않는다 "먼 동양의 한국에서 선교단을 보냈다. 한국이 기독교 국가인지 몰랐다. 한국이 중동도 이슬람도 잘 모를텐데 어떻게 인질문제를 풀지 걱정된다"

② 지수(Index)로 알아보는 중동인들의 행복도

중동인들의 행복도는 세계
적으로 어떤 위치일까?

중동 사람들은 얼마나 행복한가?
행복이란 삶에 대한 만족감인데 이
런 주관적인 감정을 지표로 계량화
하는 것은 쉽지 않은 일이다. GDP와 같이 직관적으로 이해하기도 쉽고
비교하기도 편한 경제적 지표보다 삶에 대한 총체적인 만족감을 나타
내는 '행복(happiness)'이 삶의 질을 더 정확히 나타내는 지표일 수 있다
는 주장이 2010년대부터 등장하였다. 이 중 대표적인 것으로 유엔의 산
하기관(UN SDSN)이 2012년부터 발표한 세계행복지수(World Happiness
Index)가 있는데 이는 각국의 시민들이 주관적으로 인식하는 삶의 질
과 행복감을 측정하여 행복도를 비교 측정하는 도구이다.

매년 발표될 때마다 세계 언론들이 일제히 보도하고 있는데 이 지표
는 행복감이라는 것이 주관적이라는 가정 하에 모호하고(vague) 소프트
한 개념이라는 편견에 머물러 있을 필요가 없다고 보고, 삶의 조건에 결
정적 영향을 주는 요소들, 즉 물질적 환경, 정신적, 육체적 건강, 가치관,
시민성 등을 분별해 내서 측정하고 값을 매긴 것이다.

그리고 이러한 요소들을 측정 가능하도록 6개의 하부지표를 지정
하여 지표마다 점수를 매기는데(1점~10점) ▲ 경제(1인당 GDP) ▲ 사회적
지원(복지 및 타인과의 유대) ▲ 건강(건강 기대수명) ▲ 자유(자기 뜻대로 선택
할 자유) ▲ 관용(기부, 이타적 행동) ▲ 부패 인식(정부, 기업에 대한 신뢰) 등이
며 최근에는 '디스토피아(Dystopia)'란 측정 항목이 추가되는데 자신이
속한 국가가 가상적인 '최악의 국가(디스토피아)'와 얼마나 차이가 난다
고 느끼는지를 측정한다. 즉 디스토피아 지표가 클수록 반대로 살기 좋

은 곳이라고 인식한다는 개념이다. 한 때 한국 젊은 층 사이에 유행하던 '헬(조선)'의 개념과 유사하게 들릴 수 있는데, 한국식 '헬'의 개념은 최빈국식 디스토피아라기보다는 기회의 불평등이나 사회적 박탈감과 가까운 뜻일 것이다.

전 세계 8개 지역 137개국을 설문조사(2023년 발표)한 이 지수에서 중동 지역 국가들은 어느 위치에 있고 중동 내에선 어떤 나라들이 행복지수가 높고 낮으며 그 차이의 원인은 무엇인지, 또 다른 대륙과는 어떤 차이를 보이는지 살펴보자. 또 우리나라와는 어떤 차이점이 있는지도 비교해 보자.

우선 상위권을 점하고 있는 국가들은 압도적으로 유럽 국가들이 많다. 1위 핀란드를 비롯해 노르딕 국가들이 최상위권을 휩쓸고 상위 10개국 중에서 8개국이 유럽 국가라고 한다. 유럽에서 5년을 살아본 필자의 입장에서, 유럽 안에도 지역에 따라 순위에 편차가 있긴 하지만, 유럽이 이렇게 압도적으로 행복감이 높을 만한 지역이던가 하는 의문이 들기도 한다. 각종 국제기구나 싱크탱크, 컨설팅회사 등이 발표하는 다양한 지표들을 보면 약속이라도 한 듯이 유럽과 북미가 상위를 독점하는데 애초에 서구적 편견(bias)이 개입된 지표를 설계하는지 측정에 오류가 있는지 의심이 들 때가 있을 정도이다. 그럼에도 행복에 관해선 현재 별다른 대안적 지표가 없는 상황이고 이 행복지수(World Happiness Index)가 정확하지 않고 편견이 개입되어 있다고 하는 '정신승리'를 뒷받침할 만한 근거가 뚜렷하지 않으므로 이를 인용하기로 한다. 한국의 순위(57위)에도 다소 섭섭한 면이 없지 않지만 기존의 통념에 비추어 일부 예외를 제외하고는 순위 분포에 문제를 제기할 정도는 아니라고 보기 때문이다.

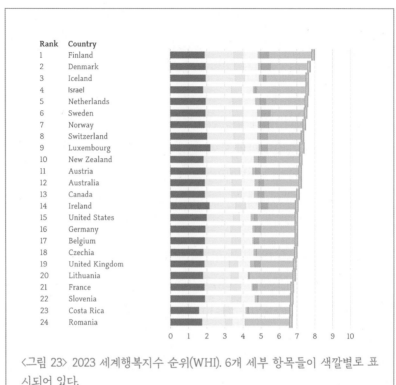

Rank	Country
1	Finland
2	Denmark
3	Iceland
4	Israel
5	Netherlands
6	Sweden
7	Norway
8	Switzerland
9	Luxembourg
10	New Zealand
11	Austria
12	Australia
13	Canada
14	Ireland
15	United States
16	Germany
17	Belgium
18	Czechia
19	United Kingdom
20	Lithuania
21	France
22	Slovenia
23	Costa Rica
24	Romania

〈그림 23〉 2023 세계행복지수 순위(WHI). 6개 세부 항목들이 색깔별로 표시되어 있다.

상위 30개국을 보면 비유럽 국가로는 북미(2개: 캐나다, 미국), 아시아 (2개: 싱가포르, 대만), 중남미(2개: 코스타리카, 우루과이), 중동(3개: 이스라엘, UAE, 사우디)뿐이며 30위 바로 밑에도 여전히 남유럽, 동유럽 국가들이 이어지는데 중동 국가로는 바레인이 간신히 42위에 등장한다. 중동에 있지만 중동이라고 보기 힘든 이스라엘을 빼면 순수 중동은 UAE, 사우디, 바레인 정도가 비교적 상위권에 든다고 할 수 있고, 쿠웨이트 정도가 50위권에, 나머지는 한참 하위권에 속하며 중동에서 가장 서구화된 나라로 평가받는 레바논조차 서남아시아 탈레반 치하의 아프가니스탄과 더불어 최하위에 랭크되었다.

그렇다면 이 지수는 행복을 반영하는 제대로 된 지수라고 볼 수 있을까? 이 지수를 만든 경제학자들은 사람의 행복감이 당연히 경제적 부에 가장 크게 의존한다는 통념과 달리 사회적 연대감이나 좋은 정부를 갖는 것도 중요하며 이러한 요소들이 다 합쳐져서 행복감을 이룬다고 주장한다. 즉 개인과 국가의 GDP가 늘어도 행복감은 떨어질 수 있다고 하는데 한 예로 미국은 전해에 비해 1조 달러나 GDP가 늘었지만 행복순위는 4단계 하락했고 반대로 GDP는 줄어도 전체적인 행복감은 상승한 경우도 있다는 것이다. 오히려 사회적 결속력이나 자유, 이타적 분위기(관용), 정부에 대한 신뢰가 행복의 더 중요한 요소라고 지적한다. 즉 남에게 의지할 수 있고, 가진 것의 일부를 남을 위해 봉사하며, 정부를 신뢰하는 공동체 속에 사는 사람들이 건강하다는 것이다.

　　한마디로 상위권을 점한 노르딕 국가들의 특성을 고스란히 반영한다고 볼 수 있는데 반대로 노르딕 국가들의 특성과 거리가 멀면 멀수록 행복지수는 낮게 나온다는 말로도 해석된다. 한눈에 봐도 우리가 아는 중동국가들의 모습과는 거리가 먼 모습들이다. 한국과도 아직은 차이가 있어 보인다.

표 12　중동 주요국 행복지수 순위

국가	2023 전체순위	2019 순위	2017
UAE	26	23	22
사우디	30	30	38
바레인	42	39	42
카타르	-	31	37
쿠웨이트	-	53	41

이라크	98	128	110
이란	101	119	109
튀니지	110	126	104
이집트	121	138	105
요르단	123	102	76
레바논	136	93	90

세계행복지수(WHI) 상의 중동국가들의 순위배열은 그간 급격한 변동 없이 비교적 일정한 분포를 보여 왔다. 비교적 상위권에 UAE, 사우디, 바레인, 카타르 등이, 나머지 거의 대부분이 최하위권에 배치되는 패턴이다. 지역적으로는 걸프 지역과 비걸프 지역, 경제로는 산유국과 비산유국으로 나뉘는 셈이다. 최소한 중동만을 놓고 본다면 다른 무엇보다 경제력(GDP)이 행복의 순위를 결정한 것과 마찬가지라고 볼 수 있다.

사실 행복지수 안에 이미 포함은 되어 있지만 많은 경제학자들은 여전히 GDP와 경제성장이 인간의 행복감을 좌우하는 결정적 요인이라고 주장하고 있다. WHI 지수를 개발한 사람들의 취지와는 다른 얘기이지만 현실적으로 반박하기 어려운 주장이다. 불황이 닥쳐 1인당 소득이 줄어 일자리를 잃은 사람들이 많아지는 상황 속에서 행복감이 어떻게 늘어날 수 있겠는가. 결국 경제성장이 되어야 북구 국가들처럼 무상교육과 무상의료가 이뤄지고 그래야 건강수명과 삶에 대한 선택권(자유)이 늘어나는 것이라고 할 수 있다. 따지고 보면 다양한 사회적 변수들을 등장시키기는 했지만 행복지수(WHI)의 순위 역시 크게 보면 경제력의 순위와 별단 다를 것이 없다. 다만 경제력이 비슷한 국가들 사이에서 국민들의 행복감을 구성하는 요소들 간에 어떤 차이가 있는지를 아는 데는 분명 도움이 된다. 하지만 이 행복지수 역시 여전히 경제성장이 행복의 필수요소라는 전통적 지식과 결을 달리하는 것은 아니라고 할 수 있다.

중동내 국가간 경제성장과 행복감 간의 뚜렷한 비례관계는 사실 놀라울 것도 아니다. 소득이 높아질수록 행복지수가 높아지는 모습은 사실상 보편적 현상 아닌가. '돈이 다가 아니다'라는 명제는 맞을지는 몰라도 일단 풍족한 다음에 고민해 볼 수 있는 문제이기 때문이다. 절대적 결핍과 박탈을 겪고 있는 저소득층일수록 삶의 만족감과 행복감, 미래 안정성이 중산층보다 크게 떨어진다는 것은 직관적으로 알 수 있는 것 아닌가. 앞의 <표-12> 상의 하위권에 있는 중동 국가들도 경제성장의 탄력을 받게 되면 행복 순위도 올라갈 것이다. 사우디, UAE 등의 상위권 국가들은 경제력뿐 아니라 사회적 연대(social support)와 관용(generosity) 부분에서도 이집트, 이라크, 튀니지 등 하위권 국가들보다 월등히 좋은 점수를 보였고 당연히 자유권(freedom to make life choices)에서도 앞섰다. 경제적 여유가 있어야 삶의 선택지가 넓어질 것이다. 정치적 자유를 포함해서 말이다.

이슬람적 가치가 중동인들의 행복감에 미치는 영향

그럼 이슬람적 가치가 중동인들의 행복감에 미치는 영향은 없을까? 중동은 이슬람이 삶의 가치와 행동의 준거인데 그토록 5행과 6신을 일상에서 실천하는 사람들이라면 그렇지 않은 사람들보다 정신적 행복감이 더 충만할 것이라고 추정하는 것이 억지스럽지 않다고 본다. 그런데 정말 그럴까? 안타깝게도 다른 종교문화권과 비교하여 그 차이를 도출할 만한 지표는 이 행복지수에서 찾기는 어렵다. 다만, 이슬람 5행(다섯 기둥)에서 의무로 규정하는 자비심(generosity, 타인에 대한 나눔)이 유사한 행복지수 수준의 다른 나라들과 좀 차별성이 있는지 비교는 가능할 텐데 안타깝게도 이것 역시 중동 국가들이 타지역 국가보다 상대적으로 앞서있다고 보기는 어려울 것 같다. 다만, 중동 최상위인 UAE(전체 26위)가 1위 핀란드 보다 자비지수가 높은 것과(0.188>0.126), 같은 중동 내에서도 행복지수 101위인 이란이 26위인 UAE 보다도 자비지수는 높은 0.229를 기록한 것 정도가 특이하게 보이는 정도이다. 또한 높은 젠더 격차와 여성의 사회참여도가 낮은 중동에서 자기결정권(freedom)은 중동내 행복지수 상위권인 UAE, 사우디의 경우 보수적 사회 분위기에도 불구하고 유럽 선진국에 비해 낮지 않은 것으로 나왔고(각각 0.745, 0.682, 핀란드는 0.772), 반면 2022년에 히잡 착용 문제로 수백명이 사망하는 전국적 시위 사태를 맞았던 이란의 경우 뚜렷이 낮은 점수를 기록한 것이 이채로웠다(0.281).

결국 크게 봐서 중동이 이슬람으로 묶인 강력한 신앙 공동체라고는 하지만 종교라는 요소보다는 중동 역시 경제성장과 이것이 촉발하는 사회적 기회의 확대가 공동체에 대한 신뢰와 개인적 행복감에도 영향을 준다고 보는 것이 중동 국가들의 행복 분포도에 대한 표준적인 해석인 것 같다. 즉 중동이라고 해서 다른 지역의 행복의 패턴과 결정적으로 다른 행복의 경로가 있는 것은 아니라는 것이다.

단, 이러한 지표가 과연 행복감을 드러내는 정확한 지표인가에 대한 의문과 도전은 계속될 것 같다. 필자의 짧은 경험으로는 필자 주변의 무슬림들은 대개 운명 순종적이고 신이 허락한 삶에 만족한다는 자세를 가진 사람들이 많았다. 그렇다고 발전을 회피한다거나 개인적 성취에 무관심한 것은 아니었지만 노력을 할 만큼 하고 알라가 허락한 결과에 승복한다는 것이 공통된 정서였다. 그렇다면 경제적 수준이나 사회적 지위와 관계없이 틀림없이 행복감도 높은 것이 당연할 텐데 유엔(UN)이 지정한 유수의 경제학자들의 조사에서는 그런 결론이 안 나오고 있다고 하니 곰곰이 다시 생각해 봐야 할 문제인 것 같다. 아마 겉마음과 속마음이 다른 것인지도 모르겠는데 결국 종교와 문화를 떠나서 인간의 행복을 좌우하는 요소들의 보편성은 여전히 동서고금을 초월하는 것 같다. 즉 이슬람이 특별히 중동 사람들을 더 행복하게 또는 더 불행하게 만드는 결정적인 변수는 아닌 것 같다. 최소한 지수로는 그렇다. 이는 지배적인 종교를 가진 다른 지역권에서도 마찬가지라고 본다. 이슬람, 힌두, 불교, 기독교 등 아무리 특정 종교가 특정 지역에서 강력하다고 하더라도 종교 자체가 개인의 행복감에 절대적인 영향을 미치는 요소는 아닌 것 같다. 사람들이 행복해지기 위해서는 우선 공동체의 경제가 성장하고 이를 바탕으로 사회적 결속과 신뢰가 성장하고 개인적 자유를 높이는 것이 필수적이다. 그래서 중동도 우리도, 경제가 계속 성장해야 한다.

한때 희말라야의 소국 부탄이 새로운 행복 개념의 상징으로 부상한 적이 있었다. 2010년에 영국의 한 씽크탱크가 자체 개발한 행복지수(Happy Planet Index)를 이용해 조사한 결과 부탄이 1위를 차지하였다. 그 뒤 2017년 조사에서도 중미의 코스타리카가 1위를 차지하는 등 행복은 물질의 순서가 아니라는 논리의 근거로 널리 활용되었다. 그러나 이는 개념의 오류로 밝혀졌는데 여기서 말한 행복은 한 국가의 국민들 차원의 행복이 아니라 '지구(planet)' 차원의 행복으로서 경제발전 과정에서 지구의 환경을 가장 덜 손상시키는 것이 지구를 행복하게 하는 것이며 이에 기여한 국가들의 순서를 정한 지표였던 것이다. 이런 독특한 기준 탓에 개발도상국들이 대거 상위에 올랐던 것이다. 부탄의 영아사망률(2017)이 무려 25.6명(1천명당)인데, 한국 2.8명, 아이슬란드 1.6명 같은 국가들보다 행복하다고 할 수 있겠는가. 기대수명도 70.2 수준이고 한국은 82세인데 부탄 사람보다도 불행하다고 할 근거가 무엇이란 말인가.

마지막으로 중동인의 행복을 조사하면서 느낀 것은 경제성장이 미치는 영향력과 더불어 중동 문화는 하지 말라는 것(규율과 의무)보다 해도 되는 것(자유, 해방)의 비중이 훨씬 많은 불균형적 상태에 있다는 것이다. 균형의 기준은 어디까지나 주관적이므로 옳고 그름의 문제는 아닌데 중동은 삶의 건전함(soundness)을 강조하는 비중이 시민이 알아서 즐거움을 찾도록 하는 것을 허용 또는 배려하는 것보다 훨씬 크다는 것이다(decadence). 반대의 예로 태국을 들 수 있는데(행복지수 60위, 한국 57위) 태국도 불교, 왕정, 시민권제약(왕실 모독죄 등)등의 압박 요인이 없지 않지만 절제와 금욕만 강요되는 것이 아니라 적당한 일탈이 보장되어 사회적 압력이 조절되는 느낌이다. 그 일탈의 묘미 때문에 해마다 4천만 명(한국은 1천5백만 명)의 관광객이 찾는 것이 아니겠는가. 태국은 역시나 경제력은 상대적으로 작아도 행복지수 안에서 사회적 결속점수(1.344)나 관용(0.291)은 상위권 수준이었다. 이런 것들이 결합되어 태국을 가고 싶게 만드는 나라로 만드는 것이 아닌가 한다. 그렇다면 우리나라 대한민국에서의 압력과 일탈의 균형은 어떠한가? 한국은 외국인들이 오고 싶어 하는 나라인가? 답은 긍정적인가, 부정적인가?

❸ 여가를 보내는 방법들

•────────
중동에서 여가 보내기 중동 사람들은 어떠한 재미를 쫓으며 어떻게 여가시간(free time)을 보내는가? 이슬람이라는 종교·문화적 환경과 중동 특유의 민족적 전통은 이들의 여가생활에 어떤 영향을 미치고 있는가? 또 중동에 있는 외국인(expats)들은 한국 사람들을 포함해 어떤 즐거움을 찾아 어떻게 시간을 보내는

지 알아보자.

우선 중동인들의 여가생활을 살펴보자면 모범적인 답변으로는 다양한 문화와 지리적 여건을 반영하여 선택지가 많다고 하겠지만, 실제 우리의 기준에서 봤을 때는 아시아나 유럽에 비해 부럽다거나 호기심이 생길 정도로 다양한 오락거리와 재미를 제공하지는 않는 것 같다. 물론 나라마다 개인마다 성향과 능력에 따라 즐길 수 있는 오락과 취미도 다양하지만, 중동 전체를 관통하는 몇몇 레크레이션 활동들은 우리의 기준에서는 무척 밋밋한 편이다. 그래도 이들은 즐길 거리가 많다고 자평한다. 중동 전역을 가로질러 공통적으로 발견되는 대표적인 중동 오락생활들을 소개해 본다.

대화의 문화

대화도 문화인가 싶을 것이다. 커피숍에서 삼삼오오, 남자는 남자끼리, 여자는 여자끼리 모여 차나 커피를 마시며 대화를 하며 시간을 보내는 것은 최핵심 여가생활이다. 스타벅스와 같은 외국 체인을 포함해 다양한 로컬 브랜드의 티하우스나 인기있는 커피숍은 만남과 사교, 정보교환의 장소이다. 남성들은 여럿이 모여 엉덩이에 땀이 난다고 할 만큼 장시간 앉아 이사람 저사람 바꿔가며 길게 대화하고 계속 차와 음식을 시키면서 시간을 보낸다. 걸프 지역의 경우 현지인들은 대개 공공 기관에서 근무하고 많은 경우 근로기준이 매우 너그러운 편이라 오전부터 남성들이 모여서 커피와 담배로 긴 시간 대화를 시작하는 경우가 많다. 아랍 전통시장인 수크(souq)나 바자(bazaar)에 있는 찻집에서는 외국인들도 관광삼아 많이 오지만 현지인들의 놀이터이며 전통 물담배인 시샤(Shisha)를 피우거나 아랍 전통 디저트를 먹으면서 역시 아주 오래 대화를 나누며 시간을 보낸다.

쇼핑몰

　쇼핑은 아랍 사람들이 특별히 소비를 즐겨서라기보다는 기후적 특
성상 실내 생활을 많이 할 수밖에 없는 조건 속에서 냉방이 갖춰진 대형
쇼핑몰이 가장 일반적인 외출 장소가 된다는 데 원인이 있다. 그래서 웬
만한 즐길거리들은 최대한 쇼핑몰에 집어넣다 보니 두바이엔 미니 스키
장이나 스케이트 링크까지 설치하게 된 것이고 쇼핑몰 안에 별도의 놀
이동산이나 실내 운하에 보트를 띄운다든지 하는 다양한 실험을 하게
된 것이다. 그래서 중동의 쇼핑몰은 장을 보기 위한 슈퍼마켓부터 초호
화 명품숍까지 다양한 상품과 고객을 끌어들이는 구성을 갖게 된다. 심
지어 더위를 피해 하루에 필요한 기초 운동량이라도 채우기 위해 걷기
위해서는 쇼핑몰 외에 다른 대안이 없는 실정이므로 각국은 자기나라를
상징하는 랜드마크적 쇼핑몰을 짓고 또 짓는 양상을 보이고 있다. 카타
르가 2022 월드컵을 앞두고 개장한 뱅돔몰(Place Vendome Mall)은 연면적
이 무려 1,115,000㎡(347,875평)에 건축비가 13억 불에 이르렀다고 한다.

〈그림 24〉 세계 최대 실내쇼핑몰인 두바이몰. 쇼핑몰은 기후가 열악한 걸프 지역
여가 생활의 최중심에 있다.

식(食) 문화

중동사람들의 자기네 음식에 대한 자부심은 대단하다. 외국 여행이나 출장을 갈 때 그곳 음식이 얼마만큼 좋은가, 아랍 음식과 얼마나 다른가가 중요한 고려요인이 된다. 기후 여건상 실내 생활을 많이 하고 특별히 움직임이 장려되는 문화나 관습이 적은 중동은 가족이든 직장 동료든 여럿이 모여서 음식을 나누는 것을 중요한 비즈니스이자 가치 있는 일로 여긴다. 외부에서는 중동음식이 단순하고 재료도 제한적인 것으로 알고 있지만 실제로는 전혀 그렇지 않다. 아시아에 한중일, 동남아 다양한 요리재료와 방법이 있듯이 중동도 터키식, 레바논식, 시리아식, 이란식 등 다양한 요리가 있고 그에 따라 식당의 종류도 다양하다. 외식을 선호하는 만큼 서양식 패스트푸드 체인점도 우리보다 다양하게 진출해 있다. 최근에는 한류의 영향으로 한국 음식점도 중동 전역에 걸쳐 숫자가 급증하고 있으며 만나는 현지인마다 한국 음식에 대한 경험담을 얘기하는 현지인이 늘어나는데 한국 영화와 드라마를 보면서 한국 음식에 대한 호기심과 낭만을 갖게 되었다었다는 반응들이다.

스포츠

앞서 언급하였지만 기후 조건상 아시아, 유럽, 북미에 비할 정도는 아니지만 중동도 특정 스포츠에 대해서는 진심이다. 특히 축구에 대한 열기는 우리 이상이며 사우디, UAE, 카타르, 이란, 이라크, 바레인, 요르단, 쿠웨이트 등은 자체 프로리그를 갖고 있으며 특히 사우디는 자체 리그에 대한 애정이 남다르다. 지역권마다 차이는 있지만 기본적으로 중동은 대중적인 생활 스포츠가 정착되지는 않았으며 대부분의 스포츠는 '관전'에 우선을 둔다. 한 외국인이 사우디 부호에게 골프를 같이 하자고 조르자 라운딩에 골프를 칠 줄 아는 인도인 직원을 대신 데리고 나와

치게 하고 자기는 뒤에서 걷기만 했다는 일화도 있다. 술을 안 마시므로 커피숍에 대형 스크린을 걸어 놓고 단체로 응원을 한다든지 각 가정에도 대형 TV는 필수라고 할 정도로 상비품이다. 단 축구 이외에 눈에 띄는 스포츠는 없는 편이다. 대형 상업용 건물마다 '짐(fitness)'이 많이 있지만 걸프 현지인들보다는 외국인들이 이용하며 현지 아랍 여성들을 위해서는 요가, 필라테스 등 별도의 클래스를 운영하는 경우가 많다.

대중문화

춤과 노래에 인색한 이슬람의 영향인지 타 지역권에 비해 음악과 춤이 일상 깊숙이 들어와 있다고 하기는 어렵다. 특히 엄격한 걸프 지역의 경우 더더욱 그러하고 반대로 레반트(레바논, 요르단, 팔레스타인), 북아프리카(이집트, 모로코, 알제리 등), 튀르키예 등에서는 대중음악과 춤, 영화, 드라마의 제작이 매우 활발하고 여기에서 만들어진 콘텐츠들이 mbc, LBC 등 중동 전역으로 송출되는 방송채널들을 통해 시청자들에게 전달된다. 원래 이집트가 아랍세계의 대중문화 대국으로 인정받다가 90년대 이후에는 레바논 방송에서 만들어진 음악과 영화들이 중동권 콘텐츠의 주류를 이루게 된다. 그래서 중동에 살거나 출장을 와서 보는 TV 채널의 드라마나 영화들은 레바논에서 만들어진 것이 많다. 아랍풍의 멜로디가 섞인 현대적인 음악과 화려한 무대 매너를 가진 여성 가수들의 인기가 매우 높은데 대부분 레바논 출신들이 많다. 튀르키예도 언어는 다르지만 자막이나 더빙을 통해 음악과 드라마가 아랍권에 많이 송출된다. 다양한 축제나 행사에는 전통춤과 음악이 등장하는데 춤은 국가에 따라 조금씩 다르지만 주로 남성들의 군무(群舞) 스타일이 많고 음악은 기타와 비슷한 전통악기인 우드(oud)가 항상 낀 밴드들이 단골로 등장한다.

<그림 25> 아랍 전통악기를 가미한 퓨전밴드. 주로 이집트나 레바논 출신 남성 밴드들이 많다.

<그림 26> 걸프 지역 전통 남성 춤 칼리지(Khaliji). 남성의 상징인 칼이나 지팡이를 들고 춘다.

종교 축제

이슬람과 관계된 축제 겸 연휴는 무슬림들의 의무이자 그 자체가 큰 즐거움이다. 금식월인 라마단 기간 중 낮 동안에 식사는 안 하지만 저녁부터 가족과 친지간 음식을 나누는 교류는 더욱 빈번해지고 결과적으로 1달이 지나고 체중이 빠지는 경우는 별로 없다고 한다. 라마단 이후의 약 1주간의 축제인 Eid Al-Fitr(단식의 끝을 축하), 하지 순례 이후 약 1주일간 축제인 Eid Al-Adga(희생절)은 모든 무슬림의 명절과 휴일이며 무슬림으로서의 정체성과 결속력을 다지는 행사이다. 친지들간의 방문과 선물교환도 빈번하며 이러한 관습 자체가 즐거움이 된다. 한마디로 우리의 명절과 아주 흡사하긴 한데 우리보다 더 자주, 더 길게, 더 진지하게 치르는 차이점이 있다. 이러한 축제 기간 중에 대부분 국가가 매우 신경 써서 준비하는 다양한 축제와 이벤트가 개최되는데 종교적 성격과 상관없이 시민들을 위해 외국 공연단을 초청한다든지 하는 다채로운 내용의 행사들이 준비되면서 대부분 인산인해를 이룬다.

자연 탐사

중동도 사막만이 아니라 비교적 다양한 지리적 환경이 있어 생각 이상으로 다양한 자연 친화적 야외활동(outdoor activity)이 발달해 있다. 물론 한국이나 다른 대륙만큼은 아니지만 쇼핑몰에는 캠핑장비 코너가 따로 있을 정도로 야외활동에 관심이 많다. 우리가 일상적으로 가는 등산만큼 일상화된 수준은 아니지만 가족단위나 젊은 남성들이 사막과 자연경관이 뛰어난 곳에 가서 야영을 하는 문화도 있고 듄(dune)이라고 하는 구릉이 있는 사막에서는 SUV나 사륜 오토바이를 이용해 구릉을 오르내리기도 하고 이를 사막 사파리(desrt safari)라고 하는 관광상품으로 만들기도 한다. 또 홍해 인근을 비롯해 해변에서 해양스포츠를 즐길 수 있는 곳도 많다. 물론 외국인을 비롯해 과한 노출은 자제를 해야 하지만 큰 어려움 없이 바다를 즐길 수 있다.

여행(휴가)

기후는 열악하고 휴가가 긴 중동에서 해외여행은 휴식의 방편이자 자신의 신분을 드러내는 도구이기도 하다. 걸프 등 산유국 현지인을 중심으로 인기 있는 여행지는 파리, 런던을 비롯한 유럽의 주요 도시, 같은 중동 내에는 홍해안의 이집트나 북아프리카 같은 이슬람권도 많이 가지만 서구적 자유로움이 물씬 풍기는 이스탄불과 같은 곳도 인기가 많다. 이드(Eid) 연휴나 여름 휴가로 중동인들이 해외여행을 가는 것은 우리가 생각하는 단순한 여행이 아니라 매우 스케일이 큰 연중 이벤트인데 외국인 가정부를 비롯해 온 가족이 움직이면 보통 10명을 훌쩍 넘는 대식구가 움직이므로 비자(visa) 수속부터 숙소 예약까지 거창한 일이 되고 만다. 필자가 아는 카타르 현지인의 말에 의하면 돈이 여유가 있으면 유럽이나 북미, 부족하면 가까운 중동, 그보다 적으면 태국 등 아시아로 여름 휴가를 가는 것이 현지인들의 관습이라고 한다.

소셜미디어(SNS)

스마트폰의 대중적 보급과 함께 중동 사람들이 소셜미디어에 투자하는 시간과 정성은 대단해 보인다. 커피숍에서의 전통적 잡담의 문화가 온라인으로 대거 옮겨간 것이 아닌가 하는 생각이 들 정도이다. 사회적 연결과 인간관계를 중시하는 중동 문화에 SNS라는 쉬운 플랫폼이 의외로 제격이었다는 해석도 있고 그다지 자유롭지 못한 언론 환경속에서 대중들끼리의 직접적인 의사소통과 정보공유가 더 신뢰할 수 있다고 보는 해석도 맞는 것 같다. 2011년 민주화 시위가 중동 전역을 휩

쓸던 '아랍의 봄' 당시 페이스북과 트위터가 시위 정보의 실시간 공유와 정부에 대한 저항을 조직화하고 전 세계 여론에 호소하는데 중요한 기여를 한 바 있다. 꼭 이렇게 정치·사회적 측면이 아니라도 SNS는 세대를 불문하고 이미 중동인들의 일상에 깊숙이 자리하고 있으며 중동에 살다 보면 일면식도 없지만 쉴새 없이 페이스북 친구나 트위터 맞팔을 신청해 오는 현지인이 많다는 것이 신기하기도 하다. 한 조사에 의하면 아랍인들은 평균 하루 3시간 이상을 소셜미디어에 쓴다고 하니 한국 평균 약 1시간 20분에 비해 월등히 긴 것을 보면 이들의 SNS 사랑은 대단하다고 할 수밖에 없다.

외국인(Expats)들이 중동에서 여가를 보내는 방법

그렇다면 외국인의 입장에서 중동에서 여가를 보내는 종목들에는 어떤 것들이 있을까. 외국인이나 중동 현지인이나 모두 동일한 지리적 환경 안에 있으므로 대부분 위에 언급한 현지인의 여가 방법과 겹치는 부분이 많다. 쇼핑, 외식, 스포츠, 문화 활동 등 대부분이 중복된다고 볼 수 있다. 단 외국인이기 때문에 형성되는 독특한 영역이 있기도 하다. 외국인들은 대개 술(알코올)을 즐기기에 음주가 가능한 곳에서 사교활동을 하는 문화를 만들었다. 주말이 되면 인산인해를 이루는 외국인 전용 클럽은 이성간 접촉이 가장 활발한 장소이며, 외국 음악이 시끄럽게 흘러 나오는 호텔의 라운지나 바(bar)는 주로 서양인들의 단골 아지트이다. 이집트나 두바이, 카타르 등엔 외국 클래식 공연이나 자체 오케스트라 공연도 활발해 이를 찾는 외국인도 많고 외국 팝가수들의 방문 공연도 자주 벌어지는데 고가임에도 불구하고 금세 매진이 되는 경우가 많다. 이런 틈새 속에서도 한국 영화, 드라마의 인기는 현지인, 외국인을 불문하고 고공행진 중이다. 전통적인 인기 장소인 영화관이 주춤한 대신 넷플릭스, 유튜브 등 플랫폼이 대세로 자리 잡음에 따라 한국 대중문화에는 계속 유리한 환경이 만들어지는 셈이다.

한국인들의 경우 교회 등 신앙생활과 이를 중심으로 한 공동체 활동이 중동 어디에서나 이뤄지며 환경은 썩 좋지 않지만 골프나 테니스 등의 스포츠 활동도 즐겨한다. 골프는 어디서나 고급 스포츠에 속하지만 환경이 어려운 중동에서는 거의 외국인만을 위해 만들어 놓은 귀한 시설이며 중동 전역에 60여 개 안팎만 존재하고 그나마 세계적 대회가 가능할 만큼 시설이 좋은 곳은 모두 UAE, 카타르 등 걸프 지역에 몰려 있다.

이슬람 덕분에 어느 외국보다 연휴가 긴 편인 중동의 특성상 가족 단위의 여행이 발달하여 있다. 물론 고국으로 휴가를 가는 사람도 많지만 중동에 사는 기회를 이용해 주변의 세계적인 관광지를 찾기도 용이하다. 이집트의 피라미드, 요르단의 페트라, 튀르키예의 이스탄불, 마그레브 문화의 정수 모로코, 모던한 중동의 상징인 두바이 등이 대표적인 여행지라고 할 수 있다. 근래에는 두바이를 통한 항공 여행의 편의성이 증대된 덕에 조지아, 아제르바이잔 등도 인기 여행지로 떠오르고 있다. 아마 예정대로 2030년경 사우디 홍해만에 네옴시티가 완성된다면 중동 내 관광지의 판도가 크게 바뀔 것이라고 예상된다.

03

중동 비즈니스 실전 전략

① 핵심 비즈니스 에티켓과 매너

중동인과 비즈니스 할 때 알아야 할 에티켓

중동 비즈니스의 핵심은 중동에서 통할 만한 역량(상품의 우수성)을 갖추는 것이 우선이되 그에 못지 않게 중요한 것은 중동 파트너와의 신뢰 구축이다. 그 파트너가 스폰서나 에이전트가 될 수도 있고 관공서의 책임자일 수도 있고 중요한 거래 당사자일 수도 있다. 상대가 누구든 간에 신뢰가 바탕이 된 분위기(rapport)가 형성되어 있어야 원활한 협상과 협조가 가능하고, 그래야 성공적인 결과로 이어질 수 있다. 이는 평소에 꾸준한 시간 투자와 신뢰 구축 노력이 있어야 가능한 것이다. 비즈니스 매너와 에티켓이란 것도 결국 신뢰 구축의 방편으로서 가치가 있다. 일반적으로 중동 비즈니스에서 외국인에게 주의가 요구되는 매너에는 뭐가 있는지 알아보고 특히 필자의 경험에 기반하여 현장에서 이것들이 갖는 의미와 중요도를 짚어보자.

인사(greetings)

인사는 중동인들 사이에 매우 중요한 사회적 격식이다. 인사가 인사지 특별할 게 뭐가 있느냐고 반문할지 모르지만 중동에서의 인사는 우리의 것과 달리 격식있고 진지한 편이다. 가까운 사람과도 보통 대충하지 않는다. 보통 악수로 시작하며 상대적으로 오래 잡고 인사를 길게 교환한다. 아라비아 지역에서는 남자들끼리 서로 코끝을 대기도 한다. 베두윈 문화이다. 중동 현지인들은 어제 만난 사이라도 오늘 다시 만나면 똑같은 패턴으로 격식에 따라 인사한다. 그만큼 인사는 대충하고 넘길 수 있는 것이 아닌 반드시 의식적으로 해야 하는 사회적 의식(ritual)이다. 외국인도 '앗쌀라무 왈라이쿰(평화가 그대에게)' 정도의 아랍어 인사는 준비해 오는 것이 필요하다. 호칭은 직함 또는 Mr, Miss(여성은 Mrs 보다 Miss로 불림)를 붙여 하되 성(last name)보다 이름(first name)을 붙여 부르는 것이 일반적이다. 즉 무함마드 알쿠바이시(Mohammed Al Qubaisi)라는 남성이 있다면 성보다는 Mr. Mohammed라고 부르는 것이 자연스럽다. 상당히 친해지면 자연스럽게 이름만 부를 수 있다. 현지인 여성과의 악수는 상대방이 먼저 청해 올 경우는 응해도 무방하다. 명함도 중요한데 의외로 소박한 것보다는 금장 장식과 같은 화려하고 권위적인 느낌의 디자인이 더 유리하며 명함에 현지 전화번호나 주소가 있으면 상대의 호감을 얻는데 더 도움이 된다고 한다.

환대(hospitality)

집이건 사무실이건 손님에겐 무조건 차와 음료, 다과(sweets)를 대접하는 것이 무슬림의 의무이다. 특히 사막 유목민 시절 힘들게 사막을 여행하는 이방인에게 쉴 곳을 내주는 전통에서 비롯됐다고 한다. 환대의 핵심은 음료와 음식, 잠자리이다. 현대에는 잠자리까지는 필요가 없게 되었고 접대하는 가족은 먹을 게 부족해도 손님은 무조건 대접한다는 것이 아라비아 반도 사람들의 전통이었다고 한다. 제공하는 음식들은 지위가 높고 부유할수록 수준이 높아진다. 아랍인들의 환대는 무조건 거부하지 말고 여기저기 약속이 있어 하루 수십 잔 차를 마시는 한이 있더라도 거부하지 말고 받아라도 놓는 것이 예의다. 마시고 안 마시고는 단순한 기호의 문제가 아니라 접대자의 호의를 받아들이겠다는 신뢰와 감사의 표식이다. 남성들만의 접대와 사교의 공간인 마질리스(majilis, 부유한 아랍인들의 사랑방의 개념)에는 손님용으로 매우 다양한 음료와 다과가 상시 준비되어 있고 원하는 손님에게는 물담배(Shisha)도 내어 준다. 자신이 원하는 음료가 아니라고 안 마시겠다고 하는 태도는 철없고 무례한 행동이며 호스트가 대접 가능한 것들 중에서 고르는게 좋다. 예를 들어 코카콜라만 있는데 펩시가 없으면 안 마시겠다는 태도는 좋지 않다. 반대로 성스러운 달로 간주되는 금식월인 라마단 기간 중에 미팅을 가질 때 현지인에 마실 것을 청하는 것도 예의에 크게 어긋나는 일이다.

이와 관련하여 잊히지 않는 에피소드가 있다. 한국의 대기업 본사를 방문한 걸프 지역 고위 관계자에게 커피와 차 중에 뭘 마시겠냐고 묻길래 중동 분이 차를 달라고 했더니 차가 없다면서 뜨거운 물만 주었다고 한다. 중동 분이 내게 먼 길을 찾아간 외국 바이어에게 어떻게 그런 대접을 할 수가 있느냐며 잊을 수가 없다고 했다. 그래서 필자도 잊히지 않는다. 결과적으로 미팅 내용도 엉망이었다고 한다.

이슬람 존중

이슬람 문화와 관습을 이해하고 존중한다는 자세를 보여야 한다. 라마단, 기도시간, 술·돼지고기 등 금기 등의 기본적인 것만 지켜도 좋다. 앞에서 언급한 바 있지만 더욱 가까워지겠다는 의도로 굳이 이슬람이 관여된 종교나 역사, 정치 얘기를 꺼내는 것은 그다지 바람직하지 않다. 무슬림들은 이방인을 살갑게는 대해도 비무슬림과는 분명히 선을 긋는 편이다. 괜스레 호감의 의사로 하는 행동이 오해로 연결될 만한 일을 굳이 할 필요가 없다. 여기 사람들은 종교가 다른 외국인들과는 비즈니스로만 친해져도 충분하다고 생각한다. 무슬림 파트너의 신앙적 습관이나 가치에 동조할 필요까지는 없되 존중의 자세만 가지면 충분하다.

의복(dress code)

최대한 점잖고 보수적인 의상이 남녀 모두 무난하다. 지금은 매우 자유스러워졌지만 여성의 경우 치마보다 바지를 추천하고 어깨와 무릎이 드러나는 의상은 사적인 시간을 제외하고는 바람직하지 않다고 본다. 남녀 공히 전통의상이 아직도 기본 복장인 아랍 걸프 지역에서는 종교적으로 보다 보수적인만큼 옷은 외국인을 평가하는 중요 기준이 된다. 남자는 기본적인 정장과 타이, 여성은 비즈니스 정장 중에 좀 더 정갈하고 보수적인 것을 입는 것이 안전하다. 사우디조차 외국 여성에게 더 이상 히잡을 강요하지 않을 만큼 훨씬 개방적인 분위기로 바뀌었고 이란을 제외하고는 머리에 아무것도 두를 필요는 없다.

사적 질문

중동 사람들이 결혼이나 자녀 여부, 종교 등의 사적인 질문을 외국인에게 종종 하기도 한다. 단순한 호기심도 있지만 상대를 어느 레벨에서 상대할지 정하기 위해서 물어볼 확률이 더 크다. 중동적 가치에 따르면 성인은 결혼이 정상이고 자녀는 반드시 가져야 하며 종교도 당연히 가지는게 맞다. 여기에서 얼마나 일치하고 벗어나는지를 질문을 통해 파악하려는 것이다. 나이가 한참 든 성인이 결혼을 한 번도 안 했다는 것은 이상한 일이다. 차라리 이혼은 용인이 된다. 이럴 때는 열심히 결혼을 하려고 노력했는데 운이 없었다고 하는 편이 안전하다. 결혼은 했지만 자식은 안 가지려고 한다는 식의 대답도 중동과 이슬람의 상식에서 어긋난 대답이다. 종교도 크리스천, 불교 이런 식으로 있다고 하는 것이 안전하다. 종교가 아예 없다거나 무신론자라는 답변은 나는 도덕도 없고 되는대로 사는 사람이라고 선포하는 것과 다름이 없다. 이런 문제로 논쟁을 하는 것은 더더욱 안 좋다.

시간(time management)

시간에 대한 개념과 사용법은 중동 비즈니스에서 가장 큰 고충 거리라는데 거의 이견이 없다. 시간은 매너의 차원만이 아니라 전략의 도구이기도 하다. 미팅에 늦는 경우는 비일비재하고 때로 외국인 상대방을 고의적으로 기다리게도 한다. 면담 당일 날 미팅이 갑자기 취소되기도 한다. 반대로 현지인이 중동 상대방에게 '언제까지 꼭 무엇을 마치자'라는 식의 시간 압박을 하는 것은 중동인의 입장에서 결코 좋아하지 않으며 많은 경우 지켜지지 않는다. 이율배반이지만 여기 현지인들의 습관이고 외국인에 대한 문지방 테스트라고 봐도 좋다. 어느 선에서 인내심을 폭발시켜야 할지 가늠이 안 서는 상황이 계속 이어진다. 그래도 참아야 한다. 인내심의 미덕에 대해서는 다른 장에서 더 자세하게 다룬다.

융통성(flexibility)

위의 시간의 문제와도 연관되지만 너무 약속대로, 원칙대로 진행되는데 집착하지 말고 모든 가능성을 염두에 두고 일을 진행시키는 것이 좋다. 잘 진행되다가 계약서를 쓰는 순간 엉뚱한 조건을 들고 나오기도 하고 약속대로 진행이 안 되거나 기약 없이 지연되는 경우도 다반사다. 중동 나름의 일을 진척시키는 리듬과 템포가 있으며 외국인으로서는, 특히 근면하지만 성미 급한 한국인들로서는 참으로 적응하기 어려운 문제이다. 이는 인내의 문제와도 연관된다. 상대방과 다음 주에 다시 만나기로 하고 헤어지면서 내주 약속을 컨펌 할려는데 상대방이 '인샬라(Inshallah)'라고 말한다. '신의 뜻', 즉 못 만날 수도 있다는 뜻인데 이는 약속을 취소하는 것이 아니라 아무런 문제도 없으면 약속대로 만나는 것이고, 그사이 사정이 생기거나 더 중요한 일이 생기면 그것도 신의 뜻이니 못 만나도 어쩔 수 없다는 뜻이다. 이 정도의 상황은 흔하다. 이것은 무책임의 문제라기보다는 세상만사가 모두 신의 뜻이니 여기에 순응해야 한다는 문화적 코드로 이해하는 것이 마음이 편하다.

· 선물(gift giving)

선물은 중동 비즈니스에서 각별한 의미를 갖는다. 필자는 현지 근무 시절에 중동 한 국가의 투자청장이 한국의 대기업 회장과 미팅 후 최고급 페르시아 양탄자를 선물하는 것을 보았다. 회장도 간단한 선물은 준비했지만 받은 선물만큼의 스케일은 아니어서 당혹해 하던게 기억이 난다. 선물의 크기가 꼭 거래성사 의지를 반영하는 것은 아니다. 투자청장과의 거래는 양측 조건이 맞지 않아 성사되지 않았다. 주는 사람의 위신이나 자존심 차원에서 줄 수도 있기 때문이다. 기관을 방문할 때는 비행기로 귀국 편에 싣고 오기 부담스러울 정도 크기의 기념품을 주기도 한다. 최초 면담의 경우에는 선물교환을 염두에 두고 적절한 답례품을 준비하는 것이 좋다. 중동인들이 한국 문화에 대한 관심이 높으므로 전통문화와 연관된 공예품 등을 준비하면 안전할 것이다.

식사 초대

같이 식사를 하는 것만큼 친교에 효과적인 것이 없다. 처음엔 현지인이 초대하는 아랍식 레스토랑에서 할 확률이 크지만 사람에 따라서 자신의 집(majilis)에 초대하는 경우도 있다. 개인 단위로 서빙이 될 수도 있고 여럿이 둘러앉아 뜨거운 양고기 요리를 같이 하기도 한다. 술이나 돼지고기 얘기를 재미삼아라도 하지 않는 것이 좋다. 환대로 접대 받는 음식은 속으로는 별로일지라도 (반드시) 오른손으로 열심히 먹어주는 모습이 좋은 인상을 남긴다. 한국 음식에 대한 인지도도 높아졌기 때문에 한국 음식에 대한 관심을 표현하는 사람들은 적절한 계기에 한국식당으로 초대하는 것도 좋은 답례의 방법이다.

험담(흉보기)

사람이든, 기관이든, 제도든, 관습이든 주제가 무엇이든지 관계없이 부정적 언급이나 비방하는 발언은 삼가는 것이 좋다. 현지인들의 세계는 매우 좁고 상식 이상으로 입소문이 금방 퍼진다. 명예나 자존심이 이슬람 문화에서 얼마나 중요한지는 앞에서 설명한 바 있다. 특히 자기와 사업상 가깝다고 해서 다른 현지인 험담을 자신의 무슬림 파트너에게 하는 경우는 자해행위다. 그들끼리 비즈니스적 경쟁에 있다고 하더라도 외국인인 자신과의 관계를 초월한 현지인만의 독특한 유대감이 있을 수 있기 때문이다. 또 험담을 듣는 현지인은 다른 곳에서 이 외국인이 내 험담을 할 수도 있다고 생각할 수 있다.

결국 중동 사람들의 입장에서 외국인을 만나 환대하고 시간을 보내는 것은 신뢰할만한 사람인가를 확인하는 작업이라고 할 수 있다. 반대로 입장을 바꿔도 마찬가지라고 본다. 한국 문화나 관습을 존중하지 않는 외국인에게 호감을 가질 리 만무하며 잠시만 있다 갈 것 같은 뜨내기에 믿음을 줄 리도 없다. 지속 가능한 파트너가 될 만한 사람, 여기 문화를 수용하는 자세를 가진 사람과 일을 벌이려 할 것이다. 그러므로 사업 초창기에는 자주 대면 만남을 갖는 것이 필요하다. 중동은 친구끼리 일주일에 서너 번을 만나는 것도 예사이다. 친한 사이라고 해서 오랫동안 얼굴을 안 보고 마음으로 이심전심하기 보다 자주 얼굴을 보는 것을 신의라고 생각한다. 필자의 지인 카타르인의 마질리스에서 어느 날 초면의 유럽인 사업가 한 명을 보게 되었다. 독일에 있는 세계적인 욕실설비 제조사 대표였다. 필자의 지인 주선으로 현지 판매망을 갖게 된 이후로 매년 봄에 와서 1주일 정도 머무르는 동안 일은 이틀 만에 마쳤지만 매일 얼굴을 들이민다고 했다. 와서 별 하릴없이 차마시고 시간을 보낸다. 필자의 지인과 스폰서 관계를 맺은 덕분인지 공공 기관 화장실에서 가장 많이 보이는 브랜드가 이 회사 제품이다.

이상 비즈니스 매너로서 주의할 점들을 열거하였지만 핵심은 디테일한 요령보다는 진지함과 일관된 자세를 보여주고 자신감과 더불어 상대에 대한 존중심을 갖는 것이 비즈니스적 신뢰를 얻는 가장 빠른 길이라고 본다. 물론 이것도 서둘러서 단축되는 것이 아니라 오랜 시간 투자가 필요하다.

② 외교도 비즈니스도 인내심이 최고의 미덕

인내심이 최고 미덕,
느림의 미학

중동 비즈니스의 성공을 위해서는 앞에서 다룬 비즈니스 매너나 에티켓을 지키려는 노력을 포함해 다양한 노력과 '인내심'이 요구된다. 여기에서의 인내심은 일반적으로 다른 문화적 환경 속에서 대략 기대할 수 있는 정도의 인내심의 범위를 벗어나서 의식적으로 더 키워할 정도의 다소 '과도한' 인내심을 의미한다. 그만큼 중동에서의 인내심은 단순한 사회적 덕목 이상의 각별한 의미를 지니며 중동과의 거래에 관한 지침서들이 앞다투어 인내심(patience)을 강조하고 있는 것은 그만한 이유가 있기 때문이다.

필자도 여러 번 인내심을 시험당하는 경우를 겪었다. 참을 인(忍)자 셋이면 살인을 면한다는 말은 동서고금을 초월하는 진리임이 분명하다. 다만 참는 고통의 정도는 환경적 맥락에 따라 차이가 있을 것이다. 아랍인들과의 비즈니스는 결코 만만한 일이 아님에 틀림없다. 돌이켜보면 백프로 상대방측 잘못만도 아닌데 당시 상황에서는 욱하고 감정이 폭발 직전까지 갔던 상황이 여러 번 있었다. 중요한 정부 고위인사 간 면담 시간에 임박해서 갑자기 시간을 바꾼다든지, 그것도 모자라 아예 일방적으로 약속을 취소하고 이유도 설명 안 하는 경우 등은 중동에 근무하다 보면 직종을 불문하고 거의 한두 번 이상 씩 겪는 일이다. 철석같이 해준다고 약속을 하고 나서는 갑자기 사전 언질도 없이 일절 후속조치를 안 한다든지 하는 것들은 약과에 속한다.

그럼에도 어떤 식으로든 속의 화를 격하게 드러내는 것은 절대 지양해야 한다. 그것은 불쾌감을 넘어 상대에게 대한 모욕으로 간주된다. 언제나 체면과 명예가 철저하게 이들 사회적 규범의 핵심이라는 점을 명심해야 한다. 거래를 깰 작정이면 조용히 의사를 전달하고 떠나면 그만이지 상대에게 모욕감을 주는 언행을 남겨서는 안 된다. 이집트든 사우디든, 가장 현대화된 두바이든 예외 없이 정도의 차이는 있을지언정 비즈니스는 느린 템포로 진행되는 것이 정상이며 약속은 바뀔 수 있고 번복은 예고 없이 올 수 있다는 마음가짐을 갖는 것이 인내의 피로도를 줄일 수 있는 길이다.

타의 추종을 불허하는 근면함과 중동에서 거의 유일하게 약속된 공기(工期) 내에 일을 끝마치는 나라로 정평이 날 만큼 빨리빨리 문화가 체질화된 한국인들에게 중동에서의 비즈니스는 하루하루가 인내심을 시험하는 지뢰밭 걷기나 마찬가지이다. 하지만 이참에 과연 우리의 기준이 과연 보편적이고 합리적인가 하는 자문(自問)도 해볼 필요가 있다. 중동적 기준에서는 한국인의 일하는 속도와 방식이 과도하게 성급하고 보챈다는 평가도 있기 때문이다. 좋게 봐서 신속정확, 일사천리지만 이면에는 관계지향적(relation-oriented) 고려가 없이 매사를 일 위주(work-oriented)로만 풀어가고 주변과 교감하는 노력 없이 한국 사람은 일 끝나기 무섭게 사라진다는 평을 듣곤 한다.

아랍 사람들은 느림의 미학을 칭송한다. 일하면서 뛰거나 서두르는 모습을 보이는 것을 능력이나 덕이 부족한 사람으로 보는 경향이 있다. 그러나 느림의 주체가 자신일 때는 너그럽지만 그것이 상대방일 때는 좀 얘기가 달라진다. 자신들이 기다려야 할 때는 그다지 느림의 가치에 관대하지 않다. 특히 그것이 저 위의 상부의 명령이나 관심사를 이행하는 처지에 있을 경우에는 오히려 당혹스러울 정도로 상대방을 다그치고 재촉하는 경우도 있다. 2000년대 중반에 한국의 대통령이 걸프 국가를 공식방문할 때였다. 필자도 옆에서 현장을 지켜보았다. 도착 당일 정상회담을 하기로 예정되어 있는데 갑자기 왕실 의전관이 나타나서 회담이 1시간 당겨졌으니 당장 대통령을 모시고 나오라는 것이다. 고위급 의전에서 1시간은 하루나 마찬가지다. 예고도 없이 이러면 곤란한 것 아니냐고 항의를 하였더니 자신이 직접 우리 대통령에게 사정 설명을 하고 양해를 구하겠다는 것이다. 말도 안 되는 막무가내였다. 다행히 대통령이 일행들과 이미 준비를 마치고 담소 중이어서 사정 설명을 하고 조금 일찍 회담장으로 출발하는 것으로 정리는 되었다. 나중에 알고 보니 국왕이 사우디에서 열리는 아랍국가 정상회담에 몇 시간 일찍 가기 위해서 갑자기 전용기 출발시간을 앞당긴 것이 원인이었다. 아무리 봐도 어처구니 없는 일이었지만 문제는 외교나 비즈니스나 이런 일이 중동에서는 드문 일이 아니라는 것이다. 예고 없는 일정 변경, 모호한 사정 설명, 상례를 벗어난 거친 압박 등은 상시 변수로 알고 대비를 해야 한다. 그럼에도 항의는 하되 정중하게 하고 마치 다시는 상대하고 싶지 않다는 식의 감정 표현은 금물이다. 비록 중동 특유의 독특한 전통이 원인인 경우도 있지만 오랜 서구열강에 의한 식민지배와 그로 인한 지체된 근대화로 인한 피해의식도 이러한 외국인을 상대하는데 반영된다고 본다. 철저하게 자신들 방식과 편의대로 일을 진행하고 외국 상대방이 얼마나 호응하고 따라올 것인가를 테스트하고 이러한 테스트를 통과하고 오랜 기간에 걸쳐 친교가 형성되어야 비로소 비즈니스적 신뢰가 생긴다고 본다. 이런 맥락에서 자신들의 기준에서는 늘 하던 방식인데 외국 상대방이 자기 나라에 와서 얼굴을 붉히고 언성을 높인다는 것은 자신들을 무시하고 명예를 훼손하는 것으로 간주한다.

이 책의 초반에 이미 언급했지만 중동 사람들도 나름 자신들의 기준에서 외국을 상대하는데 두려움도 있고 불편함도 많다. 상대적으로 익숙한 서구에 비해 한국을 비롯한 동아시아 문화는 이들에게 많이 낯설고 배경지식도 적다. 자신들의 문화나 산업적인 약점을 무시하거나 한쪽의 입장을 고려하지 않고 돌진할까봐 전전긍긍하는 면도 있다. 어쩌면 이런 면들이 중동 사람들로 하여금 자신들이 가진 가장 강력한 레버리지인 석유와 돈에 매달리게 하는지도 모른다.

인내심을 테스트 받는 극한 상황에서 상대의 입장에 서보는 역지사지(易地思之)의 자세는 인내의 고통을 줄이는데 도움이 될 수 있다. 인내심과 너그러움을 망각하고 현지인에게 불쾌한 감정을 쏟아내는 것은 그간에 쌓아 놓았던 모든 노력과 기득권을 한순간에 무너뜨리는 것과 같다. 거의 20여 년 전에 걸프 지역 한 국가를 우리나라 총리가 방문한 적이 있다. 그런데 그 나라 국왕과 면담 당일 날 총리 일행이 왕궁으로 출발하려는 찰나에 면담이 연기되었으니 대기하라는 통보와 함께 시간도 확정해 주지 않았다. 대사관은 주재국에 강력 항의하고 빨리 시간을 확정하라고 재촉하였지만 그런다고 해서 답이 나오는 것도 아니다. 놀랍게도 당시 우리 총리는 불쾌한 감정을 숨기고 대사관에서 바둑을 무려 3시간 이상을 두면서 시간이 확정되기를 기다렸다. 일행 중에 바둑을 둘 줄 아는 사람들이 모두 동원되었다. 그렇게 오래 기다린 끝에 왕실로부터 지금 들어오라는 통보를 받고 들어가 면담은 무사히 끝났다. 만약 그 순간에 대사를 포함한 대사관 직원이 왕실 의전실에 언성 높여 화를 냈다거나 자존심 상하는 얘기를 했다가는 그 순간 분은 풀렸을지 몰라도 이후에 왕실과의 관계는 포기해야 했을지도 모른다. 이 사람들도 우리의 불쾌함을 몰랐을 리 없다. 그러나 여기 사람들의 우선순위는 우리 기준과 다를 수 있고 그것을 집요하게 문제 삼았다가는 정부 간이든 민간의 일이든 일이 잘 진행되기 어렵다. 그리고 이런 일은 정도의 차이는 있을 뿐 비일비재하다. 점잖은 말로 중요한 일일수록 모든 가능성에 대비하는 융통성이 필요하다고 하지만 이런 일을 실제로 당했을 때 감정을 다스리는 일이 쉽지는 않다. 다만 화를 낼 때 내더라도 그 순간만은 피하고 일을 먼저 수습한 다음에 따로 시간을 내어 불쾌감을 점잖게 전달하는 것이 바람직하다. 실례는 상대측에서 시작했지만 대응에 있어 인내심을 잃을 경우 문제의 책임을 뒤집어 쓸 수 있기 때문이다. 특히 특정인의 체면이나 명예를 손상하는 방식으로 문제 제기를 했다가는 심각한 뒷감당을 해야 할 수도 있다.

왕실 모독을 오해 받은 일화(임시)

상대방이 우리로부터 명예를 손상당했다고 판단했을 경우 조용한 보복을 감내해야 하는 경우도 있다. 십 수년 전 중동의 국왕이 방한했을 당시 정상회담장에 미리 와서 대기하기 위해 현역 장관인 왕자가 들어가려는 순간 통보를 못 받은 우리측 경호관이 제지를 해서 30여분간 입장을 못한 적이 있었다. 우리로서는 단순한 착오로 넘어간 일이지만 중동 측에서는 심각한 왕실 모독으로 받아들였다. 그 뒤 답방 차원에서 우리 정상이 그 나라를 방문하였는데 사사건건 왕실 경호가 시비를 걸고 비협조로 나오면서 순방 진행에 차질을 가져오기에 이른다. 곰곰이 원인을 따져보니 왕자 출입제지 문제 말고는 이유가 없다는 결론에 이르렀다. 다행히도 우리측이 비협조에 대해 거칠게 항의하지 않고 섭섭함을 표명하는 정도로 그친 것은 천만다행이었다. 우리와 정상외교가 활발한 이 나라의 왕실 경호가 계속 불쾌감을 간직하고 딴맘을 먹는다면 결코 우리에게 득 될 것이 없기 때문이다. 기관 간의 자존심을 챙기는 것이 성공적 업무수행의 가치를 능가할 수 없다. 비즈니스적 거래에서도 마찬가지라고 본다. 별 이득 없는 감정 표출로 공들여 쌓은 탑을 무너뜨릴 정도의 경솔함은 버리는 것이 성공적인 비즈니스의 요건이라고 본다. 중동에서건 어디에서건 말이다. 외교도 비즈니스도 인내심이야말로 최상의 미덕이 아닐 수 없다. 잘 참고 버티면 어떤 과실이 반갑게 기다리고 있을지 모른다.

❸ 중동에서 반증되는 한국인의 장점들

중동인의 한국인에
관한 인식
앞에서 말한 중동 사람 특유의 여유와
느림의 미학은 속전속결 지향의 한국인들에
게 난관으로 작용하지만 역으로 그것이 한
국인을 찾게 되는 주요한 이유가 되기도 한다. 근면하고 약속대로 잘하
고 데드라인(공기)에 맞춰 마쳐주는 성실함은 타의 추종을 불허한다는
평가를 듣고 있다. 필자는 주로 서구권 외교관들과 어울려 일을 하면서
필자를 의식하지 못한 채 자기들끼리 한국과 일본을 비롯한 동양인들
특유의 부지런함을 '극성스럽다, 유별나다'라는 식으로 폄하하는 말을
종종 듣는다. 즉 개인이 아닌 단체로 몰려 일하고 사무실을 집처럼 알
며 과다한 노동시간을 투입하면서도 생산성은 낮다는 식으로 평가를
한다. 필자도 과거에는 이런 류(類)의 얘기를 들으면 서양식 '개인주의 대
집단주의' 프레임이나 아시아 특유의 저(低)생산성의 문제로 치부하곤
했지만 지금은 관점이 다르다. 아시아인 특유의 근면함을 부러워하고
지금은 따라가기에는 늦었다고 생각하기에 그렇다는 생각이 든다. 서구
가 문화적 우월함으로 포장하고 싶어 하지만 아시아 사람들의 집단적
성실함이 기술과 경제적 격차를 빠르게 좁히고 결과적으로 여러 분야
에서 서구를 능가하는 원인이 되었음을 자신들도 알기 때문이다.

과거의 한국이 중동으로부터 석유를 가져오고 대신 중위권 기술력
(mid-technology)과 저임금 노동력을 이용해 만든 가성비 높은 상품을 중
동에 수출하는 윈윈(win-win) 구조를 갖고 있었다면, 지금 한국이 중동
에서 갖는 이미지는 상전벽해(桑田碧海)라고 할 정도로 위상과 차원이
바뀌었다. 때로 실제보다 약간 과하다 싶을 정도의 제조 강국의 이미

지와 함께 세계 톱(top) 수준의 과학기술 역량을 갖춘 나라라는 이미지를 갖고 있다. 거기에 높은 수준의 교육열을 바탕으로 한 규율과 절제(discipline)를 갖춘 인력들이 적극적으로 경제활동을 하고 있는 나라라는 이미지도 장점이다. 또한 서구에 비해 중동 정부에 영향을 미치려는 정치적 의제나 이념적 열망에서 자유롭고 그러면서도 중국에 비해서는 정치적으로 훨씬 민주적이라는 점에서 실용적이고 중립적인 이미지도 갖고 있다.

2000년대 초반부터 많은 중동 국가들이 아시아권과의 협력을 더 확대해야 한다는 '아시아 친화정책(Look East)'을 추진했다. 비록 외부에 표면화시키지는 않았지만 서구 위주의 경제협력 대상에 변화를 가져와야 한다는 공감대가 형성되기 시작하였다. 그 때가 마침 한창 중국경제가 WTO 가입하면서 도약하던 시기이기도 했지만 중동, 특히 걸프국가들 중심으로 서구중심의 경제협력만으로는 경쟁력 강화에 한계가 있고 특히 서구 기업과 인재들을 초청했더니 거꾸로 그들이 갑(甲)이 되어 기술은 전수받지 못한 채 지휘만 받으며 운영하는 방식에 대해 회의적인 시각이 팽배해졌다.

그 대안으로는 아시아 국가 중에서 결국 중국, 일본, 한국, 싱가포르 정도가 중점 협력 대상국인데 일본은 이미 서구에 속할 뿐 아니라 기술협력과 문화적 공감력에 있어 배타적인 면이 많았고, 중국은 아직 고급 기술력에 있어 뒤처지던 시절이었다. 물론 중국의 기술력에 대한 평가는 지금 많이 달라져 있다. 이 틈에 한국의 경쟁력이 주목을 받기 시작하였고 서구와 일본에 의존하는 비중을 줄여 한국과의 관여(engagement)를 늘릴 필요가 있다는 인식이 커지기 시작했다고 본다. 그런 측면에서 2000년대 후반에 UAE에 원전을 수출한 것은 그 이전에 있어 왔던 한국과 중동 간의 경제협력의 차원을 한 차원 끌어 올린 기념비적 사건이었다. 중동에서 가장 선진화되고 복합적 산업화가 진행된 아랍에 미리트(UAE)에서 역대 초강대국만이 가능했던 원전기술 국가의 지위를 획득함으로써 한국은 한마디로 중동에서 믿고 쓸 수 있는 기술국가로서의 인증을 받은 것이라고 할 수 있다.

원전 진출을 계기로 중동에 진출하던 상품과 서비스의 범위와 깊이가 일신되었다. UAE라는 실험장(test bed)을 잘 통과함으로써 한국의 기술력이 명실 공히 선진국 대열로 인정받으며 방산, 의료, 식품, 농업 등의 분야로 진출의 폭이 급격히 확대되어 갔다.

〈그림 27〉 한국 미래창조과학부 장관과 UAE 우주청장(2013.1월)

특히 UAE가 미래 국가발전 전략의 핵심으로 전략 육성중인 우주기술에 있어 한국은 핵심 협력국이다. UAE는 한국도 쏘지 못한 화성탐사선을 발사한 나라지만 거꾸로 UAE가 초기에 인재도 기술도 일절 없던 시기에 기꺼이 우주 협력의 손길을 내민 나라가 한국이었다. 기존에 사우디를 중동 산유국들이 석유로 벌어들인 자본으로 서구의 기술과 물건을 비싼 돈을 주고 사 가던 패턴 속에서 미국과 유럽은 오로지 필요하면 돈 주고 사가라고만 할 뿐 기술협력에는 냉정했다고 한다. 서구권도 중동 국가들과 기술협력까지 하는 것은 부담스러웠을지 모른다. 이스라엘 문제 같은 지정학적 요소, 계속 비싸게 물건을 팔고 싶은 비즈니스적 요소 등이 개입되었을지 모른다. 첨단 기술력으로 무장한 중동이 미국에 의존하는 국방력을 비롯해 독자적인 노선을 걷는다면 복잡한 변수가 될 수 있기 때문이다. 그런 맥락에서 한국만큼 매력적인 파트너를 찾기 어려울 것이다. 아직 서구나 일본만한 브랜드 파워에는 못 미칠지 몰라도 대신 그들이 미처 하지 못했던 역할을 기꺼이 해줌으로써 입지를 굳히고 있다. 시간은 좀 더 걸릴 수 있으나 UAE에서 이룬 과학기술적 성취와 다양한 산업 진출은 결국 중동 전체로 확산될 것이 분명하다. 좀 더 두고 볼 일이지만 사우디 '네옴시티'와 같은 첨단 미래도시의 건설과 운영에서도 우리 기업과 정부의 역할은 적지 않을 것이다. 다만 공고한 서구 기득권 카르텔과 중동 사람들의 습관화된 서구 의존증을 깰 만한 보다 공격적이고 치밀한 마케팅이 필요하다. 앞 절에서 언급한 외국 손님이 차 달라는데 뜨거운 물을 줄 정도의 국제화 감각으로는 부족하다. 서구 언론에서 흔히 한국 기업은 정부와 유착되어 국내외를 막론하고 정부가 항상 배후에서 조종한다는 식의 마타도어를 풀어내지만 오히려 보란 듯이 정부가 적극적으로 중동 마케팅을 해주는 것이 필요하며, 중동을 찾아오는 외국 지도자 치고 자기 나라 기업 활동을 노골적으로 지원 안 하는 경우를 필자는 본 적이 없다. 대형 프로젝트 결정을 앞두곤 다 앞 다투어 경쟁기업들의 정상들이 중동의 문을 노크한다. 중동은 정부와 민간이 함께 가지 않고서는 좀처럼 큰 프로젝트는 가져오기 어렵다고 하는데 일리가 있는 말이다. 필자가 아는 한 카타르 의회(Shura) 의원의 말대로 "모든 경제적 결정은 왕이 하고 왕이 하는 모든 결정은 다 정치적이다". 주변의 다른 나라들도 사정은 대동소이하다. 그러므로 정치와 경제와 외교는 삼위일체처럼 하나로 움직여야 한다.

중동에 진출하는 한국 기업의 아쉬운 점

아쉬운 점도 아직 많다. 건설·인프라 사업에 있어 공사는 한국 기업이, 설계와 감리는 서구 업체가 한다고 할 정도로 구조적 한계가 여전하다. 이 책의 초반에 언급했지만 겉은 한국 기업이 와서 화려하게 공사는 하지만 안의 내실은 아직도 외국 기업이 독점하면서 고부가가치는 다른 데서 차지해 가는 구조적 한계를 보이는 곳이 도처에 있다는 것이다. 건설, 에너지, 설비, 플랜트 등 중동에서 우리가 비교우위가 있다고 자부하는 분야에서 사실 알맹이는 우리가 못하는 부분이 아직도 많다고 한다. 거기에 중국 업체가 가격은 물론 기술력까지 바짝 쫓아와 웬만한 프로젝트는 중국이 끼어들 경우엔 아예 입찰을 포기하는 사례도 많다. 이럴수록 우리 기업의 선택 범위는 좁아지기 마련이다. 결국 기존의 기술력과 우리의 글로벌 역량이 한 단계 업그레이드되지 않고서는 자칫 중동에서의 성장이 정체될 수도 있는 고비를 맞을 수도 있다. 다행히 최근은 사우디를 중심으로 '네옴시티'와 같은 초대형 프로젝트와 산업다변화 추진으로 프로젝트 발주가 많아 우려가 감소는 되었지만, 우리 기업들이 처한 이러한 구조적 한계는 질적인 전환이 없는 한 시장 변화에 따라 재부상할 수 있는 부분이므로 경계해야 한다고 본다.

비록 아직도 따라잡아야 할 경쟁상대도 많고 뒤에서 추격해 오는 후발주자의 기세도 만만치 않지만 그럼에도 불구하고 우리 기업들이 처한 환경이 역대 중동 진출의 역사 속에서 가장 호기로운 환경에 있다는 점은 부인하기 어렵다고 본다. 20여 년 전 중동에 드라마 '대장금' 열풍이 불었을 때 일시적인 현상인 줄만 알았던 한류의 열풍이 지금은 중동 젊은이들의 일상에 스며든지 오래다. 소셜미디어나 온라인 포털에는 한국 문화에 대한 중독 증세가 심각하다는 얘기가 나올 정도로 젊은 세대의 한국 문화와 사람들에 대한 관심은 폭발적이다. 문화에 대한 동경과 관심은 단순히 문화콘텐츠 매출 증진에 그치는 것이 아니라 한국이 수출하는 모든 물건과 서비스, 인프라에 매력이라는 부가가치를 더해 줄 것이다. 한번 형성된 매력자산은 쉽게 사라지지 않고 두고두고 보이지 않는 효자 노릇을 할 것이다.

일각에서 한국인과 기업 이미지에 대해 불편한 지적을 하는 목소리도 있다. 한국인은 너무 경제적 이익만 추구하고 돈 되는 곳에만 나타나며 사업이 걸려 있을 때는 뭐라도 해줄 것처럼 나서다가 계약서만 작성하면 사라진다는 것이다. 이런 지적이 다 틀렸다고는 못하겠지만 필자는 오해에 기인하는 부분이 크다고 본다. 물론 그러한 오해는 우리도 자초한 부분이 없지 않다. 한국인은 솔직히 우리의 국경을 벗어나면 소통에 강한 민족은 아니다. 우리끼리만 어울리다 보니 실제보다 응집력이 좋다는 평가를 듣는데 그만큼 외부와의 소통엔 배타적이라는 소리도 듣게 된다. 일만 열심히 하고 중간 과정을 상대와 공유하는 데 인색하다. 반면 결과를 중시하는 우리 성정(性情)상, 불리함과 손해를 감수하고 의리와 약속대로 완수해 낸 프로젝트들이 얼마나 많은가. 또 고생은 고생대로 하면서도 공사를 마치고 망해 돌아간 업체도 부지기수이다. 이런 것에 대해서는 특유의 겸양의 문화 때문인지 아니면 자포자기인지, 발주처나 외부의 책임을 적극적으로 어필하는데 소홀한 면도 있다. 이런 것들은 서양 기업들에게서는 발견하기 어려운 상황들이다.

물론 이런 점을 알고서 한국과 계속 인연을 이어가고 싶은 중동 파트너도 많을 줄 안다. 필자는 이런 점을 전면 나무라기보다는 우리의 근면하고 좌고우면 없이 결과를 향해 돌진하는 저돌성은 장점으로 인정하되 소통이 부족하거나 적극적으로 문제를 제기하지 못하는 부분은 보완하는 노력이 균형적으로 같이 진행되었으면 좋겠다고 생각한다.

겸양이 지나쳐 때로 위축되는 점, 그래서 능력과 품질을 자신감 있게 투사하지 못하는 점, 상대의 책임을 발견했을 때 적극적으로 문제 제기하지 못하는 점, 시간이 흘러도 크게 나아지지 않는 외국어와 소통 능력 등은 서둘러 메꾸어 나가야 할 점들이다. 무엇보다, 다른 나라의 시선과 평가에 연연하지 말고 중동 파트너들의 마음을 사는 우리 특유의 끈끈한 미덕만은 더욱 살렸으면 좋겠다.

④ 전통에 대한 이중성, 고급호텔은 중동의 자부심

다른 문화간의 비즈니스 거래에 있어 오해와 편견은 불가피한 측면이 있다. 아무리 사전에 공부하고 준비해도 문화와 정서의 차이라는 현실의 벽은 만만치 않다. 이슬람에서 비롯된 다양한 금기와 독특한 문화적 습성에 대해 이미 꽤 알려져 있고 성실한 외국의 비즈니스 종사자들은 과거에 비해 철저한 준비를 하고 오고 그만큼 시행착오를 줄이기도 하지만 시간이 지날수록 미처 몰랐거나 강조되지 않지만 중요하거나 미묘하게 작동하는 정서가 많이 있다는 점을 인식하게 된다. 다음은 필자의 경험에 의거하여 추가로 알아두면 아랍인들을 더 잘 이해하게 되고 업무상의 오류를 줄일 수 있는 점들을 몇 가지 소개해 본다.

전통에 대한 이중적 태도   중동의 걸프 지역 국가들을 상대하다 보면 자신들의 전통에 대해 이중적인 기준을 갖고 있다는 생각이 들 때가 종종 있다. 이들의 전통이라 함은 이슬람과 아랍 민족적 전통이 핵심일 텐데 이것에 대해 兩加(양가)의 감정이 있는 것이 아닌가 하는 의심이 든다. 즉, 무슬림이라는 자부심, 아랍이라는 자긍심을 대외적으로 강조하면서도 과거보다는 현재의 성취를 더 자랑스러워하고 과시하려는 자세를 목격하곤 한다. 즉, 외국인에게 '우리나라 어때?'라고 물었을 때 이들이 듣고자하는 답은 대개 '엄청난 발전, 현대화, 부자 나라, 사막의 기적, 마천루의 숲, 최고급 호텔' 등의 키워드가 섞인 답이 아닐까 한다. 이들에게 '빌딩만 있고 사막과 아랍의 정취가 안보인다, 민속촌이 어디냐 안내해 달라, 중동의 이국적인 맛이 없는 것 같다'라는 식의 답은 오히려 어색해 보인다. 한참 전 처음 중동 근무 당시 필자도 유사한 생각을 갖고 중동 친구에게 쇼핑몰과 고급차들은 멋진데 그보다 과거의 민속과 전통을 보여줄 수 있는 곳은 잘 없는 것 같다고 했더니 그냥 '수크(souq, 아랍 전통시장)'에 가면 된다는 다소 퉁명스런 답을 들었는데 지금 여러 번 근무 후 돌아보니 이들은 현대에 이룬 경제적, 문화적 성취를 더 자랑스러워하고 굳이 힘들었던 과거를 찾아보려는 외부인들에게 불편한 심정을 가졌던 것이 아닌가 하는 생각이 든다. 사막 황무지에서 석유를 발견하고 외국 기술과 자본을 끌어들여 이만큼의 놀라운 경제적 성취를 이룬 것을 보고 좋게 평가해 줬으면 하는 것이다. 사우디의 '네옴시티'라든지 중동 각지의 첨단 스마트시티 개발 붐을 보면서 서구 선진국도 아직 실효성이 검증 안 된 미래지향적 실험에 집착하는 심리의 근저에는 식민지배 등 역사적 제약으로 근대화는 늦게 시작하였지만 그만큼 미래에는 더 빨리 앞서 가겠다는 의지가 작용한 것이 아닌가하고 생각된다.

사실 이들이 가보라고 한 전통시장(수크) 역시 외양만 현대식 빌딩에 안 있을 뿐이지 전통시장이라기 보다는 전통 '쇼핑몰'에 가깝다고 할 정도로 모던하게 꾸민 곳이다. 아주 엉성하게 사막 원주민 시절의 삶을 재현해 놓았던 그 나라의 민속촌은 지금은 환골탈태하여 민속을 타이틀로 내걸었지만 고급 식당과 카페가 들어선 공원으로 바뀌었다.

갑자기 중동측 상대방이 말을 않거나
연락을 받지 않는다. 전화도 문자도 이메
일도 답이 없다. 수소문해 보니 외국에 가 있는 것도 아니다. 이러한 침
묵의 상태는 인내심의 문제이기도 하지만 정말 답을 알지 못해 전전긍
긍하게 함으로써 에너지를 손상시키며 때로는 비즈니스 의욕을 상실하
게 한다. 매사 즉문즉답을 추구하는 한국인으로서 이러한 환경은 심각
한 도전이 아닐 수 없다. 대화 도중에 자리를 잠시 뜨고 나타난 다음 말
이 없거나 갑자기 표정을 바꾸고 말이 없어지면서 냉랭하게 돌아선다
든지 하는 경험을 당해보면 아연실색해지고 무슨 큰 실수라도 했는지
복기를 하게 된다.

침묵은 매우 다양한 해석을 하게 한다. 순수하게 협상의 수단으로
서 시간에 더 민감하다고 생각되는 외국 상대방을 초조하게 함으로써
유리하게 끌고 가려는 수단일 수도 있고, 때로는 해당 사람이 겉과는 달
리 안으로는 이 문제를 결정할 만큼 파워가 없어 막상 진실의 순간이 다
가오자 꼬리를 내리는 것일 수도 있다. 어느 쪽이든 답답한 것은 매한가
지이다. 더 안 좋은 쪽으로는 불만이나 불쾌감의 표시이거나 'No'라고
굳이 말하기 싫어서 그러는 경우도 있다. 단도직입적 소통방식에 익숙
한 우리로서는 이만저만 답답한 노릇이 아닐 수 없다.

이보다 더한 것은 파트너의 연락두절이다. 중동사람들은 앞에서 설
명하였다시피 사실 소통광이라고 할 정도로 관계지향적이고 문자(text)
든 소셜미디어이든 손에서 거의 떼는 법이 없다. 심지어 핸드폰을 두 개
씩 들고 다니는 사람도 적지 않다. 우리보다 더 소통에 민감한데 연락이
두절된다는 것은 고의로 그러함이 십중팔구이다. 문제는 그 의도를 알
길이 막막하다는 것이다. 특히나 고생 끝에 중요한 결정이나 타결을 앞
에 둔 순간에 갑자기 소위 '잠수를 타는' 경우에는 답답하기 그지없다.

다음 주에 결론을 반드시 알려준다고 약속하고 아무 연락이 없고 이쪽에서 연락을 하면 안 받아 버리는 경우가 비일비재하다. 애가 타는 입장에서는 최악의 해석에부터 최선의 해석까지 종횡하면서 상상을 해보지만 여기 사람들도 문제가 없는데 연락이 두절되는 일은 거의 없다. 문제는 그 내막을 공개를 잘 안 한다는 것이다. 자신들의 귀책 사유가 아닌 문제에도 좋은 일이 아니면 좀처럼 털어놓고 외국인 파트너와 대화를 하지 않는 경향이 있다. 건설사 간부인 지인은 수천억에 달하는 경기장 공사를 중동의 한 국가의 산하기관과 가계약을 한 후 로컬 스폰서가 현재 국왕 앞에 결재서류가 올라가 있으니 내주에는 결재가 날 것이라는 말을 듣고 기다렸다. 그런데 아무리 기다려도 연락이 오지 않자 스폰서에게 연락을 했지만 도통 연락을 받지 않았다. 나중에 밝혀진 바로는 왕실까지 결재가 올라간 것은 맞는 말인데 갑자기 터진 서브프라임 모기지 사태로 모든 대형사업이 중단되고 만 것이었다. 스폰서는 본인의 실망감이 너무 큰 나머지 시공사의 입장을 챙겨야 하는 자신의 본분을 잊은 것이다. 역시 이 동네에서는 아주 드문 일만도 아니다.

운명론(fatalism)

앞서 인샬라(Inshallah)가 어떤 맥락에서 쓰이는지 간단히 설명하였다. 이 말의 사회적 어원에 대해 어느 정도 공감하면서도 비무슬림 또는 비중동인은 영원히 인샬라의 마스터가 될 수 없다고 느낀다. 이것은 중동인들이 현세를 긍정하고 살아내는 데 있어 매우 파워풀한 도구로 보인다. '일어나게 될 일은 일어나게 되어 있고, 그러지 못한 일은 그것 또한 신의 뜻이므로 그러하다'라는 뜻으로 해석되는 인샬라가 쓰이는 맥락들을 무슬림들은 절묘하게 잡아내어 사용한다. 외국인의 입장에서 실망스러운 결과를 맞닥뜨릴 때마다 어김없이 인샬라가 등장하는데 좋게 해석하자면 '너무 섭섭해 하지 말고 이유도 원망도 말고 누구의 책임인지 따지지도 말자, 다 신의 뜻이다'라는 식으로 제기된다. 같이 일하는 동료 무슬림이나 상대방은 분명 화가 나야 할 사안, 예를 들어 기한 내에 약속한 일을 못했다든가 하는 등의 엄연한 문제적 사안에 대해 무덤덤하게 '인샬라'하고 넘어가는 것을 보면 답답함을 넘어 황당하다고 느낄 때가 많다. 운명론에 익숙한 사람들에게 실망스러운 일의 결과를 두고 잘잘못을 따진다는 것은 허망한 일이다. 잘하려는 의지와 상관없이 안 되기로 되어 있는 일은 안 된다고 믿는 사람과 논쟁을 하는 것은 맥빠지는 일이다.

인도에서도 힌두 전통에 기반한 '업(karma)'이라는 개념이 있고 우리를 포함해 동아시아에서도 불교나 명리학에 기반한 운명론이 없는 것은 아니지만 이러한 운명론이 일상을 지배한다고 보기는 어려운 반면에, 이슬람적 운명론은 현실에 직접적으로 관여하는 정도가 높다고 볼 수 있다. 세상만사 잘되고 못되고가 모두 알라가 예정한 것이니 너무 노여워하지 말고 잘되어도 신의 뜻이니 감사하라는 메시지로 보면 되겠다. 다만 인샬라가 주로 현지인의 도구로 쓰이는 만큼 외국인으로서는 매사 융통성을 염두에 두고 언제든지 일이 꼬여서 인샬라가 튀어 나올 수 있다는 생각으로 준비를 하면 되겠다. 반면 현지인이 외국인에게 지운 임무나 요구에 대해 외국인이 현지인을 흉내 내면서 섣불리 인샬라 할 경우에는 거부나 불성실의 의미로 해석될 수 있다는 점을 명심하자. 이것도 내로남불의 냄새가 난다.

말따로 행동따로

앞서 인샬라의 내용과 연결이 되는 부분이지만 말과 행동의 불일치를 매우 자주 경험하게 될 것이다. 뭔가 부탁이나 요청을 했을 때 흔쾌히 '걱정말라, 언제까지 될 것이다' 등의 답을 듣게 될 경우 보통은 그 말을 믿고 기다리게 된다. 몇 번의 확인을 했음은 물론이다. 그런데 실행이 안 되거나 피드백이 사라지는 경우가 자주 생긴다. 이럴 때 분명 여러 번 확인(reassurance)했다는 것을 근거로 당사자를 심문(?)하듯 다그쳐서는 곤란하다. 원인은 그 당사자의 권한 밖의 일인데도 자존심상 오케이사인을 줬을 수도 있고 중간에 바뀐 사정을 어물쩍 넘어갔을 수도 있다. 많은 경우 자존심과 체면이 원인인 경우가 많다. 실용이 우선인 우리와 처지가 다르다. 직급과 서열에 상관없이 말과 행동의 다름은 우리의 기준에서 빈번히 발생한다. 필자의 경험상 중동은 반드시 현지인들의 강력한 모티브가 없으면 일이 잘 진행이 안 된다. 합의 여부와는 상관 없이 말이다. 그러므로 나의 요청에 긍정적인 답을 얻었다 해도 그렇게 이행이 되리라고 짐작해서는 곤란하다. 그 말이 체면상 또는 아니라고 말하는 것이 부담스러워서거나 정말 잘 몰라서 하는 말일수도 있기 때문이다. 그러니 왜 말대로 안 해주느냐고 따지게 되면 될 일도 그르칠 수 있다. 저쪽의 이해와 끝까지 일치하는 일이라면 어떻게든 실현이 되겠지만 단지 외국인인 나와의 약속을 지키기 위해 일이 성사될 가능성은 높지 않다.

필자가 근무 중인 곳에 대형 축구장이 생겨 우리 국가대표도 몇 번 경기를 가질 정도를 명소가 되어 견학이 가능한지 수소문하였다. 우연히 지인의 마질리스에서 그곳 최고 책임자를 잘 안다는 현지인을 알게 되어 부탁을 하였더니 흔쾌히 동의하면서 원하는 날짜까지 말하라고 하였다. 그렇게 한지 몇 개월이 지나도 소식이 없다. 중간에 서너 번 볼일이 생겨 물어 봤지만 조금만 더 기다려 달라고 한다. 이유도 시간이 가면서 변한다. 처음엔 자신이 바빠서, 그다음엔 책임자가 출장을 가서, 그다음엔 리노베이션을 해서 등등. 여기 문화의 일부라고 생각하고 담담하게 받아들이면 된다.

대면의 중요성(face-to-face)

앞서 독일인 욕실 사업가를 예로 들며 현지인들과의 대면기회를 늘릴수록 신뢰 구축에 빠르게 다가갈 수 있다고 한 바 있다. 그런데 이것이 외국인들한테만 요구하는 일종의 길들이기 문화가 아니라 중동인들 역시도 생활 속에서 적극적으로 실천하는 중요한 소셜코드(social code)라는 점을 알 필요가 있다. 가까운 사이라도 용건이 있어야 만난다는 고정관념이 무색한 곳이 중동이다. 전형적인 '얼굴 들이밀기'로 보일수도 있고 무조건적인 생활습관일 수도 있다. 필자는 후자에 더 가깝다고 본다. 물론 유력한 지위에 있을수록 찾아오는 사람이 늘어난다. 이러한 만남은 마질리스(majilis)가 있기에 가능하다. 남성의 쉼터이자 접객의 장소인 마질리스는 부유한 사람일수록 가족이 사는 집 이상으로 크게 잘 꾸며 놓는다. 흔히 나의 집으로 오라고 하는 것은 부인과 자녀가 있는 집이 아니라 마질리스를 말한다. 그러므로 하루 저녁에 마음만 먹으면 열군데도 더 마질리스를 방문해 주인의 눈도장을 찍을 수 있다. 자신의 마질리스를 방문해 준다는 것은 사회적 인정이요, 우정의 확인이다. 수많은 정보가 오고가고 사업 상담도 이뤄진다. 식사는 물론이다. 조금 과장을 하자면 필요한 정보를 유력한 인사들의 마질리스에서 거의 다 얻는다고도 볼 수 있다. 지역과 개인의 성향에 따라 차이가 있겠지만 외국인이 현지인의 마질리스에 초대되어 간다는 것은 이너써클(inner circle)에 한 발 다가선다는 의미로도 볼 수 있겠다. 마질리스에서 항상 대화가 오고 가는 것도 아니다. 인사만 하고 자기일 본다거나 TV나 핸드폰만 보고 오는 사람도 많다. 내 '집'을 방문했다는 것이 중요하고 자주 올수록 더 각별해진다.

〈그림 28〉 마질리스(사랑방)에 모여 환담하고 여유있게 시간을 보내는 현지인들.
과거에 비해 대화보다 스마트폰을 보는 비중이 늘었다.

:

중동의 정치

중동 정치 기초 지식

❶ 입술이 없으면 이가 시리다, 순망치한 중동 정치

　갈수록 정치와 경제가 동전의 양면을 넘어 한 몸이 되어가는 세상이 되어가고 있다. 중동의 경제가 석유의 발견 전후를 기점으로 나뉘듯이 중동의 정치 역시 이슬람과 더불어 석유를 빼고 얘기할 수 없다. 특히 70년대 초 이스라엘과의 중동전쟁과 이로 인한 석유파동을 계기로 국제정치의 양상이 크게 바뀌면서 중동의 석유가 전 세계 패권의 방향을 좌지우지하는 뜨거운 감자가 되었다. 미국의 이스라엘 지원으로 무려 네 번이나 이스라엘과의 전쟁에서 패배한 아랍의 황폐해진 자존심은 마침내 석유를 무기로 꺼내 들 생각을 하게 되었고, 이스라엘과의 전쟁에서 아랍진영을 이끌었던 이집트 나세르 대통령의 호소를 사우디 국왕이 받아들여 이스라엘을 지원한 서방에 대해 전면적인 석유수출 중단 선언을 함으로써 석유파동이 시작되었다. 이것이 1973년 1차 석유파동인데 이 사건 전에 배럴당 3달러도 못하던 유가는 대번에 10달러로, 75년에는 15달러까지 치솟게 된다. 그야말로 중동과 석유의 힘, 그리고 그것을 조정하는 석유수출국기구(OPEC)의 파워를 만방에 알리는 계기가 되었다.

이로써 제2차 세계대전 종전 이후 미국의 달러와 금본위를 기축으로 하는 브레튼우즈 체제가 성립된 이래 서방 선진국들이 오래 누려오던 경제성장과 중산층 확대 등 자본주의 황금기의 종말이 찾아온다. 중동 산유국이 달러를 주체할 수 없이 벌어들이면서 건설인프라 수요 확대로 이어지고 우리 기업과 근로자가 대거 중동에 진출하게 됨으로써 한국에는 '중동 붐'이라는 유행어가 만들어지기도 했으며 지금의 경제성장의 씨앗이 된다. 서방의 고유가 타격이 우리에겐 기회가 되었다. 석유파동이 일으킨 세계적 지각변동은 단순히 경제를 넘어 정치와 지정학을 아우른 다차원적인 것이다.

왜 중동의 정치를 알아야 하는가?

입술(정치)이 없으면 이(경제)가 시린다(순망치한, 脣亡齒寒)는 중국 춘추시대 고사를 인용할 필요도 없이 중동에서 정치적 문제는 원유 감산 문제를 둘러싸고 최근 사우디와 미국 간의 갈등에서 보듯이 경제와 사실상 하나의 문제로 이해해야 한다. 또한 수니파(사우디)-시아파(이란) 간의 종파갈등, 핵문제를 둘러싼 미국과 이란의 대립, 시리아·예멘 내전과 같이 순수하게 정치적인 문제로 보이는 것조차 글로벌 유가와 세계경제의 불확실성을 가중시키는 핵심적 사안이며, 이는 중동 국가들 자체의 내수는 물론이요 스마트시티 개발이나 대규모 예산이 소요되는 국책사업 발주 물량에도 직접적인 영향을 미친다. 이렇듯 업계에서는 중동을 대할 때 경제 따로 정치 따로 보는 시각이 아니라 어떠한 정치적, 지정학적 사건이 반드시 글로벌 유가나 경제적 함의와 연결된다는 사고를 갖는 것이 필요하다. 이 책에서 언급되는 정도는 전체 중동에서의 정치와 경제의 복잡한 연결맥락을 충분히 이해하는데 부족하지만 최소한 어떤 맥락에서 정치와 경제가 긴밀히 맞물려 돌아가는지 어렴풋이나마 이해할 수 있는 선순환적 인식을 가질 수 있기를 바란다.

정치의 관점에서 중동은 온갖 문제의 백과사전이라고 할 만하다. 거의 대부분의 국가들이 권위주의적 정부들이고, 사우디-이란과 같은 경쟁적 대립 구도는 파생적인 문제들을 계속 만들어내며, 일부 산유국들을 제외하고는 정치발전에 필수적인 경제발전 자체에도 실패한 국가들이 많다. 특히 중동 전체 평균 청년실업률 25%는 전 세계 어느 지역보다 높고 여성 실업률은 남성보다 2배나 높은 현실이 자체가 정치적 불안정과 국가 실패의 문제로 연결되지 않을 수 없다.

권위주의 정부들은 정치체제가 왕정이든 공화정이든 막론하고 국민들의 기본권을 통제하며 이 과정에서 나라에 따라 세속 군부 또는 종교 이슬람이 관여된다. 나라마다 정도의 차이는 있다. 중동은 생각보다 다양하고 크다. 그러나 우리가 경제적으로 집중 관여하는 대다수 중동 국가들의 정치적 양상에는 공통점이 많다. 그것은 우리가 이해하는 통상적인 인권과 민주주의가 보편적으로 보장되는 환경과는 거리가 멀다는 것이고 그런 조건에 상응하게 비즈니스 환경도 조성된다는 것이다.

아랍의 봄, 아랍의 겨울

2011년 '아랍의 봄' 당시 중동 전역으로 번져갔던 시민들의 시위가 대부분의 나라들에서 정부군에 의해 잔혹하게 진압된 것은 중동 역사의 한 분수령으로 기억될 것이다. 최초 시위가 발생한 튀니지에서는 2백 명 넘게 사망하였다. 심지어 시위로 결국 지도자가 전복된 이집트와 같은 나라에서도 8백 명이 정부군에 의해 사망하였다. '아랍의 봄'의 여파 중 최악은 내전으로 이어진 리비아, 시리아, 예멘 등이며 이중 리비아를 제외하고는 아직도 진행 중이다. '아랍의 봄'은 커녕 '아랍의 겨울'이라고 아니할 수 없다.

이러한 중동 내 갈등의 뿌리는 복잡하지만 분명한 것은 이슬람 종파 분쟁이 한가운데 자리하고 있고 바로 그것이 사우디-이란 간의 치열한 경쟁으로 표면화되어 왔다는 것이다. 이 경쟁은 지역 패권을 위한 경쟁이다. 두 나라는 한 번도 직접 충돌한 적은 없지만 항상 주변의 다른 나라나 단체를 대리인으로 내세워 돈과 무기를 지원하는 방식으로 간접 전쟁을 치러왔고, 지금 그 대표적인 나라가 시리아와 예멘이며 과거에는 사담 후세인 시절 이라크를 두고 충돌했었다.

두 나라 간 경쟁에는 수니파와 시아파라는 이슬람 양대 종파 간의 양보없는 경쟁이 관여한다. 수니파는 전세계 20억 무슬림의 약 85%가 믿는 최대 종파이며 시아파는 약 10%를 차지한다. 두 종파는 원래 평화롭게 공존했으나 1979년 이란이 왕정을 타도하고 신정국가를 수립하는 이슬람 혁명을 하고 혁명의 수출을 공언하면서 이웃나라 왕정국가인 사우디를 불안하게 하면서 갈등의 역사가 시작되었다. 또한 2003년 2차 걸프전 당시 이라크내 수니-시아 간 내전이 발발하고 이를 각각 사우디와 이란이 지원하면서 균열은 더욱 커지게 된다. 그때부터 지금까지 사우디와 이란은 각각의 극단주의 단체와 종파로 연결된 나라들을 지원해 오고 있다. 이 두 종파의 양 극단에서 사용하는 논리와 폭력이 중동의 혼란을 가중시키는 주범의 하나라고 할 수 있다. 미국은 지난 수십년 간 이란이 조직적으로 주변 시아파 무력 지원을 통해 중동의 헤게모니 장악 시도를 해오고 있다고 보고 있으며 중국, 러시아 문제 다음으로 이란 문제를 가장 심각한 외교 사안으로 보고 있다. 핵문제에 있어 북한과 이란 모두 당사자이지만 글로벌 위상에 있어 이란이 갖는 파급력에 북한은 미치지 못한다는 인상이다. 중동과 동아시아적 환경적 상대성의 차이 때문일 것이다. 이란이 중동에서 갖는 위력과 영향력은 북한이 동아시아에서 갖는 파괴력과 비교할 수 없이 크기 때문이다.

중동의 바깥에 영향을 미치는 중동 정치 이슈들

중동에서 벌어지는 정치적 이슈 중에서 중동 밖으로 영향을 미치는 가장 강력한 이슈를 꼽자면 다음 다섯 가지라고 할 수 있겠다. ❶ 에너지, ❷ 이스라엘-팔레스타인 문제, ❸ 핵 문제, ❹ 테러, ❺ 난민 등인데 결국 이 문제들은 하나하나 또는 서로 섞여서 세계 경제에 밀접한 영향을 미치고 있다.

우선, 에너지를 보자면 중동은 세계 석유 매장량의 50%, 천연가스의 40%를 차지함으로써 이 지역의 정치적 교란에 의한 가격 변동은 글로벌 가격에 막대한 영향을 준다. 이 지역의 가격이 인상되면 물론 산유국이야 이득을 보겠지만 석유가 수출도 되기 전에 거의 모든 상품의 가격을 인상시켜 전 세계에 광범위한 영향을 준다.

이스라엘-팔레스타인 문제는 중동 분쟁을 상징하는 키워드이다. 1948년 이스라엘 건국 이래 치른 4번의 중동전쟁은 중동정치의 정체성을 결정지었으며 지금도 진행형이다. 과거의 땅을 찾아 온 유대인에게 현재의 땅을 뺏긴 팔레스타인인 간의 양보 없는 싸움이 갈등의 본질이며 미국은 전체 인구의 2.4%를 차지하는 유대계의 압력을 바탕으로 예외 없이 이스라엘을 지지해 왔고 이에 맞서 범아랍권이 뭉쳐 팔레스타인을 지원하면서 반세기 넘게 분쟁이 이어지고 있다.

<그림 29> 왼쪽부터 석유, 이스라엘-팔레스타인 분쟁, 핵문제, 테러, 난민문제

국제사회가 1993년 이스라엘 영토 안에 두 나라로 분리해 공존하도록 대안을 제시했지만(two-state solution) 이스라엘이 힘에 의한 현상변경을 추구하고 팔레스타인은 폭력으로 맞서는 악순환이 이어지면서 결과적으로 힘이 부족한 팔레스타인이 수세에 몰리는 상황이 반복되고 있다. 이란 문제 등으로 잠시 잊혀질 만하면 다시 가자지구(Gaza Strip)나 동예루살렘에서 격렬한 유혈 충돌 뉴스가 나올 만큼 여전히 중동의 화약고라고 아니할 수 없다.

이스라엘은 또 핵 문제의 중심에 서 있기도 하다. 이스라엘의 핵 개발은 48년 건국 초부터 시작되었다는 것이 정설이며 공식적으로 핵무기의 존재를 부인해오고 있지만 대략 80~300개의 핵무기를 가진 것으로 보고 있다. 이스라엘의 핵은 물론 미국을 비롯한 서방의 묵인 없이는 불가능한 것이다. 반면 이란의 핵은 다른 완전히 차원이다. 80년대 소득 없이 끝난 무려 8년간의 이란-이라크 전쟁 이후 중동과 국제사회의 고립 탈피를 위해 시작한 이란의 핵개발은 도리어 미국의 각종 대이란 제재를 가중시키는 빌미가 된다. 이란으로서는 아무리 나름 중동 맹주라고 하더라도 사우디를 비롯해 주변 대치국가들이 미국의 우월한 군사지원을 받는 상황에서 핵이라는 비대칭 전력이 필요하고 또한 숙적 이란 타도를 외치는 이스라엘이 엄연히 핵을 가진 상황에서 미국의 이중 잣대를 비난하고 있으며 국가존립을 위해 핵은 반드시 필요한 전략적 선택이라는 입장이다. 그 대가로 초반에 말한 미국의 제재로 인해 국제적 고립과 경제적 기회박탈, 만성적인 민생악화로 국내 불안이라는 반대급부를 겪고 있다.

중동의 핵무기 확산은 결국 중동 이슬람 무장 테러단체의 손에 핵무기가 넘어갈 확률을 높일 수 있다는 의미가 된다. 알카에다, 헤즈볼라, ISIS 등이 이들이고 헤즈볼라와 같이 이란 같은 시아파 종파주의(sectarianism)와 연계된 세력도 있다. 테러단체에 대해서는 별도의 장에서 따로 다루겠다.

이런 테러 무장단체들이 활약하는 전장에서 발생하는 피해를 비롯해 내전이나 정부의 박해를 받아서 생긴 민간인 피해자들이 중동의 난민들이다. 지난 10년간 수백만의 난민이 발생해 중동 내 다른 나라의 국경을 넘었으며 레바논은 인구의 20%, 요르단은 30%가 난민이 차지하고 있다. 그러나 2011년 시리아 내전 발발 이후에는 난민들이 중동을 벗어나 훨씬 더 멀리 이동하기 시작하여 유럽에 난민이 대량 도착하는 사태가 발생하였고 이는 유럽 각국에 우파 정권교체를 포함해 크고 작은 국내외적 문제를 촉발시키기에 이른다.

중동에 개입하려는 외부 강대국

이와 같은 문제들 때문에 외부 강대국들은 중동에 개입하여 자기들의 이익에 맞게 판을 고치려고 해왔다. 1993년 미국의 1차 걸프전이나 2011년 러시아의 시리아 내전 같은 경우는 각각 쿠웨이트를 해방시켰고 시리아의 아사드 정부를 사수했다. 반면 2003년 미국의 이라크 침공은 WMD 제거라는 목표도 허구임이 드러났고 중동에 서구식 민주주의를 이식하여 중동 지역 전체를 안정화시키겠다는 부시 대통령 시절의 소위 '민주평화론(Democratic Peace Theory)'이라는 것이 얼마나 위약한 것인지 또한 알게 되었다. 2011년 서방의 리비아 내전 개입도 결국 카다피만 제거했을 뿐 기나긴 내전과 이슬람 극단주의 세력만 득세하게 되는 공간만 열어주는 꼴이 되고 만다.

중동에서 발원한 이러한 문제들이 중동 안에서 중동 고유의 논리와 원칙대로 풀린다면 최상일 것이다. 그렇지 못할 경우 좋은 결과는 막론하고 뻔히 무모한 결과가 예상됨에도 외부세력의 개입은 지속될 것이다. 후술하겠지만 기존의 중동의 정치지형은 서서히 변모하고 있다. 피곤한 미국은 고립주의로 후퇴하고 있고 전통적 연합전선은 재편되고 있다. 때맞춰 왕정의 군주들은 세대교체 중이다. 많은 나라들이 석유 의존을 벗어난 새로운 국가모델을 준비하고 있는 만큼 이러한 모델들이 완성되는 시점에 등장할 새로운 중동의 정치 질서는 부디 역사의 구원(舊怨)에서 조금이나마 자유로워지길 기대해 본다.

❷ 파격과 지각변동의 중동 외교

중동을 둘러싼 국제 정치의
역학 관계의 중요성

『이스라엘-팔레스타인 분쟁(네 차례의 중동전쟁, '48, '56, '67, '73), '79년 이란 호메이니의 이슬람혁명, 같은 해 소련의 아프간 침공, '80년 이란-이라크 전쟁, '93년 이라크 사담 후세인의 쿠웨이트 침공, 2001년 미국의 아프간 침공, 2003년 미국의 이라크 침공, 2011년 「아랍의 봄」과 시리아 내전, 2015년 예멘내전…』

2차대전 이후 중동에서 발생한 세계적 수준의 분쟁을 나열한 것들이다. 위의 것들은 전쟁 수준의 것들이고 이것에 준하는 장기간에 걸친 국가적 대립과 적대적 긴장 관계도 분쟁이라고 할 수 있는데 사우디-이란 간의 이슬람 수니-시아 종파분쟁, '79년 이슬람혁명 이래 40년이 넘는 미국과 이란 간의 적대관계도 이에 해당된다.

그럼 대체 왜 이렇게 중동은 전쟁과 분쟁이 많은 땅이 되었는가? 중동이 분쟁의 땅이 된 지는 100년 정도밖에 되지 않는다. 1차 세계대전이 끝난 다음에야 불씨가 피어오른다. 그 이전 18C, 19C에는 오히려 유럽이 민족국가들로 나뉘어 끊임없이 치고받고 싸우던 전쟁의 대륙이었고 오스만 투르크가 통일하여 지배하던 중동 전역은 평화로운 대륙이었다. 당시 중동에는 아랍인, 투르크인, 쿠르드인, 이란인, 소수 유대인이 국경의 개념 없이 공존하고 있었는데 1차대전 중이던 영국과 프랑스는 추축국이던 오스만 투르크에게 대항하기 위해 피지배인이던 아랍인을 부추겨 전쟁을 도울 경우 독립국가 건설을 약속하고, 유럽에서 박해받던 유대인들에게는 시온주의(Zionism)를 도와 유대 독립국가 건설을 지원하겠다고 하였으며, 반대로 뒤에서 영국과 프랑스는 전후에 중동을 두 나라가 나누어 분할하겠다는 비밀협약을 맺었는데 이를 「사이크스-피코」 협정이라고 한다(Sikes-Picot Accord, 1916).

문제는 한 시기에 같은 땅을 두고 3개의 서로 다른 약속이 동시에 진행된 것인데 결국 최후의 피해자는 힘이 가장 약한 중동에 살던 아랍과 쿠르드인이 되고 만다. 영국과 프랑스는 자기들 편의대로 국경선을 그었고 이것이 오늘날 중동 국경선의 원형이 되었으며 종교와 부족 정체성을 무시한 채 그어지는 바람에 현재의 민족과 종파 분쟁의 원인이 되고 있는 것이다. 하나의 국경 안에 수니파와 시아파가 같이 있으면서 대립하고, 쿠르드와 같이 하나의 민족이 여러 개의 나라에 걸쳐있으면서 나라를 형성하지 못하고 박해를 받는 모순이 발생하는 것이다. 레바논은 아예 프랑스가 중동 안에서 기독교 국가로 기획해서 만들려던 국가인데 남한의 10/1의 크기에 기독교, 시아파, 수니파가 치열하게 대립함에 따라 국가로서의 정체성이 희박하다.

이렇듯 중동은 획정된 국경선을 기반으로 한 국가 정체성이 희미한 반면 종교와 언어에 기반한 종파적 정체성이 크게 작용한다. 이것은 한국이나 중국, 일본과 같이 단일 민족적 정체성을 유지하고 살아온 동아시아 문화권에서는 이해하기 어려운 것인데 예를 들어 한국에 있는 조선족들이 한국이 아닌 중국과의 연대감을 강하게 형성하여 국경을 초월하는 정치적 운동을 일으킨다고 가정해 본다면 복잡성이 이해가 갈 수 있을지 모르겠는데 중동의 경우 규모와 지속성에서 차원이 다르다고 할 것이다.

하나의 국경 안에 이질적인 정체성이 모여 있다 하더라도 필요하면 국가라는 단위 발전을 위해 하나로 뭉쳐서 갈 수 있어야 하는데 옆에서 자꾸 충동질을 한다는 데 문제가 있다. 즉 한 나라 안에 수니 20%, 쿠르드 20%, 시아 60%가 있다고 할 때 다수 시아파가 이웃 시아파 국가와 합세해 소수 수니와 쿠르드를 탄압한다면 소수파가 기댈 곳은 국경 밖의 다른 수니파와 쿠르드가 되는 것이다. 그러니 국경이 무의미해 지는 상황이 반복된다.

● ─────────────
2차대전 이후 중동의 분쟁

2차대전 이후 가장 대표적인 중동의 분쟁은 물론 앞서 말한 이스라엘-팔레스타인 분쟁이지만 현 단계에서 가장 두드러진 중동에서의 분쟁 대립 선은 사우디와 이란간의 종파분쟁이라고 할 수 있다. 각각 수니파와 시아파를 대표하는 두 나라는 국경을 초월하여 중동내 패권을 놓고 경쟁하고 있다. 이것은 종교상의 교리 대결이 아니다. 시작은 교파 간

Who supports whom

■ Saudi side ■ Iran side ■ Split* ■ Non-aligned

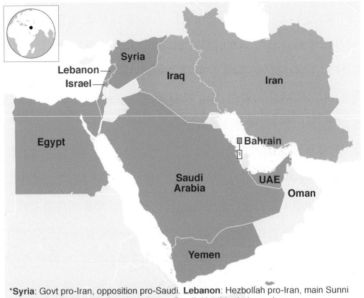

*Syria: Govt pro-Iran, opposition pro-Saudi. Lebanon: Hezbollah pro-Iran, main Sunni bloc pro-Saudi. Yemen: Govt-in-exile pro-Saudi, Houthi rebels pro-Iran

BBC

〈그림 30〉 친이란 시아파 계열(황색) 국가 대 친사우디 수니파 계열(녹색) 국가 간 대결 구도를 보여주는 중동 지도。시리아 내전은 사실상 친이란 정부의 승리로 종식되고 있다.

의 이견으로 시작되었지만 세월을 지나면서 두 나라간의 강력한 국익 대결이 되었고 종교는 사라지고 현실의 이익만 남게 되었다. 이스라엘-팔레스타인 분쟁이 영토(땅) 분쟁이라면 이 대결은 패권(헤게모니) 경쟁이다. 중동의 맹주가 되기 위한 경쟁인데 문제는 뻔히 한계가 존재하는 경쟁이기도 하다. 왜냐하면 종교가 개입된 종파 분쟁의 성격상 아무리 경쟁에서 우위를 점해도 한쪽이 상대를 전멸시키지 않는 이상 시아파가 수니파에게 결코 굴복할 수도 없고, 수니파도 시아파를 설득해서 전향시킬 수도 없는 문제이기 때문이다. 미국과 중국의 주도권 경쟁처럼 한쪽이 다른 한쪽을 압도하지 못하는 환경에서는 적대적 공존이 지속될 수밖에 없다. 이란이 맹주가 된다 한들 사아파에서의 위상이 상승하는 것이요 사우디의 위상이 확대된들 시아파 내부로 침투하기는 힘들다. 이것이 종파분쟁의 한계이기도 하다. 그만큼 그 둘 사이의 경계에서의 투쟁은 치열하다. 중동에 살면서 지켜본 사우디는 자본과 군사력의 힘이, 이란은 역사와 사람의 힘이 강해 보였다. 그만큼 서로에 대한 공포심과 경계심이 대단하며 위험을 과장하는 측면도 있어 보인다.

사실 사우디와 이란은 '79년 이란의 이슬람혁명 이전에는 같은 친미정권으로서 종파의 차이가 무색하게 평화롭게 공존하고 있었다. 그러던 것이 호메이니의 이슬람혁명이 성공하면서 일거에 세속왕정에서 이슬람을 국시로 하는 이슬람공화국(Islamic Republic of Iran)으로 바뀌고 선거를 하고 대통령은 뽑지만 그 위에 '아야툴라(Ayatullah)'라는 종교 지도자가 최고 통치자가 되는 독특한 신정국가로 바뀌었다. 문제는 이란이 이렇게 왕정을 전복한 이슬람 혁명 체제를 이란만이 아니라 주변의 모든 이슬람 국가에 전파하겠다고 나서면서 사우디를 비롯한 주변 왕정 국가와 대립각을 세우면서 비롯되었다. 절대왕정 국가인 사우디로서는 인구와 군사대국인 이란의 처사에 체제 위협을 느끼게 되고 이때부터 보다 적극적으로 미국을 끌어들여 군사력을 강화하고 대이란 제재에 동참하게 된다.

표 13 종파 대립에 기반한 중동내 진영표. 미국 대 중·러 대립구도도 중동내 대립선과 항상 일치하지는 않는다.

미국		러시아, 중국
(사우디), 이스라엘	튀르키예	이란
UAE, 이집트, 모로코, 바레인, 모로코, 수단	오만, 쿠웨이트, 요르단, 팔레스타인,	이라크, 시리아, 레바논

사우디와 이란의 종파분쟁은 중동에 독특한 진영선을 구축하였다. 소위 「시아 초승달 벨트」라고 불리는 반달 모양의 시아파 동맹을 구축한 것인데 이란을 중심으로 이라크, 시리아, 레바논까지 이어 보니 그런 모양이 된다고 본다. 반면 사우디는 걸프 지역의 같은 수니파 왕정국가인 UAE와 바레인, 이집트를 중심으로 세를 결집해 맞서고 있다. 같은 수니파 왕정국가인 카타르는 사우디와 이란 사이에서 한쪽에 치우치지 않는 행보를 보이고 있으며 오히려 유럽 지향만을 벗어나 이슬람 국가로서 중동문제 개입에 적극적 의지를 보이고 있는 튀르키예와의 결속을 강화하는 추세이다. 오만, 쿠웨이트, 요르단 등은 특정 종파적 입장을 표방하기 보다는 비교적 중립적 위치에서 사안별로 국익에 따라 움직이는 것으로 보인다.

미국의 중동 문제 개입

미국은 그간 중동 문제에 적극 개입해 왔다. 때론 국제법, 유엔과 상관없이 독자적인 개입도 마다 않았다. 아프간, 이라크, 시리아, 예멘 등 모든 중동 분쟁의 중심에는 미국의 개입이 있었으며 그 개입의 중심에는 석유가 있었다. 그런데 이제 셰일 오일의 발견으로 미국 스스로가 세계 최대 오일 생산 국가가 됨으로써 석유라는 절대 국익의 필요성이 사라지게 되었다. 석유의 중동의존도 감소는 미국의 탈(脫)중동, 고립주의 추세로 나타났다. 2021년 아프간과 이라크에서 미군을 철수하였고 시리아와 예멘에서도 군사 지원을 중단함으로써 군사적인 부분에서는 물러나는 모양새를 취하고 있다. 미국의 후퇴는 석유의 문제도 있지만 개입의 실패가 원인이기도 하다. 이라크, 아프간에서 미국식 개입주의의 한계를 경험했기 때문이다. 그 많은 물량과 목숨을 희생했음에도 미국에 적대적인 정부와 민심만을 만든 결과 앞에서 무력감을 맛봤고 때마침 아시아에서 부상한 중국이라는 변수가 생김에 따라 전략의 초점을 아시아로 바꾸어야 했다.

한편 발을 빼는 미국으로서는 힘의 공백을 메우고 적대국에 둘러싸인 최대 우방 이스라엘을 위한 최소한의 안전장치를 마련해야 했다. 그래서 등장한 것이 전대미문의 '아브라함 협정(Abraham Accord, 2020)'이라는 것인데 트럼프 행정부의 주도로 이스라엘과 UAE가 평화협정을 맺은 것이다. 두 나라는 합동 군사훈련을 통해 반이란 연대를 강화하고 정보기관 협력까지 하는 합의를 하는데 여기에 모로코, 수단까지 가세한다. 반세기 동안 불구대천의 원수로 지낸 이스라엘과 아랍이 전격적으로 관계개선에 합의한 것은 오로지 이란이라는 공동의 적이 있었기에 가능한 것이었다. 반면 팔레스타인은 믿었던 아랍형제들로부터 배신을 당한 셈인데 그간 22개 아랍 국가들이 한데 뭉쳐 편을 들어 왔지만 더 이상 현상 변경이 어렵다는 상황인식과 함께 현실적인 대안을 모색하지 않고 이스라엘을 비판만 하는 무능하고 부패한 팔레스타인 지도부에 대한 피로감도 쌓였던 것이 작용한 것으로 보인다. 또 그간 후원세력이었던 아랍 군주들 사이에 세대교체가 진행되고 젊은 군주들은 이슬람 극단주의 세력 대처나 탈석유 경제와 같은 국내문제에 몰두하면서 팔레스타인 문제와 같은 「대의」는 과거의 문제로 보는 경향이 커진 것도 한 원인이라고 볼 수 있다.

2015년 이란핵 합의도 미국의 탈중동 흐름과 궤를 같이 한다고 볼 수 있다. 당시 오바마 행정부로서는 중동을 떠나는 과정에서 이란이 이스라엘을 향해 핵을 쓰지 못하도록 장치를 마련해야 했고 이를 위해 사우디 등 아랍 우방의 격렬한 반발에도 불구하고 이란 핵개발을 동결하는 대신 기존 대이란 제재를 해제하는 딜(deal)을 성사시킨 것이다. 나중에 트럼프 행정부가 들어서면서 이 합의는 취소되었고 아랍권은 일단 한시름 놓았으나 미국의 탈중동 고립주의 흐름은 이미 대세로 굳어지고 있었다. 오바마 행정부에 이란 문제를 두고 크게 배신을 당했다고 느낀 사우디와 아랍 국가들은 트럼프 행정부 들어 일시 회복하는 분위기를 보였으나 바이든 행정부로 바뀌면서 다시 냉각되는 분위기이다.

이러한 미국을 둘러싼 기존의 중동질서의 흐름을 깨는 파격의 정점은 2023년 3월에 발생한 사우디와 이란의 전격적인 외교 정상화 합의이다. 그것도 중국의 중재로 베이징에서 이루어졌다. 일각에서는 미국의 뺨을 때린 사건이라고 했다. 사우디로서는 그간의 서운한 감정을 모아 미국에 강력한 경고를 날림과 동시에 무함마드 빈살만 왕세자가 명운을 걸고 추진중인 '비전 2030'의 장애물인 안보위협을 줄일 수 있게 되었다. 이란은 핵개발로 인한 서방의 제재로 발생한 만성적인 경제난을 타파하는 것이 합의의 동인이라고 할 수 있다. 시리아, 예멘, 이라크, 파키스탄 등 두 나라가 간접적으로 관여하고 있던 내전도 서서히 줄어들 것으로 보인다. 현재로서는 긴장완화의 분위기가 뚜렷해지고 있다.

사우디와 이란 전선은 앞으로

한 번의 합의로 40년 넘게 대립해 온 사우디와 이란의 전선이 사라질 수 있을지는 미지수이다. 그간 일대일로 등 경제적 실리를 바탕으로 중동에 접근해 온 중국이 앞으로 평화중재자로서 얼마나 더 역할을 할 수 있을지도 두고 볼 일이다. 아울러 사우디의 뒤에서 중동의 조정자 역할을 해온 미국의 자리를 중국 또는 러시아가 과연 얼마나 차지할 것인지도 불투명하다. 미국은 겉으로는 담담하지만 타격을 입었음은 확실하다. 조심스럽지만 미국의 고립주의 노선의 수정 또는 지연 가능성도 점쳐 볼 수 있다. 가장 큰 피해자는 이스라엘이 분명해 보인다. 사우디와 연대해 이란을 겨냥하겠다는 아브라함 구상은 더 이상 유효하지 않게 되었다. 한 치 앞을 알 수 없는 것이 중동의 정치 지형이고 확실히 한반도와 동북아를 뛰어넘는 고차원 방정식이 적용되는 곳이다.

한 가지 분명한 것은 과거 미소 냉전시대의 진영논리도 아니고, 미국 중심의 팍스아메리카나(Pax Americana) 시대의 논리도 아니며, 미국 대 중국·러시아 간 단순 대립구도가 적용되는 식의 이분법적 진영논리가 더 이상 통하지 않는 다는 것이다. 사우디와 이란 간 관계 복원이 두 종파 간의 해묵은 갈등을 일시에 수습하지는 않을 것이다. 그러나 두 나라 모두 경제와 체제 유지를 위해 당분간 평화와 안정이라는 공동의 목표를 택한 만큼 양측간의 합의가 쉽게 번복되거나 두 나라 주변의 종파 세력들이 합의를 거스르고 도발에 나서기는 쉽지 않을 것이다. 여러모로 향후 우리가 보게 될 중동은 미국, 중국, 러시아 등 외부 강대국의 입김과 영향력 투사 시도에도 불구하고 그 영향력은 제한될 것이며 중동 고유의 내부 논리, 즉 개별 국가의 국익과 종파적 정체성, 사안에 따라 이합집산(離合集散)하는 모습을 띠게 될 것으로 보인다.

③ 세속주의와 이슬람주의 그리고 민주주의

이스라엘을 제외한 중동 전역이 이슬람을 믿고 당연히 이슬람이 종교를 넘어 사회 전반을 지배할 것으로 믿고 있지만 의외로 종교와 정치를 분리해야 한다는 주장도 매우 강하다. 이를 세속주의(secularism)라고 하는데 인간의 합리성을 신뢰하고 정치, 경제, 사회 모든 분야에서 종교의 간섭을 배제하자는 것이다. 세속주의는 중동이 서구 식민지로 전락한 각성에서 비롯되었는데 발전을 위해서는 전근대성을 버리고 서양문명을 적극 수용해야 하며 이슬람 사회의 낡은 관습을 버려야 한다는 주장을 펼쳤다. 이 세속주의의 흐름이 오늘날까지 이어져 중동 각국의 근대화주의자들의 이념적 바탕이 되어오고 있다. 튀르키예 건국의 아버지 케말파샤, 이집트의 가말 나세르 등이 이러한 세속주의 전통의 대표적인 인물들이다. 어색하게 들릴지 몰라도 이라크의 사담 후세인도 이 계열이라고 할 수 있다.

〈그림 31〉 가말 압델 나세르 이집트 초대 대통령   〈그림 32〉 케말 파샤 튀르키예 초대 대통령   〈그림 33〉 무슬림형제단 창시자 하산 알 빈나

이슬람주의 또는 이슬람 원리주의

이슬람주의 또는 이슬람 원리주의(Islamic Fundamentalism)도 서양 제국주의의 침략과 이슬람에 대한 식민지배에 대한 자각과 반성으로 시작하였지만 서양의 모방이 아니라 서양의 향락과 물질을 숭배하는 문명을 거부하고 원시 이슬람의 순결한 정신과 엄격한 도덕으로 돌아감으로써 이슬람 사회를 재생해야 한다는 종교적 신념이다.

이슬람주의 세력은 무슬림형제단(Muslim Brotherhood)에서부터 시작하며 역시 세속주의와 마찬가지로 이집트에서 발원한다. 사회운동가인 하산 알 반나(Hassan Al Banna)가 1928년 창시한 무슬림형제단은 초기에는 사회봉사에 치중하는 단체의 성격이 강했으나 점차 내부에 정치 참여를 주장하는 세력의 목소리가 커지고 결국 1948년 파샤 총리 암살과 1954년 나세르 대통령 암살 미수 등의 테러를 저지르면서 불법단체로 규정된다. 이후 이집트 역대 정권의 강력한 탄압에도 살아남은 무슬림형제단은 적극적으로 사회봉사 활동을 벌이고 노동자, 농민, 도시서민 등 국민 저변으로 세력을 확장하면서 지지를 넓혀나간다. 현재 무슬림형제단은 중동 전역에 약 1천만 명의 단원을 가진 것으로 알려졌는데 이슬람권 전체에서 가장 영향력 있는 단체라고 할 수 있으며 후술할 알카에다를 비롯한 많은 이슬람 무장단체도 모두 무슬림형제단에 그 연원을 두고 있고, 그러므로 미국에 의해 테러단체로 지정되어 있다. 무슬림형제단은 술 판매 금지를 비롯해 여성의 노출 금지 등 샤리아(이슬람 율법)의 엄격한 집행을 주장하며 도박, 매춘, 음악, 마약 등을 금지한다. 특히 여성에 대한 규제가 엄격해 신체 노출을 위해 온몸을 가리는 옷을 입어야 한다.

역설적으로 2011년 「아랍의 봄」 이전만 해도 선거를 통해 집권이 가능한 정부 중에서 이슬람주의 세력이 정권을 잡은 나라는 이슬람혁명을 통해 신정 체제를 구축한 이란을 제외하고는 찾아보기 어려웠다. 대부분은 세속주의 국가였다. 특히 아랍의 맹주 이집트가 중동 국가들의 정치모델이었다. 1952년 쿠데타로 왕정체제를 타도하고 공화국을 수립한 '가말 압델 나세르'(Gamal Abdel Nasser)'는 대통령에 올라 아랍식 사회주의를 표방하면서 강력한 근대화 개혁을 추진한다. 그는 철저한 권위주의 독재체제를 구축하는데 그렇게 하지 않고서는 이집트 전반에 뿌리박힌 이슬람주의자들의 반근대적 저항을 뿌리치기 어렵다고 보았기 때문이다. 그는 1956년 수에즈 전쟁의 승리로 확고부동한 아랍의 영웅에 오름으로써 이슬람주의자들의 도전을 불허하는 존재가 되었고 세속주의는 이집트 국민들의 생활과 의식 속에 자리를 잡았다.

다른 아랍 국가들은 앞다투어 이집트의 정치체제를 추종하였다. 이라크의 사담 후세인, 리비아의 카다피, 시리아의 알아사드, 튀니지의 벤알리, 예멘의 살레, 수단의 알바시르 등이 이들인데 모두 쿠데타로 정권을 잡고 장기 독재를 하는 코스를 밟았고 세속주의를 표방했다.

이슬람주의 대 세속주의의 치열한 경쟁

이슬람주의와 세속주의 간의 치열한 경쟁이 가장 적나라하게 구현된 곳은 튀르키예이다. 이집트가 압도적인 세속주의 전통속에서 2011년 「아랍의 봄」 전까지는 이슬람주의 세력이 정권을 잡지 못했지만 튀르키예의 경우 이슬람주의 세력과 막강한 군부를 중심으로 한 세속주의 세력 간의 정치권력을 주고받는 공방이 이어졌다. 2002년 에르도안 정부의 집권 이후에는 이슬람주의 정부가 장기 집권하고 있는데 이는 2차대전 이후 세속 케말주의 전통이 깊이 뿌리내린 튀르키예에서는 극히 예외적인 현상이라고 할 수 있다. 그 이전 군부는 3차례의 쿠데타와 1차례의 군사 시위를 통해 이슬람주의 세력이 집권할 때마다 무력으로 정권을 다시 세속주의 정부로 회귀시켰다. 군부는 사법부와 언론을 장악하고 이슬람 원리주의자들을 조직적으로 탄압하였고 이러한 탄압에도 불구하고 이슬람주의 정당이 1995년 집권에 성공하자 군부는 헌법재판소를 동원해 세속주의 헌법에 위반된다는 명분으로 정당을 해산할 정도였다. 즉 갖은 방법을 동원해 어떻게든 이슬람주의자들이 정권을 잡는 것을 저지해 왔고 국민들도 선거에서 표출된 민심과는 별도로 군부의 정치적 역할에 대해 현실적으로 수용하는 태도를 보여 왔다.

그러나 세속주의 군부와 이슬람주의 세력 간 힘의 균형은 2000년대 들어 극적으로 역전되었는데 그 중심에는 2023년 5월 재선에 성공하여 무려 30년 집권을 앞에 둔 '레제프 타이프 에르도안(Recep Tayyp Erdoğan)' 대통령이 있었다. 이스탄불 시장 출신의 에르도안이 만든 정의개발당(AKP)은 그 전의 이슬람주의 정당과 달리 세속적 성향을 가미한 온건 보수주의를 표방하였는데 넓은 스펙트럼을 통해 이슬람 진영뿐 아니라 세속 중산층의 지지를 끌어내는데 성공하였다. 또 유럽연합(EU) 가입과 시장경제 정책을 적극 주장하면서 초기 집권 10년 동안 1인당 GDP가 3천 불 수준에서 1만 불 대로 증가하는 비약적인 성과를 거둔다. 에르도안 정부가 이슬람주의적 색채를 배제한 신자유주의적 정책을 추진한 것에 대해서는 다양한 해석이 있지만 과거 군부의 위세를 감안했을 때 최대한 이슬람적 색채를 줄이고 정치적 반대파를 안심시키는 전략을 쓴 것이라고 추측하기도 한다. 경제성장을 통해 집권기반을 다지는 동안 그는 세속주의 세력인 군부와 언론, 사법세력의 힘을 빼는 작업을 진행하였다. 사회의 근간을 이루는 세속주의 엘리트 전문가 집단도 이슬람주의자 내부의 온건파들로 서서히 대체하고 사회 전반에 걸쳐 이슬람주의 색채가 강한 정책들을 계속 추진하고 있다. 이슬람주의를 비판해 온 언론을 탄압하고 군부의 장성들을 해임하였으며 종교 학교에서 히잡을 착용하게 하고 공공장소에서 남녀간 애정 표시도 금지하였다. 박물관으로 이용하던 인류 문화유산인 이스탄불의 소피아 대성당을 2020년 모스크로 전환하여 전 세계적인 비난을 사기도 하였다. 튀르키예의 EU 가입이 사실상 어렵게 되자 그는 중동으로 눈을 돌려 중동 문제에 적극 개입하기 시작한다. 시리아 내전에 군사적으로 가장 크게 개입한 외부세력이 튀르키예였으며 걸프 왕정국가 간 갈등으로 카타르가 사우디, UAE 등으로부터 단교를 당했을 때 이슬람주의 연대를 바탕으로 카타르에 손길을 내밀면서 카타르의 맹방이 되기도 했다. 에르도안은 오스만투르크의 영광 재현을 국가적 비전으로 제시하고 있는데 19세기 전체 중동을 통일했던 오스만투르크의 후계자가 자신임을 암시하는 우상화 작업이라고 해석하기도 한다. 2023년 5월 대통령 재선으로 사실상 영구집권의 길이 열린 만큼 에르도안 대통령의 탈세속주의 이슬람주의화 정책은 더욱 가속화될 것으로 예상된다.

〈그림 34〉 2011년 튀니지 재스민 혁명 당시 시위 모습

「재스민 혁명」이라고도 불리우는 2011년 「아랍의 봄」은 세속주의와 이슬람주의가 정면으로 충돌한 사건이다. 튀니지의 작은 도시에서 노점상을 하던 청년이 부패 공무원의 횡포에 항의하면서 시위가 들불처럼 번졌고 분신한 장면이 알자지라 방송을 타면서 주변 중동 국가까지 빠르게 확산되었다. 중동의 장기독재 정권들을 순식간에 흔든 혁명의 시작이었다. 리비아의 카다피, 이집트의 무바라크, 튀니지 벤알리 등 독재 정권들이 붕괴되었는데 그 다음 시민 민주주의 세력이 아니라 이슬람주의 세력들이 득세하기 시작하였다. 이집트는 무슬림형제단 출신의 급진 이슬람주의자인 '무르시(Muhammad Mursi)'가 대통령으로 당선되는 이변이 발생한다. 시민혁명을 통해 이룩한 결과가 이슬람 근본주의라는 사실에 이집트 국민들은 당황하고 이슬람주의자인 '무르시' 정부가 세속주의 군부정권 못지않은 권위주의 정책을 추진하고 경제상황도 악화하자 국민들의 불만은 가중되었고 결국 군부가 나섬으로써 무르시 정부는 1년 만에 막을 내리게 되고 다시 군부 출신인 '엘시시(Abdel Fattah el-Sisi)' 대통령 정부가 들어섬으로써 길고 길었던 무바라크 대통령 시절처럼 군사 독재정권 시절로 회귀한다.

결과적으로 민주주의는 오지 않았다

「아랍의 봄」을 겪은 많은 중동의 나라들이 정도의 차이만 있을 뿐 이집트와 비슷한 길을 걸었다. 세속주의이든 이슬람주의이든 결과적 민주주의는 찾아오지 않았다. 서구의 식민지배 이후 조국 근대화와 아랍 민족주의 부흥이라는 케말 파샤와 나세르의 비전 실현과 동떨어진 채 독재적 요소만을 축출하여 장기 집권에 활용한 세속주의 장기 독재자들은 대부분 30년 이상 집권하는 동안 시민사회를 감시하고 정적을 제거하면서 정치적 대안세력의 씨를 말살하였다.

결국 「아랍의 봄」 당시 독재정권들이 갑작스럽게 붕괴된 후 민주화 세력
은 전혀 준비도 없고 조직력이 없는 상황에서 대안세력으로 남는 것이
결국 교육과 조직력을 갖춘 군부와 이슬람주의 세력이었다. 이러한 대
안 부재의 상황이 중동의 민주화가 어려운 이유이며 길을 잃을 수밖에
없는 것이다.

그에 앞서 더 근본적인 원인은 앞서 언급한 바 있는 중동이 싸우는
이유, 즉 식민주의의 유산인 나눠먹기식 국경선 획정으로 한 나라 안에
이질적인 부족과 종파가 속함으로써 갈등의 씨앗을 안고 있기 때문이
다. 그간 중동에선 강력한 정부만이 이런 혼란을 막을 수 있다며 독재를
정당화해 온 측면이 있다. 그리고 이런 독재는 미소 냉전체제 하에서 미
국을 비롯한 서방의 비호가 없이는 가능하지 않았을 것이다. 국제정치
에서는 오직 국익뿐이라는 것이 현실이지만 인권과 민주주의를 주창해
온 서방 국가들의 편의적 잣대는 아랍을 민주주의의 볼모로 만들었다.

또한 아랍의 민주화가 어려운 문화적 요인으로 부족주의(tribalism)도
들 수 있다. 부족주의는 초지와 오아시스를 두고 부족간 쟁탈전이 숙명
이던 유목민의 문화가 부족장에 대한 절대 복종과 개인의 자유가 존중
될 여지가 없다는데 기인한다. 가부장적인 문화의 보수성으로 교육 역
시 등한시되므로 민주화를 감당할 시민사회의 형성도 어렵다. 경제적
요인도 있다. 많은 나라들이 석유 의존이라는 지대추구형 국가(rentier
state)로서 사우디, 쿠웨이트, 카타르와 같은 산유국들은 왕실이 석유수
입을 독점하고 국민들에게 시혜적으로 수입을 배분하면서 세금은 사실
상 거의 거두지 않는다. 이들 나라들도 「아랍의 봄」 당시 시위가 없었던
것은 아니지만 오일머니를 바탕으로 임금과 복지혜택을 늘리면서 위기
를 벗어났다. 그래도 이들 걸프 산유국 왕정들은 재정여력을 바탕으로
첨단산업 육성과 여성인재 등용을 비롯한 개혁 조치를 실행하고 탈석

유 시대를 준비 중인데 이런 과정을 통해 개인적 자유와 사회적 개방성도 진전될 것으로 보인다. 중동 민주화의 빠른 성취가 어렵다면 국가역량을 먼저 제고하는 것도 역내 안정과 경제발전을 위한 대안이 되지 않을까. 어쩌면 민주화가 됐느냐 안 됐느냐의 기준으로 중동의 정치를 재단하는 시도 자체가 적확한 잣대가 아닐 수도 있다는 생각이 든다. 두바이나 카타르 국민 중에서 민주화가 안 돼서 불만인 사람이 얼마나 될까.

결국 기존의 세속주의와 이슬람주의 사이의 역학 관계만으로 중동 정치의 복잡성을 이해하는 데 있어 한계는 갈수록 뚜렷해질 것이다.

❹ 수니파 대 시아파 갈등, 무엇이 문제인가?

이슬람을 믿는 무슬림은 크게 두 개의 종파인 수니파(Sunni)와 시아파(Shia)로 나뉜다. 오늘날 전 세계 약 20억 무슬림 중 약 85%가 수니파고 15%가 시아파이다. 시아파는 이란, 이라크, 바레인, 아제르바이잔 등의 이슬람국가에서 다수이고, 수니파는 모로코에서 인도네시아에 이르는 40여 개의 이슬람권 국가에서 대다수를 차지한다. 다만 그 숫자만을 근거로 종교적 위상을 단순 비교하는 것은 무리가 있는데 중동 외 중국, 동남아, 유럽, 사하라 이남 아프리카 등지의 수니파는 토착종교와 결합된 변형 이슬람으로 볼 수 있고 샤리아를 통치 수단으로 쓰는 정통 수니파들의 시각에서는 무슬림이라고 보기 어려운 허술한 면모도 있다. 이들은 수니-시아의 구분이나 대결에 관심이 없고 시아파의 확장이 수니파보다 늦었고 수니파 사우디의 재정적 후원 때문에 수니파를 칭하는 경우가 많다.

종파 간 차이에도 불구하고 1400여 년에 이르는 오랜 역사 동안 두 종파는 상대적으로 평화롭게 공존했다. 그러나 20세기 후반부터 중동 내 국가와 종교 세력들이 정치적 경쟁을 하면서 두 종파 간 분열이 심화되었고 미국의 군사개입은 결과적으로 이러한 대립을 더욱 악화시키는 결과를 초래하였다. 두 종파의 역사적 기원과 차이 그리고 현대 중동 정치에 어떤 영향을 미치고 있는지 살펴보겠다.

두 종파의 차이의 연원은 선지자 무함마드의 정통 후계자(칼리프)를 누구로 보느냐에 따라 발생한다. 632년 이슬람 창시자 무함마드가 후계자를 정하지 않은 채 숨을 거두자 후계자 선정 방법을 놓고 이슬람 공동체 지도자들 안에서 이견이 발생하는데 다수는 독실하고 모범적인 사람 중에 선출하자는 쪽과 무함마드의 사위이자 사촌인 알리가 있으니 무함마드의 혈통이 계승해야 한다고 주장하여 대립한다. 혈통을 주장한 사람들은 사위인 알리를 염두에 둔 것이다. 혈통과 능력, 공적, 인품 등 다방면에서 명망이 높았던 알리에 대한 경계심을 갖고 있었던 기득권 세력은 무함마드가 정복전쟁을 통해 편입시킨 여러 부족들의 연합세력이었는데 완벽한 정통성을 갖춘 알리가 칼리프가 될 경우 왕조가 세워져 세습이 이뤄지고 자신들의 입지가 축소될 것을 우려하였다. 그리하여 선출을 지지하였고 결국 1대 칼리프로 632년 아부바크르가 선출되고 혈통인 알리는 그 뒤로 20여 년을 기다린 656년에 가서야 마침내 4대 칼리프에 선출이 된다. 그 사이에 두 파벌들 사이에는 매번 선출 문제가 부각될 때 마다 감정의 골이 깊어지고 젊은 시절을 다 보내고 칼리프에 즉위한 알리는 쌓여왔던 한을 풀 듯 본격적인 개혁정책을 펴기 시작하지만 곧 수니파 세력의 반격에 부딪히며 내전에 돌입하게 된다.

| 표 15 수니파와 시아파 비교

	수니파	시아파
예언자 무함마드의 후계자	이슬람 공동체 안에서 선출된 1~3대 칼리프도 인정	무함마드의 혈통인 4대 칼리프 알리만이 진정한 후계자
신앙적 자세	시아파는 이단	비주류, 정통성을 찬탈한 주류 수니파에 대한 저항정신
전 세계 무슬림 중 비율	85~90%	10~15%
주요 국가	사우디 등 GCC 6개국, 이집트, 터키, 아시아·아프리카 대다수	이란, 이라크(60%) 그 외 사우디, 시리아, 레바논, 예멘 등 일부
정치지형	- 사우디 vs 이란 ⇒ 최근 관계 정상화 합의('23.3) - 시리아 내전: 정부군(시아파) vs 반군(수니파) - 예멘 내전: 정부군(수니파) vs 후티반군(시아파) - 이라크-이란 전쟁(80~88): 이라크(수니파) vs 이란(시아파)	

　　각지에서 발생한 내전은 대부분 진압되지만 시리아 총독인 무아위야가 일으킨 반란이 협상으로 해결되는 틈을 타 협상에 불만을 품은 칼리프 알리측 내부 강경파에 의해 알리가 암살을 당하게 되고 그 와중에 반란이 일어난 시리아 다마스쿠스에는 최초의 이슬람 왕조이자 수니파 세습왕조인 우마이야 왕조가 세워지게 된다. 그러나 비혈통 칼리프 세습을 인정할 수 없었던 시아파들은 알리의 근거지인 이라크 쿠파를 중심으로 알리의 정통성을 주장해 나가고 우마이야 왕조의 세습에 맞서 알리의 아들 후세인을 칼리프로 추대하려 하자 우마이야 왕조는 쿠파를 침공하여 후세인 일가를 학살하기에 이르며 시아파들은 이때부터 후세인을 순교자로 숭앙한다. 그리고 예언자 무함마드의 외손자를 살해한 우마이야 왕조를 비판하며 이때 생긴 정치적 입장이 교리로 발전하는데 이슬람과 아랍 공동체의 전통을 부정하고 오직 알리의 자손만이 칼리프

의 자격이 있다고 주장한다. 그래서 예언자의 직계 후계자인 1대~3대 칼리프인 아부바크르-우마르-우스만 3명의 후계자는 찬탈자로 규정하고 자신들의 정당한 몫을 수니파들에게 빼앗겼다는 생각을 갖고 있다.

우마이야 왕조 이후 시아파들은 수니파에 투항하지 않고 탄압을 피해 지하로 숨어들어 몰래 예배를 보면서 점조직으로 활동하였다. 그러면서 점점 교리에 있어 비아랍적 색채를 띠어 가는데 하느님의 사도로서 신앙의 안내자이자 스승인 「이맘」에 대한 절대적인 복종이라든지 기독교의 구세주와 같은 「마흐디」 사상과 같은 것이 대표적이다.

결국 1400년 이전의 지도자 계승 문제로 갈린 종파의 차이지만 현대의 갈등 관계는 단순한 교리의 문제를 넘어서 국가간 세력 경쟁과 직결되어 있다. 수니파와 시아파는 오랜 시간 동안 평화와 분쟁을 오갔지만 20세기 후반 이전까지는 비교적 평화로웠다고 할 수 있으나 후반에 들어서는 아랍권과 페르시아인의 갈등, 석유, 미소 냉전의 대립 등 복잡한 정치적 요인이 개입됨에 따라 종파간 대립도 심화되었다.

1979년 이란에서 이슬람혁명이 발생하여 중동 최초로 시아파 신정국가가 출범하였다. 새로 제정된 공화국 헌법에 의해 최고 종교지도자 호메이니는 삼권분립을 초월한 지위를 갖게 되었는데 이슬람 신정체제에 대통령 공화제가 덧붙여진 독특한 정치체제가 성립되었다. 호메이니는 성직자에 의한 통치, 즉 초기 이슬람의 칼리프와 같은 정교일치에 기반한 신정정치 이념과 서양 식민유산에 대한 거부가 이슬람권 전체에 보편화해야 할 이념이라고 생각했고 스스로가 시아파의 지도자가 아니라 무슬림 전체의 지도자라고 생각했다. 그리고 이웃 수니파 종주국 사우디를 타락한 전제 왕정국가이자 이단 와하비즘 국가라고 맹비난하였다.

이란의 이슬람혁명이 중동 현대사에서 갖는 의미는 각별하다. 수니-시아 사이의 공존이 깨짐은 물론 중동 전체로 사우디와 이란을 중심으로 한 수니파-시아파간 국경을 초월한 양보없는 패권경쟁이 시작되는 단초가 되었다. 호메이니의 사우디 왕정과 와하비즘에 대한 비난과 이슬람 신정체제의 수출 의지 천명으로 체제 불안을 느낀 사우디는 그 이전의 온건한 태도를 버리고 오일머니를 바탕으로 적극적으로 수니 와하비즘의 해외 선교에 노력을 쏟는다.

이란의 시아파 혁명에 가장 폭력적으로 대항한 것은 옆 나라 이라크였으며 이라크의 소수파이지만 집권 세력이었던 수니파 지도자 사담 후세인(Saddam Hussein)은 1980년 이란의 유전지대를 장악하고 호메이니의 시아파 혁명 파괴를 목적으로 이란을 침공한다. 양국은 '79년 이슬람 혁명 이래 양국은 긴장관계에 놓였는데 서로 상대국 내 반정부 세력을 지원하고 있다고 비난하고 내정간섭 중지를 경고하는 등 긴장이 고조되기 시작했고 마침내 국경에서 무력 충돌로 확대됐다. 종교적 우월주의에 사로잡힌 호메이니의 이슬람혁명 파급 기도와 지역 제일의 군사강국 지위를 점한 이라크 후세인의 군사적 팽창주의의 충돌이라고 할 수 있으며 여기에 미국 등 서방의 이란에 대한 견제 심리가 이라크를 고취했다고 볼 수 있다. 서방은 이라크에 외교, 경제, 군사 지원을 제공했고 사우디를 포함한 아랍 전역의 수니파 지도자들 역시 후세인을 지지했음은 물론이다. 무려 8년을 지속한 이 전쟁은 총 백만여 명의 사상자를 내고 종식되었고 결과적으로 이라크 내 60%를 차지하는 시아파에 대한 본격적인 핍박과 차별의 시작이 되었다.

반면 이란-이라크 전쟁이 시작되던 1982년 이스라엘은 레바논 남부에 거점을 두던 팔레스타인 게릴라 공격을 막는다는 명목하에 레바논을 전면 침공하는데 이때 이스라엘에 대항한 레바논 시아파 민병대가 이란의 혁명수비대(IRGC)지원을 받아 발전한 것이 앞서 언급한 헤즈볼라이다. 헤즈볼라의 설립은 레바논을 비롯한 중동 지역에 대한 시아파

이란의 영향력을 높이는데 결정적인 역할을 했다.

이란-이라크 전쟁 이후 이라크 내부는 극심한 종파 갈등에 휩싸였으며 후세인 정권은 시아파를 심하게 탄압하하였다. 이라크 내 시아파 종교 지도자와 가족들이 차례로 숙청당하는 사건도 일어났다. 이라크의 다수파 시아파 시민들이 소수파인 집권 수니파에 정권에게 처참하게 짓밟히는 동안 이를 돕는 세력은 다른 중동의 수니파 국가가 아닌 옆나라 시아파 이란이었고 시아파에 대한 탄압을 반대하던 미국도 실질적으로 돕진 않았다. 이렇게 후세인 시절 수니파 대 시아파 사이에는 되돌릴 수 없는 정치적 골이 형성되었다.

9.11 이후 2003년 미국의 이라크 침공의 주된 목적은 이라크 내 종파분쟁 해결과 직접적 관련이 있는 것이 아니었으나 결과적으로 수니파 후세인이 제거되었다. 그러나 두 종파간 대결은 약화되지 않았다. 소수 수니파의 탄압을 받던 다수 시아파들은 국제사회의 국민통합안을 따르지 않고 수니파와 쿠르드족을 배제한 시아파 단독 정부를 구성하려 했고 종파간 갈등의 골은 더욱 깊어 갔다. 이 과정에서 시아파 정부는 친이란 기조를 강화하면서 역내 수니파와 대립 전선이 형성된다.

2005년 이라크의 시아파 정부 수립은 기존의 페르시아 이란 이외에 이슬람 역사 14세기 동안 존재하지 않았던 최초의 시아파 아랍 정권의 설립을 의미하는 것으로서 중동 지역 시아파 아랍 무슬림들에게는 강력한 정치적 구심점이 생긴 것이라고 할 수 있다. 반면 이러한 시아파의 부상은 수니파의 위기감과 소외감을 자극하여 결과적으로 이라크와 시리아에 걸쳐 IS와 같은 극단적인 수니파 무장 테러단체의 출현의 단초를 제공하기도 하였다.

현재 시아파는 이란-이라크-시리아-레바논으로 이어지는 소위 '초승달 벨트'를 중심으로 수니파 아랍권과 지정학적 종파대결 구도를 견지하고 있다. 사우디와 이란은 2016년 사우디의 시아파 성직자 처형 사태로 인해 외교관계까지 단절하는 최악의 관계까지 갔다가 앞서 말한대로 최근 2023년 3월 중국의 중재로 일단 외교관계는 재개하기로 합의하였다. 종파분쟁과 안보대립보다는 두 나라 각자의 국내 정치적 안정과 포스트오일 경제체제 구축과 같은 내부 목표 달성이 더 시급하다는 결론에서 내려진 전략적 판단일 것이다. 이것이 임시적 갈등의 해소인지 항구적인 평화로 가는 이정표가 될지는 더 두고 볼 일이지만 석유시대의 종말이라는 위기의식을 바탕으로 이슬람 근본주의를 개혁하는 변화의 바람이 불고 있듯이 이번 사우디-이란 관계 정상화 합의가 종파 대립이라는 해묵은 역사적 유산을 종식시켜 나가는 계기가 되기를 기대해 본다.

알카에다, IS, 탈레반은 대체 무슨 차이?

　　알카에다, 아이에스(IS), 하마스, 헤즈볼라, 탈레반, 보코하람, 알샤바브, 유일신과 성전… 중동발 뉴스를 달구는 무장 테러단체들은 어떻게 시작되었으며 이들 사이의 차이점은 무엇인가? 이슬람 근본주의를 지향하는 이들 무장 테러단체들이 왜 중동에 많이 생겨난 것이며 도대체 어떤 정치 이념을 지향하는 것인가.

이슬람 근본주의와 극단주의

극단주의 단체들이 사상적 근간으로 삼는 이슬람 근본주의(Islamic Fundamentalism)는 코란과 하디스와 같은 이슬람 경전을 충실히 따르면서 타락한 서구사회는 물론 변질된 무슬림 사회를 변화시키려는 급진적인 사상운동이다. 그리고 이슬람 극단주의(Islamic Extremism)는 이슬람 근본주의에서 더 나아가 이슬람의 이름으로 테러와 성범죄, 암살 등을 정당화하는 것을 극단주의로 본다. 이슬람 극단주의는 평화를 강조한 이슬람의 교리보다 이슬람 정복 전쟁 시기의 공격적 지하드의 교리를 강조하며 13세기 몽골의 침략기에 이슬람권이 몰락한 것은 이슬람이 근본에서 벗어났기 때문이며 인류 역사상 유일하게 종교로 대제국을 건설한 이슬람 제국의 영광을 재현할 것을 이상으로 삼는다.

　　이슬람 극단주의는 후일 사우디의 종교적 기반이 된 와하비즘의 창시자인 18세기 신학자 「무하마드 빈 압둘 와하브」에서 극대화되는데 이슬람 지도자와 교리에 대한 맹목적 복종과 비무슬림에 대한 증오, 가혹한 여성 차별, 우상숭배 금지 등이 와하비즘의 특징이다. 와하비즘은 단순히 교리로서가 아니라 아라비아의 일개 부족인 사우드 가문과 결합하여 훗날 사우디아라비아의 건국 이념이 되며 중동의 판도를 흔들 종파 이념이자 알카에다와 같은 무장 테러단체의 이념적 기반이 된다는 데 의미가 있다.

무슬림형제단, 알카에다, 아이에스(IS)

20세기 들어 이슬람 극단주의는 이슬람 근본주의 안에 혼재된 채 서구 식민지 해방 이후 국가발전 방향을 놓고 세속주의 세력인 아랍 민족주의 세력과 경쟁하게 된다. 아랍 민족주의를 대표하는 세력이 전술한 바와 같이 당시 아랍의 맹주인 이집트 나세르 대통령이었고 이슬람 근본주의를 대표하는 세력이 역시 이집트에서 시작된 「무슬림형제단」이었다. 무장단체의 계보 차원에서 무슬림형제단은 후에 팔레스타인 무장단체 하마스를 거쳐 알카에다, 아이에스(IS)의 연원이 된다고 할 수 있다. 무슬림형제단의 창시자 「하산 알 빈나(Hassan Al Binnah)」는 케말 파샤 터키 대통령이 이슬람주의를 배격하고 강력한 세속주의 정권을 만드는 것을 보고 큰 충격을 받고 이슬람주의 활동의 활동을 넓혀 주변 팔레스타인과 시리아 등으로까지 확산하게 된다. 무슬림형제단은 그 안에 온건파적 요소와 강경파적 요소가 혼재되어 있었는데 초기에는 기독교 YMCA와 같은 사회봉사 활동에 치중하였고 이론적으로도 다른 극단주의 단체와 다르게 민주적 메커니즘을 수용하는 요소도 많이 포함하고 있어서 온건하다는 평가도 받기도 하지만 점차 강경화되어 갔고 테러 옹호와 소수자 박해 등 실제 행동으로 표출된 만행을 봤을 때 애초에 온건론의 존재 자체가 무리라는 반론도 있다.

이집트에서 나세르의 아랍민족주의와의 권력투쟁에서 패한 무슬림형제단은 탄압을 피해 50~60년대 주변 중동 국가로 흩어지고 이 과정에서 다음 단계 무장단체의 싹이 트기 시작하는데 가장 먼저 태동한 것이 팔레스타인의 「하마스」, 그리고 레바논의 시아파 「헤즈볼라」이다.

표 16 좌로부터 무슬림형제단 상징, 하마스, 헤즈볼라, 알카에다, 아이에스(IS)

하마스

하마스는 무슬림형제단에서 파생된 대표적 단체로서 '87년 팔레스타인의 이스라엘에 대한 대대적인 민중봉기인 인티파다(Intifada)를 계기로 무슬림형제단의 팔레스타인 지부가 분리하여 독립한 것이다. 당시 팔레스타인은 온건 협상파인 팔레스타인해방기구(PLO)를 중심으로 이스라엘과의 정치협상 끝에 '93년 오슬로 협정이 체결되어 오늘날의 가자지구와 요르단강 서안지구에 대한 팔레스타인 자치권이 합의되었지만, 하마스는 이를 거부하였다. '하마스란 알라를 따르는 헌신과 열정이란 의미인데 하마스는 이스라엘에 대한 성전을 강령으로 이스라엘과의 일체의 정치적 타협을 거부한다. 하마스는 2006년 자치정부 총선에서 예상을 깨고 집권하기도 했으며 현재는 가자지구(Gaza Strip) 만을 실효적으로 지배 중이며 서안지구는 온건파인 파타(Fatah)가 지배중이다. 하마스는 아랍권을 비롯한 러시아, 중국에서는 독립군으로 인식하는 반면 서방에서는 테러단체로 지정되어 있다.

헤즈볼라

헤즈볼라는 레바논의 시아파 무장단체이며 사상적으로 이란의 이슬람혁명, 조직적으로 이란의 혁명수비대(IGRC)의 지원을 받아서 생긴 단체이다. '82년 이스라엘이 팔레스타인 문제로 레바논 남부를 침공할 당시에 시아파 성직자인 「압바스 알 무사위(Abbas Al Musawi)」가 결성했다. 이념적 성향은 반서방, 반이스라엘이며 의외로 이슬람 근본주의적 성격은 강하지 않으며 반이스라엘 색채답게 아랍민족주의적 성격이 강하다. 시아파이지만 수니파인 하마스와도 교류하며 규범이나 내부 문화가 상당히 세속적이고 느슨하여 서구적인 레바논 문화를 반영한 측면이 있다는 평가도 받는다. 헤즈볼라가 전 세계에 이름을 떨친 것은 '83년 두 차례 미국을 상대로 한 대형 테러 때문인데 레바논 미국 대사관 자살 차량 폭탄 사건과 미군·프랑스군 막사 자살 테러로 300명 이상이 사망하게 된다. 헤즈볼라는 2018년 연립정당으로 총선에 참가해 여당이 됨으로써 제도권에 진입하였으며 현재는 레바논 정치를 좌우하는 핵심 세력으로 자리잡고 있다.

알카에다

알카에다는 2010년대 중반 IS가 등장하여 중동 뉴스를 점령하기 전까지 가장 극렬한 극단주의 수니파 무장 테러단체였다. 알카에다는 이슬람 극단주의와 더불어 소련과 미국의 합작품이라고 할 수 있다. 알카에다는 아프간에서 탄생하였다. '79년 소련이 아프간을 침공하자 미국이 아프간을 지원한다. 이슬람의 맹주를 자처하는 사우디도 지원한다. 중동 각지의 무슬림들이 아프간으로 몰려 들며 여기에 팔레스타인 출신으로 사우디 젯다에서 이슬람 근본주의 신학을 강의하면서 명망을 얻던 압둘라 아잠(Abdulla Azzam)과 그의 제자이자 사우디 건설 재벌의 아들인 오사마 빈라덴(Osama Bin Muhamed bin Awad bin Laden)도 포함된다. 오사마 빈라덴과 압둘라 아잠은 의기투합하여 전쟁 중 「마크탑 알 키타맛(MAK)」이라는 다국적 게릴라 용병단체를 육성하다가, 압둘라 아잠이 아랍권 내부의 투쟁인 반이스라엘 투쟁에 방점을 둔 반면 오사마 빈라덴이 반미 항쟁에 더 방점을 두면서 90년대 초 오사마 빈라덴은 독자세력을 모색한다. 오사마 빈라덴은 아프간 전쟁에서 고국 사우디로 돌아온 이후 이라크전 종식 이후에도 사우디에 미군이 계속 주둔하고 있는 점과 오일머니에 취한 사우디 왕가의 타락을 보고 분노한 후 자신이 이끌던 무자헤딘을 이끌고 아프리카 수단으로 이동하여 반미 성전의 기치하에 알카에다를 출범시킨다. 사우디 재벌가의 자손으로서 막강한 자본력도 한몫을 하였다. 그리하여 90년대 중후반 케냐, 탄자니아 미국 대사관 폭발 사건이나 예멘 미 함정 자살 보트 사건과 같은 알카에다에 의한 대형 테러가 연속 발생하게 되며 그 대미는 여객기 4대를 납치하여 미국의 심장부인 미국 뉴욕의 무역센터와 수도 워싱턴의 펜타곤을 공격한 9.11 테러 사건이다.

나이지리아의 「보코하람」, 소말리아의 「알샤바브」, 시리아의 「알누스라」, 요르단의 「유일신과 성전」 등은 알카에다의 변종 또는 지역적 파생이라고 볼 수 있다. 이들은 꼭 알카에다와 직접적 연계성이 있다기보다는 각 지역에서 기존에 있던 무장 조직들이 9.11 이후 반미의 상징이 된 알카에다의 명성에 동조 혹은 편승하면서 알카에다의 이름을 표방한 것으로서 반미 테러리즘의 큰 지붕에 자발적으로 몰려든 것이다.

보코하람

보코하람은 '서양식 교육은 죄악'이라는 의미라고 한다. 반미, 반서구를 모토로 2002년 나이지리아 북부에서 조직되었으며 반정부 테러를 벌이며 임산부를 죽이거나 소녀를 이용한 자살폭탄 테러라든지 여성을 이용한 잔악한 테러를 특징으로 한다. 알샤바브는 '젊음'이란 뜻으로 2000년대 중반 소말리아 남부에서 결성되었으며 점령지에서 샤리아를 엄격히 적용하고 비무슬림을 무차별 처형하거나 간통자를 투석형에 처하기도 하였다. 알누스라 전선은 시리아의 반정부군 주도 테러단체이며 시리아의 알카에다 지부를 표방하기도 하였다. '누스라'는 승리를 의미한다. 시아파 정부를 타도하고 수니파 근본주의 정부 수립을 목표로 한다. 유일신과 성전은 '99년 무자헤딘 출신 요르단인 '아무 무사브 알자르카위'에 의해 요르단과 이라크에서 조직되었는데 2004년 김선일 납치살해 사건으로 알려진 조직이다. 잔혹한 무편집 영상을 송출하여 잔인함을 극대화하는 미디어 테러로 악명이 높았다. 조직의 수장인 알자르카위가 2006년 미군에 의해 사망하자 2인자인 「아부 바크르 알바그다디(Abu Bakr al Baghdadi)」가 조직을 재편하여 출범시킨 것이 바로 아이에스(IS)이다.

아이에스(IS)

아이에스(IS)는 이슬람국가(Islamic State)의 의미이며 「ISIL」의 'IL'은 이라크와 레반트라는 지명을 뜻한다. 영어권에서는 일부러 아랍어 「다에시(Daesh)」라고도 하는데 '신앙의 범죄자'라는 의미의 경멸을 담고 있다. 2011년 오사마 빈라덴이 미군의 특수작전에 의해 파키스탄의 은신처에서 사망하고 알카에다의 기세가 꺾이면서 IS로 테러전선의 중심축이 넘어오기 시작한다. 소수 수니파였던 사담 후세인 몰락 후 이라크에서는 수니, 시아간 내전이 발발했고 시리아도 2012년 「아랍의 봄」 이후 종파간 갈등이 누적되어 내전이 시작되었다. 이 혼란기를 틈타 이라크와 시리아에 수니파 칼리프 제국을 만들겠다고 나선 것이 IS이다.

　IS는 수십년간 쌓인 이슬람 극단주의 무장단체의 모든 악행을 집대성한 테러 단체라고 할 수 있다. 수니파의 종교적 극단주의인 와하비즘과 정치적 극단주의인 살라피즘, 보코하람이나 알샤바브 등이 저지르는 잔혹한 행위와 이를 여과없이 홍보하는 행위, 인력 충원을 하는 방법 등은 21세기답게 매우 첨단기법을 동원하는 등 변신에 능한 모습을 보여준다. 무엇보다 알카에다가 기존의 집단과 다른 점은 '영토를 가진 국가'를 만들겠다는 것인데 테러와 반군단체 수준을 벗어나서 2014년 '칼리프국(Caliphate)'을 선포하였고 한때 이라크와 시리아 영토의 절반 이상을 차지하기도 하였다. 또한 알카에다와의 주요한 차이로는 알카에다가 反美(반미)라는 외부항전에 중점을 둔 반면 IS는 이슬람권 내부의 통일에 중점을 두고 같은 무슬림도 반대파들은 잔혹하게 처단한다는 것이다. IS는 2016년 이후 미국, 러시아 등의 반IS 국제공조가 본격화되면서 세력을 잃기 시작했고 2019년 수장인 알바그바디가 미군에 의해 사망하면서 궤멸 상태에 빠지게 된다. 지금은 아프간 일부 지역에서 탈레반을 상대로 테러를 저지르면서 명맥을 잇고 있다.

탈레반

　탈레반은 소련의 아프간 침공 당시 저항한 아프간 무자헤딘들이 소련 철수 후 친소련 정부군과 온건 무자헤딘 그룹과의 내전에 연달아 승리하고 '94년 결성한 극단주의 무장단체이다. '96년 카불을 점령하고 국토 대부분을 지배하였으나 오사마 빈라덴을 숨겨주었다는 혐의로 2001년 미국의 전면 침공을 받았다. 20년에 이르는 전쟁 끝에 2021년 8월 미군이 철수하고 탈레반은 아프간의 집권세력이 되었다. 90년대 말 탈레반 집권기에 서구식 학교와 극장, 박물관은 폐쇄되었으며 TV와 영화, 전통음악이 금지되고 시인과 예술가가 탄압되고 처형되었는데 현대판 분서갱유라고 할 만하였다. 절도범은 손목이 잘렸고 여성들은 반드시 온몸을 가리는 부르카를 써야 했으며 여성은 혼자 외출을 못하게 하고 남성은 면도를 못하고 수염을 길러야만 했다. 압권은 이슬람 이전의 유물이라는 이유로 2001년 세계인류문화유산인 「바미얀 석불」을 공개적으로 파괴한 것인데 이를 계기로 탈레반이 같은 이슬람권에서도 집단 비난을 받는다. 2021년부터 아프간을 지배 중인 탈레반은 2022년 여성의 대학교육을 금지하더니 나중엔 초등학교까지만 허용하고 여성은 외국 NGO나 UN 등 국제기구에 근무를 못하게 함으로써 국제사회의 공분을 사고 있다.

권력(돈)은 피보다 진하다? 왕족간 왕위 쟁탈전

왕위 계승을 둘러싼 갈등은 모든 왕실의 근심거리였다. 왕위 다툼은 형제나 가문 간의 다툼으로 번지곤 한다. 먼 역사가 아니라 21세기에도 벌어지고 있다. 서구 문명의 선입견을 한꺼풀 걷고 보자면 영국 왕실도 계급 간 갈등을 포함, 적서(嫡庶), 인종 문제 등 적지 않은 모순을 안고 있으며 故(고) 엘리자베스 2세 여왕의 장기 통치 기간 중 가려졌던 이런 문제들이 여왕의 죽음을 계기로 터져 나오는 모습들을 목격하고 있다. 그러나 중동 왕실만큼 승계를 둘러싼 음모와 암투가 치열한 곳은 왕정 국가에서도 찾아보기 힘들 것이다.

지구상에 가장 강력한 남자라고 불리우는 「미스터 에브리씽(Mr Everything)」 사우디의 무함마드 빈살만 왕세자가 2017년 반대파 왕족들을 부패 혐의로 집단 숙청하고 그 이듬해 2018년 언론인 자말 카슈끄지를 피살하면서 차기 왕권을 다지는 모습을 보면서 사람들은 사우디 왕가의 승계 과정에 대해 여러 궁금증을 갖게 된다. 빈살만 왕세자의 책봉으로 1932년 사우디 건국 이래 처음으로 형제상속이 아닌 부자상속이 이루어졌다고 하는데 왜 여태 형제상속이 이루어지게 되었으며 지금까지의 상속은 얼마나 순탄하고 갈등이 있었는지 등을 알아보고 아울러 중동의 다른 군주제 국가들의 경우의 상황은 얼마나 차이가 있는지 살펴본다.

<그림 35> 역대 사우디 국왕 계보

Part_ 4 중동의 정치

빈살만 왕세자의 아버지인 현 살만 국왕은 이븐 사우드 초대 국왕의 25번째 아들이며 빈살만은 살만 국왕의 6번째 아들이다. 즉 빈살만 왕세자의 입장에서 왕위가 자신에게 세습될 확률은 그만큼 희박한 것이다. 사우디는 유럽과 같은 입헌군주국이 아니라 아직도 왕에게 실권이 있는 옛날 방식의 전제 군주국에 가깝고 혈통이 곧 권력인 나라다. 지금까지 왕권은 초대 국왕의 아들들이 형제 세습해 오고 있는데 그 이유는 이븐 사우드 국왕이 이웃 부족들을 정복하고 여자들을 아내로 맞는 방식으로 동맹을 맺음에 따라 22명의 아내로부터 44명의 아들을 두어 상속을 받을 아들이 너무 많았기 때문이다. 덕분에 평화는 이루었지만 너무 많은 아내와 아들 때문에 장차 왕자의 난을 염려해야 했으며 그래서 대안으로 나온 것이 형제 세습이었고 초대 이븐 사우드 국왕의 유지에 따라 사우디의 전통이 된다. 중동은 원래 형제 세습만이 있었던 것은 아니고 부자상속도 있었고 부족의 전통과 상황에 따라 택하고 있었다. 그러나 형제 세습의 과정도 순조롭지만은 않았다. 2대 국왕인 장남 사우드 국왕부터 부패와 지도력 부족 그리고 심한 낭비로 재정이 고갈될 위기에 처하자 왕실 내부에서 차기 내정자인 파이잘 왕세제로 교체하려고 하자 현 사우드 국왕이 이에 반발하여 왕실 근위대를 동원하려고 하자 이에 맞서 당시 군사령관이었던 12남 압둘라 왕자(후에 6대 국왕)가 군대를 동원함으로써 무력 충돌의 위기까지 갔다가 간신히 해결한 바 있다. 사우드 국왕은 망명길에 올라 여생을 그리스에서 살다가 사망하였는데 냉전시대 소련의 지원으로 몇 차례 복귀를 시도하다 실패한 것으로 알려졌다.

그 뒤에 즉위한 3대 파이잘 국왕은 노예제도 폐지, 1차 석유파동 등 사우디의 국가 현대화의 기틀을 다진 개혁 군주라는 평가를 들었으나 '75년 정신병자인 조카의 의해 암살을 당한다. 개혁에 반대하는 이슬람 보수파에 의한 암살이라는 음모론도 있으나 단독범행이라는 설이 다수설이다. 살해범 조카는 왕실 신분이라 황금으로 만든 칼에 의해 참수형에 처해졌다고 한다.

44명이나 되는 형제들 사이에 파벌이 없을 리 없다. 파벌은 외척, 즉 주로 모계를 중심으로 강하게 형성되었으며 대표적으로 초대 국왕의 10번째 부인인 수다이리 가문의 일곱 아들인 「수다이리 세븐(Sudairi 7)」이 유명하며 이 일곱 명 중에 현 7대 국왕인 살만 국왕과 5대 파흐드 국왕 등 2명의 국왕을 배출하였고 7명의 아들 모두가 명민하고 우애가 각별하여 요직을 많이 차지였다고 한다. 그리하여 그 사이에 이복(異腹) 형제인 6대 압둘라 국왕은 2005년 즉위 후 충성위원회 (Allegiance Council)란 것을 구성하게 되는데 이 위원회는 초대 국왕의 생존 아들과 그 아들이 사망했을 경우 장남, 장남이 없을 경우 그 손자 등 직계자 44명으로만 구성되어 여기서 왕위를 확정하도록 하였다. 이 위원회의 목적은 수다이리와 같은 권세 있는 외척의 힘을 빼는 것인데 수다이리 가문 같은 경우 일곱 형제들이 일치단결하여 50여 년 동안 내무, 국방, 리야드 주지사와 같은 핵심 요직을 지나치게 장기 독점한다는 부정적 인상을 주변에 주었고 개혁 성향의 압둘라 국왕은 오랫동안 이에 대해 반감을 품어 왔으나 워낙 수다이리 형제의 위세가 강해 내색을 못해 오다가 마침내 왕이 되자 전격적으로 감행한 것이다. 또한 압둘라 국왕은 '14년 형제들의 막내이자 非수다이리계인 무크린 왕자를 부왕세제로 책봉하는데 이는 수다이리계의 강력한 반발을 가져온다. 반발의 명분은 무크린의 모친이 하녀 출신이고 무크린 위로 다른 이복형제도 있다는 것이었다. 제2 왕세제란 것이 당시 처음으로 도입된 것인데 압둘라 국왕으로서는 수다이리계인 살만 왕세제가 79세 고령이고 건강도 좋지 않으므로 여차하면 非수다이리계인 무크린으로 왕위를 이양하려는 계획이었다고 봐야 할 것이다.

그러나 결국 압둘라 국왕이 다음 해인 2015년 먼저 서거를 하게 되고 사실상 정적 관계인 살만 국왕이 즉위하자마자 무크린 왕세제를 폐위하고 수다이리계 동복 형(나예프)의 아들이자 조카인 「무함마드 빈나예프」를 왕세자로 임명한다. 이것은 일종의 타협책이라고 할 수 있는데 아직도 살만 밑에 왕위를 기다리는 동생들 둘(탈랄, 무크린)이 있으므로 왕실 평화를 위한 중간적 선택이라고 할 수 있다. 그러나 살만 국왕의 본심은 결국 2년 후인 2017.6월 빈나예프 왕세자를 폐위하고 자신의 6남이자 당시 부왕세자 겸 국방장관이던 '무함마드 빈살만'을 왕세자로 책봉하는데 드러난다. 그때부터 유명한 대대적인 반대파 숙청작업인 사우디판 「왕자의 난」이 터지기 시작한다. 같은 해 11월 리야드 리츠칼튼 호텔에 수 백명의 왕자와 부호들을 부정부패 명목으로 감금하고 축재한 돈을 환원하여 충성을 맹세하든지 아니면 감옥을 가든지 선택하라는 식의 압력을 가한 끝에 총 1천억 불 가량의 재산을 소위 「애국보석금」의 명목으로 헌납받은 것으로 알려졌다. 왕세자에서 폐위당한 빈나예프 왕자도 모든 은행계좌가 동결 당하고 친인척 등과 사실상 감금 상태에서 강제로 폐위에 동의할 것을 강요받은 것으로 알려졌는데 사우디 왕실은 빈나예프 왕세자가 나중에 빈살만 왕세자에게 충성을 서약하는 장면을 일부러 공개하기도 하였다.

이후에도 빈살만 왕세자는 2020년 결국 빈나예프 전 왕세자와 그의 남동생, 심지어 자신의 부친인 살만 국왕의 동복 동생인 아흐메드 왕자까지 반역 혐의로 체포하면서 왕위 계승에 잠재적인 걸림돌을 집요하게 제거하는 면모를 보인다. 여기에 부친인 살만 국왕이 폐위시킨 무크린 전 왕세제의 아들은 의문의 헬기 추락사고로 사망한다. 이로써 사우디 왕가의 차기 후계 구도는 거의 완벽하게 빈살만 왕세자를 중심으로 정리가 된다.

사우디와 같은 걸프 왕정국가인 카타르는 「알타니」 가문에서 부자세습을 해오고 있는데 현 국왕인 「타밈 빈 하마드 알타니」 국왕은 부친인 당시 하마드 국왕으로부터 2013년에 왕위를 양위 받았고 선왕은 지금도 생존해 있는 드문 케이스이다. 하마드 국왕 자신이 '95년 부친이던 칼리파 국왕이 해외 출장을 간 틈을 타 친위세력을 규합하여 쿠데타를 일으켜 왕권을 차지하였다. 왕세자였던 자신에게 내각 임명권을 포함해 일상 업무를 위임해 오던 부친이 갑자기 재정권을 포함한 권한을 재장악하려 하자 축출을 감행했다는 해석이 많다. 쿠데타는 무혈혁명으로 끝났지만, 문제는 그 다음 해 역쿠데타 시도가 있었다는 것인데 과거 경제부장관을 지낸 왕실 인사의 주동으로 추진됐지만 사전에 발각되어 무위로 끝나고 말았다. 그런데 이 역쿠데타에 사우디, UAE, 이집트, 바레인 등 주변국 정부가 직접 가담하였다고 친카타르 언론인 알자지라가 2018년 보도하기도 하였다. 역쿠데타를 주도한 왕실 인사인 전 경제부장관은 쿠데타 시도 후 계속 레바논에 머물다가 카타르 정보부의 작전에 속아 카타르로 이송되어 2001년 사형선고를 받고 복역하다가 2008년 석방되었다고 한다. 아들로부터 국왕 자리에서 축출된 칼리파 국왕은 프랑스, 아부다비 등 해외를 떠돌다가 2004년에야 귀국을 허락받고 카타르로 돌아와 가택연금 상태로 살다가 손자의 왕위 계승까지 본 후 2016년 84세를 일기로 사망하였다.

선지자 무함마드의 유일한 직계 후손 가문으로 알려진 요르단 하심(Hashim) 왕가도 정도는 약하지만 승계로 인한 갈등에서 자유롭지 못했다. '99년 선친 후세인 2세로부터 왕위를 승계한 현 국왕 압둘라 2세는 「함자」라는 18살 어린 이복동생이 있었는데 2021년 함자가 연루된 쿠데타 음모설이 터지고 그것이 서방 언론을 통해 보도가 된다. 결국 왕실 최고 어른인 현 국왕의 삼촌인 하산 왕자의 중재로 함자 왕자가 마음을 돌리고 다시 국왕과 헌법에 충성을 맹세하는 것으로 사태는 일단락은 되었다고 한다. 사실 여기에는 승계 구도에 관한 사연이 있는데 압둘라 2세가 아들로서 왕위를 이어받기 전에 왕세제로서 무려 50여 년간 삼촌인 하산이 활동하고 있었고 왕위 계승자로서 입지가 탄탄하였으나 부왕인 후세인 2세가 타계 직전에 자신의 아들로 교체한 것이다. 여기에 하산 삼촌도 왕실의 평화를 위해 선왕의 유지를 대승적으로 수용하고 조카의 승계를 도왔는데 여기에 더해 후세인 2세가 늦게 낳은 아들인 압둘라 2세의 이복동생 함자를 총애하여 왕위를 물려주고 싶어 했다는 것이다. 결국 여러 사정을 감안해 왕위는 장자인 현 국왕인 압둘라 2세가 승계하고 압둘라 2세는 선왕의 유지를 감안해 동생인 함자를 왕세제로 책봉했다가 몇 년 후에 자신의 아들로 교체해 버린다. 함자는 그 뒤로 왕실의 무대에서 쓸쓸히 사라졌다가 왕실에 각을 세우고 비판적인 목소리로 돌아온 것이다.

왕위승계를 두고 이렇게 갈등과 암투가 벌어지는 것은 군주제가 갖는 한계이자 숙명이라고 할 수 있다. 특히나 중동 아랍의 경우 입헌군주제의 전통이 확립이 덜 된 상황이고 사우디의 「충성위원회」 운영에서 보듯이 제도적 완비성의 유무에 상관없이 정치권력자의 압력에 의해 자의적으로 운영될 수 있는 정치적 환경이 충분히 가능하기 때문이다. 피는 물보다 진하지만 피보다 진한 것이 권력을 향한 인간의 맹목적 의지인 것 같다.

중동 정치 깊이 알기

① 중동도 피할 수 없는 미국 대 중국 패권 경쟁

역사적으로 중동질서의 중심에는 늘 미국이 있어 왔다. 두 차례 세계대전 이후 글로벌 석유생산 기지로서 중동은 미국에게 전략적 중요성이 가장 높은 지역이었다. 1948년 루즈벨트 미국 대통령과 이븐사우드 사우디 국왕 간의 석유와 안보 간 교환 합의 이래 미국은 중동으로부터 안정적으로 석유를 공급받고 대신 중동 왕정의 안보를 책임져 왔다. 1980년 카터 대통령이 발표한 "걸프만을 장악하려는 외부세력은 미국을 공격한 것으로 간주한다"는 소위 '카터 독트린'은 미국이 이 지역 석유에 갖는 사활적 이익을 보여준다.

그러나 2011년 버락 오바마 행정부가 선언한 '아시아 회귀(Pivot to Asia)' 선언을 기점으로 미국의 중동정책은 大(대)전환을 보이기 시작한다. 아시아 회귀는 곧 탈(脫)중동, 고립주의라고 할 수 있는데 '셰일 혁명'으로 중동에 대한 에너지 의존도가 크게 줄고 아프간, 이라크에 대한 군사개입이 실패로 돌아간 미국이 아시아에서 부상한 중국으로 전략의 초점을 전환하면서 중동에서 개입을 축소하기 시작한 것이다. 여기에 '아랍의 봄' 이후 인권과 자유민주주의를 앞세우는 미국 오바마 행정부의 행보에 중동의 권위주의 정부들이 불만을 갖게 되고 특히 수니-시아 종파 대립 관계인 이란을 미국이 2015년 포괄적 핵합의(JCPOA)를 통해 국제사회 복귀를 허용하자 미국의 안보 우방이었던 수니-아랍 세계의 미국에 대한 배신감은 극에 달했다. 가장 최근인 2021년 미군의 혼란스러운 아프간 철군과 허무하게 탈레반의 손에 아프간이 점령당하는 것을 보면서 중동에서 미국에 대한 신뢰는 크게 손상되었다고 할 수 있다. 반면 사우디 반체제 언론인 '카쇼끄지' 살해 등 인권문제를 빌미로 한 바이든 행정부의 빈살만 왕세자 고립 노선은 우크라이나 전쟁 발발로 인한 원유 감산 문제 등의 뜻밖의 변수 발생으로 실패로 돌아갔고 바이든 행정부는 사우디와 불편한 관계 형성이라는 정치적 비용을 치르게 되었다.

반면 중국은 미국이 빠지면서 생긴 공백을 틈타 순조롭게 외연을 확장시켜 왔다. 세계 에너지 수입국 1위 국가인 중국과 세계 석유생산 3위인 사우디의 시너지는 충분했고 지정학적 차원에서 중동은 일대일로(One Belt One Road) 프로젝트의 핵심지역이다. 사우디, UAE와는 에너지 거래에 있어 달러화 대신 위안화 결제도 점차 확대해 가고 있다. 사우디의 입장에서 미국의 경쟁국이자 이란과 우호적인 중국과의 관계 확대는 미국과 이란을 동시에 견제하는 수단이다. 사우디만이 아니라 다른 중동 국가로서도 인권이나 민주주의 등을 내정의 문제로 치부하고 경제에 치중하는 중국의 원칙이 교역상대국을 넘어 상대에 부담이 적다고 할 수 있다.

중국의 중동 접근과
미국의 반응

<그림 36> 2023년 3월 10일 중국 베이징에서의 이란-사우디 정상화 합의 모습

　최근 중국의 중동내 접근은 정치적 중재자로서의 역할이 두드러진
다. 2022.10월 시진핑 주석의 3연임이 확정된 이후로 지금까지 경제적 이
익에 치중했던 중동전략이 이 지역의 갈등의 중재자로서 중동정세에 개
입하기 시작한 것이다. 시진핑 주석은 연임을 계기로 새로운 국제질서의
주도자로서 중국을 자처하고 그해 12월 리야드에서 열린 중국-아랍 정
상회의에 참석하여 아랍권과의 전면적인 협력을 선언하였다. 중국은 미
국의 중동 패권을 저지하기 위해 러시아, 이란과의 3자협력을 중심으로
협력을 확대해 왔다. 세 나라 모두 시리아 내전에서 아사드 정권을 지지
하고 미-이란간 핵협상을 지지하며 미국의 대이란 제재의 우선 해제를
요구하는 입장이다. 사우디, UAE, 카타르 등 전통적인 미국의 우방에
드론 등 중국산 무기의 판매도 늘리고 있다. 아직은 이들 국가 무기 수입
의 2% 수준이지만 향후 정치적 환경변화에 따라 늘어날 여지가 크다.

<그림 37> 바이든 미국 대통령의 2022년 7월 11일 제다에서의 빈살만 왕세자와의
유명한 주먹 악수 모습

　　이러한 추세 속에서 금년 3월 중국 베이징에서 중국의 중재 하에 사
우디와 이란 간에 역사적인 외교관계 정상화 합의가 이뤄지고 3개월 후
인 6월에 양국의 수도에 대사관이 재개설된 것은 중동 외교 지형의 지
각변동이자 미국과 중국 간의 위상 변화를 예고하는 충격적 사건이라
고 할 수 있다. 사우디와 이란으로 대변되는 수니파-시아파 진영간 대결
구도가 완화되는 데탕트 기류가 뚜렷이 감지되고 있다. 서구는 물론 아
랍권에서 배척당했던 시리아의 친이란 시아파 '알아사드' 대통령은 사
우디의 주선으로 2023년 5월 아랍연맹(Arab League) 정상회의에 복귀하
였고 사우디·이란 간 대리전으로 10년 가까이 이어져 온 예멘 내전도
휴전 논의가 진행중이다. 중국은 차제에 이스라엘-팔레스타인 문제도
나서겠다는 의지도 비치고 있다.

　　이러한 중대한 상황 변화 속에서 미국은 다급해질 수밖에 없게 되었

다. 미국도 다시 중동을 끌어안으려는 움직임이 보인다. 블링컨 미 국무장관은 2023년 6월 리야드를 방문해 걸프협력기구(GCC) 외무장관들을 만나 미국은 중동에 계속 머문다는 선언을 한다. 비서구 질서 축(軸)인 이란, 중국, 러시아에 사우디의 가담은 ▲ 에너지 안보 ▲ 이스라엘 안보 ▲ 이란 억지(핵능력) ▲ 아랍 안보동맹을 통한 무기시장 유지라는 미국의 중동 4대 핵심 이익을 위협한다. 중국과 이란, 사우디의 전략적 이익이 수렴한다면 고립주의를 기반으로 한 「아시아로의 회귀」와 대 중국 봉쇄에 주력한다는 글로벌 전략 구상에도 차질을 가져올 가능성이 커진다. 가깝게는 그간 미국과 이스라엘이 공조하여 추진해 오던 반(反)이란 기조의 중동 구상이 차질을 빚게 되었다. 즉 미국이 중동에서 한발 비켜나되 남아 있는 맹방 이스라엘의 안보를 위해 UAE와 이스라엘을 수교시켜 이란을 공동 견제하게 하는 「아브라함 협정(2020)」이 힘을 잃게 되었고, 인도를 끌어들여 중국과 이란을 동시 견제하게 하고자 2022년 7월 결성한 소위 중동판 쿼드(QUAD)라고 하는 소위 「I2U2(이스라엘, 인도, 미국, UAE)」 역시 당시의 기대와 달리 이번 정상화 합의로 타격이 불가피하게 되었다.

중국은 이번의 역사적 성과에 매우 고무되어 있다. 일반적인 평가도 일단 중국의 외교적 승리를 인정하는 분위기이다. 그러나 중국이 두 나라를 주도적으로 끌고 갔다기보다 두 나라 주도의 협상에 중간자적 위치의 공중 확인자로서 초대되었다는 해석이 더 설득력이 있어 보인다. 즉 빈살만 왕세자로서는 「비전 2030」 등 정치적 명운을 걸고 국가 개조 프로젝트를 해야 하는데 예멘 시아파 후티 반군 공격 등 이란발 불안 요인이 계속되자 직접 이란과 담판을 하기로 결심을 하였고, 여기에 중간에 중국을 활용하여 중국의 자존심을 띄워주면서 미국을 자극하는 효과까지 거둔 것이다. 중국으로서는 위험할 수도 있는 것이 중재국은 합의를 위반하는 당사국을 제재를 가할 권위와 능력이 있는지가 관건인데 만약 그러지 못할 때는 반대로 위험을 자초할 수도 있다. 사우디와 이란은 그간 세 번이나 관계 단절과 회복을 반복하였는데 향후 또 그런 상황이 생길 때 중국이 평화중재자로서 지도력을 발휘할 수 없다면 이미지만 실추하는 역효과만 발생할 수 있다.

현실적으로 미국의 리더십이 중국에 의해 대체될 가능성은 희박하다. 중동 국가들이 그러한 선택을 할 유인이 적기 때문이다. 사우디가 중국을 이란과의 협상에 중재자로 활용한 것은 미중관계를 이용해 동맹인 사우디에 대한 미국의 일방적인 외교적 행보에 대한 경고를 한 것이다. 미국이 중동을 떠나 독자적 길을 간다면 사우디도 굳이 계속 같은 진영에서 움직일 필요가 없고 필요하면 사안에 따라 중국이나 러시아와도 협조하겠다는 전략적 자율성을 높이겠다는 것이다. 상황이 바뀌어 미국의 정책이 바뀐다면 사우디도 맞대응한다는 것이다.

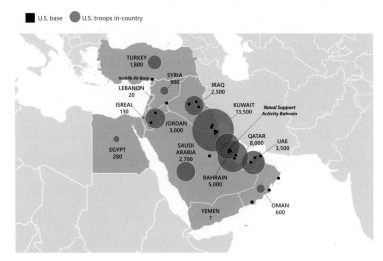

〈그림 38〉 중동 배치 미군 기지와 병력, 2022

출처: defensepriorities.org

그렇다고 지금 당장 미국의 역할이 사라지거나 중국으로 대체된다고 보기는 어렵다. 이번 한 번의 성공이 중국의 능력과 의지를 충분히 검증했다고 보기는 어렵다. 미국이 중동에서 갖는 안보 역량은 여전히 독보적이다. 미국은 중국의 일대일로 전략 봉쇄를 위해 인도-태평양 전략에 중동을 포함시켰으며 오바마, 트럼프 행정부 시절 이라크, 바레인, 시리아 등에서 군사력을 감축시켰음에도 불구하고 쿠웨이트에 13,500명, 카타르에 8,000명 등 GCC 6개국 모두에 군사기지를 운영하는 등 여전히 막강한 전력을 유지하고 있다. 이러한 하드웨어적 인프라를 중국이 단시일에 따라잡기는 힘들다. 또한 20세기 전반에 걸쳐 미국 유학 등으로 형성된 광범위한 사우디 친미 엘리트 인맥들이 일거에 사라진 것도 아닐 것이다. 중국과의 거리가 아무리 좁혀졌다고 한들 친미냐 친중이냐 했을 때 아직은 팔이 미국으로 접힐 정서적 인프라는 공고하다고 봐야 할 것이다. 아직은 미국이 오랜 세월 깔아놓은 외교적 자산은 중국과는 비교할 수 없을 만큼 훨씬 튼튼하기 때문이다. 더구나 중국과 사우디 사이에는 이슬람권인 신장·위구르 문제도 놓여 있는데 중국을 무슬림 형제를 탄압하는 사회주의 국가로 보는 비판적 시각이 사우디를 비롯한 이슬람권 내에 있다는 점도 사우디와 중국 사이가 좁혀지는 데 한계로 작용할 것이라는 지적이 있다.

중동을 두고 미국과 중국의 경쟁이 치열해지고 사우디 등 지역의 맹주들이 양자택일적, 진영적 접근을 벗어나 국익에 기반한 냉정한 계산법을 취하는 것은 그만큼 막강한 레버리지를 가졌기 때문이다. 미국이 발을 뺀다고 하지만 중동을 가진 자가 세계를 가진다고 할 만큼 탁월한 지리적 위치, 막대한 에너지 자원 등 중동이 가진 지정학적, 경제적 가치는 강력하다. 이번 사우디-이란 관계 정상화 쇼크는 그 위력을 다시금 확인시켜 준 사건이며 향후 중동에서 미국의 관여 유지와 중국의 관여 확대 경쟁은 사우디, UAE, 이란 등 지역 맹주 국가들의 전략적 자율성과 수혜의 기회를 높여 줄 것이다.

중동의 지정학적 환경변화, 한국과 협력 확대

이러한 지정학적 추세의 변화는 한국과의 협력 확대에도 호기로 작용할 가능성이 크다. 지정학적 환경의 변화는 동시에 경제적 변화를 의미한다. 사우디가 이란과의 화해를 추진한 것은 역내 대립 구도를 진정시키고 「비전 2030」과 같은 경제문제에 집중하고자 하는 강력한 의지를 반영한 것이다. 이를 위해서 어제의 적인 이란은 물론 어제의 친구인 미국도 필요하면 멀리할 수 있다는 실용적 접근을 하겠다는 것인데 이럴수록 한국이 갖는 산업과 과학기술 강국으로서의 장점은 더 부각될 수 있다. 이미 사우디, UAE, 카타르 등이 탈석유 산업다각화 차원에서 한국과 다양한 분야에서 사업들을 추진 중이지만 이들 나라들이 협력 파트너를 선정하는 데 있어 진영논리에서 벗어나 실용적 접근을 취한다면 한국에게 기회가 돌아갈 확률이 더 커질 수 있다는 것이다. 한국도 자유진영에 속하지만 중동의 시각에서는 서구와 겪은 역사적, 이념적 갈등에서 자유롭고 떠오르는 산업기술 강국의 이미지가 강하므로 협력 파트너로 선호될 여지가 더욱 커질 것이라고 본다.

중국이 중재자로 나선 이번 사우디-이란 국교 재개 합의의 지속 가능성에 대해 의문을 표하는 견해도 상당하다. 양측의 종교적 갈등과 전략적 대립의 뿌리가 그만큼 깊다는 것이다. 지금은 서로의 이해가 맞아 잠시 휴식을 취하는 일시적 평화일 뿐 구조적 요인은 해결은 어렵다는 것이다. 시리아, 예멘, 레바논 등 대리전이 벌어지는 나라들에서의 상황도 여전히 불안하다. 그러나 그것과 상관없이 확실한 것은 향후 중동에서 중국의 영역은 더욱 확대될 것이라는 점이다. 이미 10여 년 전에 시작된 중동 국가들의 「아시아 중시정책(Look East)」은 중국, 인도, 일본, 한국이 핵심 대상국이다. 한국으로서는 정부나 기업 모두 다른 아시아 경쟁국들과 어떻게 차별화하여 한국의 장점과 매력을 중동 국가들에게 쉽고 간단하게 제시할 수 있을지 고민할 필요가 있다. 정치적 진영과 이념적 가치의 논리에서 한껏 자유로워진 새로운 중동의 지정학은 우리도 오롯이 국익과 기업의 이익 극대화에 충실한 실용적인 접근법을 취하는 데 더할 나위 없는 좋은 환경을 제공할 것이다. 특히 이번에 조성된 화해 무드가 상당 기간 지속될 경우 이를 발판으로 사우디, UAE, 카타르 등 걸프 산유국간의 포스트 오일 경제 구축을 위한 경쟁이 더욱 치열해지는 가운데 이를 통해 되도록 많은 우리 기업들이 참여하여 세계화 역량을 키우고 학습할 수 있는 기회를 얻었으면 좋겠다.

❷ 테러의 땅, 중동은 안전한 곳인가?

중동이 대체로 여행자나 방문자에게 유럽이나 동남아만큼 편리하고 친숙한 곳은 아니다. 늘 전쟁과 테러와 같은 폭력이나 왕실의 상상을 초월한 재력 과시, 해변에서 노출을 이유로 외국인 남녀 체포 등과 같은 자극적인 뉴스들이 주로 서구 언론을 거쳐 우리에게 전해진다. 그러다 보니 은연중에 중동은 정상적인 사람들의 일상이 영위되지 않는 곳 혹은 가서는 안 될 곳 같다는 의식이 생기곤 한다. 실제로 주변에는 건전한 상식을 가진 중산층 이상의 사람들 중에도 왜 군이 중동 같은 곳에 찾아가느냐는 반응을 보이는 사람들이 꽤 많다.

그러나 현실은 그와는 딴판이다. 4억
이 넘는 중동 인구 중에 뉴스에서 나오는
그런 분쟁의 현장에 살고 있는 사람은 극히 예외적이며 대부분은 정상
적인 삶을 살고 있다. 평범한 중동인의 삶은 미디어에서 잘 취급하지 않
고 우리가 잘 알 길이 없을 뿐이다. 물론 서쪽 끝 모로코에서 동쪽 끝 이
란까지 중동 각국은 환경도 무척 다양하고 정치·사회적인 수준도 제각
각이다. 그러나 한국인의 입장에서 잘 모르지만 의외로 공통적으로 발
견할 수 있는 것은 이슬람 사회 전반에 면면히 흐르는 「평화주의」이다.
현지에서 생활하다 보면 이슬람 극단주의나 테러단체와 같은 과격한 이
미지는 이슬람 전체에서 매우 소수의 이례적인 현상이라는 것을 알게
된다. 나라마다 정도의 차이는 있지만 일상에서 폭력이나 범죄를 겪거
나 들어 보는 것은 매우 드문 일이다. 그간의 서구중심의 미디어의 편파
적 보도와 무비판적 수입이 중동을 폭력과 테러의 온상이라는 이미지
가 중첩되게 하면서 불온한 땅이라는 이미지를 고착시켰다고 본다.

또 중동을 여행하거나 체류하는 사람의 입장에서 중동이 안전한가
라는 질문을 했을 때 필자는 최소한 일반적인 치안(public safety)의 측면
에서 중동은 세계의 웬만한 나라들에 비해 더 안전하다고 대답한다. 물
론 내전이나 분쟁 중인 나라의 경우는 불가피한 목적을 제외하고 일부
러 찾아갈 일은 드물겠지만, 중동 대부분 어디를 가든 세계의 다른 어느
나라들보다 평화롭고 환영받는 느낌을 갖게 될 것이다. 아랍문화 전반
에 배여 있는 손님에 대한 환대(hospitality)의 문화는 이국적이고 감동적인
요소가 있는데 이런 것들이 결국 외지인에 대한 전반적인 태도로 이어지
고 안전으로 귀결된다. 그러므로 안전에 관한 한 크게 문제로 인식하지
못한다. 특히 최근은 중동 각지에서 한국인이라면 현지인으로부터 각별
한 호의를 받는 경우가 많은데 다른 지역에 비해 일찍이 시작된 한류 덕

에 인구의 절반이 넘는 청년층을 중심으로 한국 문화에 대한 인기가 크게 확산되어 있기 때문이다. 한류의 텃밭인 동남아 출신 외국인들이 대거 중동에서 근로자로 체류하고 있는 것도 한류의 한 원인일 것이다.

중동에 있다 보면 아랍 현지인들이 폭력에 대한 거부감이 크다는 것을 목격하게 된다. 아랍어로 '살람(Salam)'에서 이슬람이란 말도 나왔고 이들의 표준 인사말도 「앗살라무 알라이쿰(당신에게 평화가 깃들기를)」이다. 폭력을 수반한 범죄도 외국인의 입장에서 살다보면 거의 경험하는 일이 없다시피 한다. 경찰권이 매우 강하기도 하지만 폭행이나 살인, 강간, 강도와 같은 강력범죄는 모두 반(反)이슬람적인 것으로서 중동이 전 세계에서 항상 최하위권을 차지한다. 이런 범죄가 가장 많은 것은 미국 등 서양이나 남아공 같은 아프리카, 남미 등이다. 그리고 확률적으로 외국인이 이러한 폭력 범죄에 연루될 확률도 매우 희박하다. 확률은 낮지만 출장이나 여행 중에 정치적 시위나 소요사태에 우연히 휘말리게 되는 경우도 있겠지만 호기심 삼아 일부러 가보려고 하는 태도는 별로 좋지 않다. 호기심과 개인적 기념을 위해 SNS에 올리는 사진을 위해서라면 더욱 하지 않는 것이 좋다. 중동 국가들의 사이버 정보 역량은 생각 이상으로 발달되어 있고 외국인도 예외 없이 정보검열을 하고 있다고 봐야 하며 실제로 SNS 상에 해당 국가에 비판적인 글을 올린 경우를 적발하여 추방하는 경우가 종종 있다.

●──────
오명의 원인, 이슬람
테러 문제

중동이 안전하지 않은 곳이라는 인식의 원인 중에 이슬람 테러 문제가 큰 비중을 차지한다. 2001년 9.11 테러 이후 아프간, 이라크 전쟁을 거치면서 미국이 테러리즘과의 전쟁을 21세기 새로운 주적의 개념으로 부각시키자 대중들의 인식 가운데 「중동=이슬람=테러」 라는

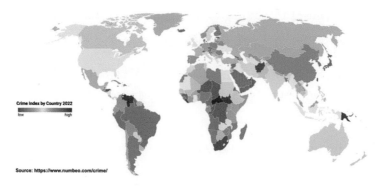

<그림 39> World Crime Index. 붉은색일수록 범죄율이 높은 지역이다. 사우디, UAE, 카타르 등 걸프 지역은 미국 등 서구보다 현저히 낮다.

출처: www.numbeo.com/crime

공식이 점차 자리 잡게 되었다. 흔히 "모든 무슬림이 테러리스트는 아니다. 그러나 모든 테러리스트는 무슬림이다"라는 말이 서구에서 유행한 적이 있다. 서구권의 이슬람 혐오와 편견을 대변하는 문구라고 볼 수 있는데 이는 테러에 대한 무지 또는 중동과 이슬람권에 대한 심각한 왜곡을 초래하는 것으로서 정치적으로 올바르지 않을뿐더러 비즈니스적 실용성면에서도 아무 실익이 없는 사고방식이다. 중동은 이러한 편협한 정치적 사고에 갇히기에는 너무 다양하고 빠르게 변하는 역동적인 곳이기 때문이다.

테러는 중동과 이슬람의 전유물이 아니다. 세계 개인 총기 보유 순위 1위 국가인 미국에서 수시로 벌어지는 총기 난사 역시 무분별한 민간인 대상 테러이다. 다만 문화권 간 충돌이 아니다 보니 내부적 일탈로만 여겨질 뿐이다. 테러는 이미 글로벌한 현상이고 중동에서만 벌어지고 있는 것이 아니다. 이슬람 극단주의는 중동을 넘어 서남아, 동남아, 아프리카 등 지구 전역에 흩어져 있다. 2002년 발리 폭탄 테러, 2004년 마드리드 열차 테러, 2005년 런던 지하철 테러, 2015년 파리 연쇄 테러는 이슬람 극단주의가 중동 밖에서 서구를 상대로 벌인 대규모 테러이고 이들 대부분은 중동 밖에서 자생적인 극단주의 무슬림이 가담한 테러들이다. 이슬람과 아예 관련이 없는 테러도 많다. 이단 종교 세력이 무장 집단화한 미국 텍사스 다윗가지파(the Branch Davidians)나 오클라호마 연방청사를 폭파한 티모시 멕베이(Timothy McVeigh), 일본의 오움 진리교, 스페인의 바스크 분리주의자, 북아일랜드의 임시아일랜드공화국군(IRA), 스리랑카의 분리독립단체 타밀타이거(Tamil Tigers) 등은 이슬람과 아무 관련이 없는 단체들이었다.

그러나 정치적 테러라는 행위가 아무리 심각한 것이라고는 해도 비즈니스를 목적으로 중동을 방문하거나 체류하는 사람이 테러에 연루되거나 희생될 가능성은 매우 희박한 것이 상식이다. 두바이나 요르단 암만에 가서 사고를 당할 확률이 뉴욕이나 도쿄보다 결코 높다고 볼 수 없다는 것이다. 그럼에도 중동에 가는 것이 더 위험하다고 생각한다면 고정관념에 의한 편견이라고밖에 할 말이 없다. 유럽이나 미국의 대중교통이나 길거리에서 소매치기나 폭력에 노출될 확률이 웬만한 중동보다 훨씬 높다고 단언하고 싶다.

그간 중동에서 테러단체에 납치에 희생된 우리 국민들 대부분은 사실상 종교단체와 연관된 요인이 많이 작용하였다. 또 이라크나 아프간과 같이 사실상 전시상태의 국가에서 발생한 테러 사건이었으므로 정상적인 여행이나 출입국이 이루어져서는 안 되는 나라였다.

또한 이슬람권에서의 타 종교 선교는 그 종교적 순수성과는 별개로 심각한 위험을 동반할 수 있다. 앞 장의 문화 부분에서 타 종교로의 개종이 이슬람에서 터부라는 점을 언급하였는데 굳이 중동에 와서 정치나 종교 쪽으로 대화를 꺼내서 이 분야의 얇은 지식을 드러내거나 소신을 고집하다가 소탐대실(小貪大失)하는 실수는 바람직하지 않다. 여기 사람들은 종교가 삶이요, 삶이 종교이므로 개인적으로는 신앙의 깊이가 차이는 있지만 비무슬림인이 이슬람에 대해 평가하는 얘기들에 대해서는 민감하게 반응한다. 정치도 마찬가지이다. 중동을 방문하면 왕정과 공화정을 막론하고 최고 통치자의 초대형 사진이나 초상화를 시내 곳곳의 건물 전면에 걸어 놓은 것을 보고 신기하게 생각한다. 북한과 같은 현대판 왕조시대로 회귀한 듯한 느낌을 받는다. 그래도 현지의 파트너들에게 군이 묻는 일은 삼가는 것이 좋다. 그냥 정치문화의 상대성 정도로 이해하고 넘어가는 것이 바람직하다. 혹 중동의 정치문화가 권위주의적이거나 전근대적인 왕정을 택하고 있어서 우리가 접하게 될 중동 파트너가 정치적 민감성이나 중동 바깥의 세상일에 둔감할 것이라는 선입견을 갖고 만만히 접근한다면 낭패를 당할 확률이 크다. 중동 사람들은 우리보다 인적인 세계화의 경험치가 적지 않고 생각 이상으로 한국을 포함해 아시아나 세계 동정에 밝은 사람들이 많다. 특히 한국의 비즈니스 파트너를 만날 정도의 사람이라면 지적으로 영민한 사람일 가능성이 크다. 또 유교적 겸양의 문화에 젖은 우리보다 대체로 표현력도 좋고 외국어도 잘해서 논리나 근거가 뒷받침되지 않으면 쉽게 반박당하기 쉽다.

치안 문제와 도로 안전

절도나 소매치기와 같이 서유럽을 관광할 때 바짝 신경을 곤두세우게 하는 문제도 중동 전체적으로 매우 드물다고 할 수 있다. 한국 정도는 아니더라도 중동의 웬만한 곳들은 핸드폰이나 지갑을 카페나 식당에서 분실하는 경우가 거의 없으며 대중교통 안에서나 노상에서는 더욱 없다. 그래서 중동에서 살던 서양인들이 귀국해서는 중동에서의 습관대로 지내다가 고국에서 절도를 당하는 경우가 많다고 한다. 그래도 중동 여행시 호텔에 투숙할 때 귀중품을 금고에 보관하는 정도의 주의는 기울이는 것이 상식선에서 좋다.

　도로 안전은 여행자나 비즈니스 목적의 방문자에게 직접 해당할 확률이 높진 않지만 장기 체류자에겐 매우 밀접한 문제이다. 한국인을 포함한 장기체류 외국인들의 운전이 많은 UAE와 같은 걸프 국가들은 도로 인프라가 매우 훌륭한 편이지만 워낙 수준의 차이가 심한 다양한 국적의 운전자들이 한꺼번에 도로 위를 달리고 운전 습관도 세계 최고부터 최악까지 한곳에 모여 있는 상황인지라 각종 교통사고가 빈발할 수밖에 없으며 특히 사망률은 세계 최고 수준이다. 또한 산유국답게 대형차나 최고급 슈퍼카들이 넘쳐나고 엄격한 교통법이 있긴 하지만 쉽게 무시되곤 한다. 아직 면허도 없어 보이는 현지 청소년들이 고급 슈퍼카나 대형 SUV를 모는 모습도 자주 보인다. 한 가지 주의할 것은 현지인과 같이 교통사고에 연루가 될 경우에는 현지인측에 귀책 사유가 있다고 하더라도 외국인이 책임을 전가 받을 가능성이 크다는 것이다. 앞서 현지 진출시 어려운 이유 중 하나로 자의적 법집행을 언급하였는데 자국민에게 유리한 이런 관행은 사우디를 비롯해 UAE, 카타르 등 걸프 지역에서 공공연하게 적용되며 도로 교통에서도 마찬가지라고 보면 된다. 연원이 복잡한 문제이므로 시시비비를 따지기 이전에 현지인과는 도로에서 시비를 붙는 일은 가급적 삼가는 것이 상책이다. 특히 억울하다고 욕을 하거나 언성을 높이다가는 일을 몇 배로 악화시킬 수 있으므로 한국식으로 접근해서는 절대 곤란하다는 점을 명심해야 한다. 단순한 교통사고가 현지인 모욕으로 넘어가면 몇 배나 상황이 복잡해진다. 현지 경찰에 입건이 되고 나면 한국 대사관 영사가 와도 한계가 있다.

여행경보제도

세계적으로 한국을 포함하여 선진 정부들은 여행경보제도(travel warning)를 통해 특정 국가의 안전 정도를 등급화하여 자국민에게 해외안전 정보를 제공하고 있는데 가장 공신력 있는 정보로서의 권위를 가짐에 따라 여행사나 보험사의 가격 산정에도 영향을 미친다. 이 정보는 안전을 우선순위로 함에 따라 일반인이 보기엔 보수적인 느낌이 강하다고 볼 수 있는데 현지의 정치 불안 여부와 치안 상황에 관한 재외공관의 보고를 토대로 분기별로 업데이트되고 있다. 우리나라는 여행지 안전등급을 ❶ 여행유의-❷ 여행자제-❸ 출국권고-❹ 여행금지 4단계로 구분하는데 다른 나라와 달리 마지막에 「여행금지」 제도가 있어 형사처벌(1년 이하의 징역 또는 1000만 원 이하의 벌금)까지 부과하는 것이 특징이다. 이는 2007년 아프간 샘물교회 선교단 피랍 사건 이후 여권법이 개정되면서 만들어진 조항인데 여행의 자유라는 개인의 보편적 이익보다 국민의 신체와 안전 보호라는 공익이 더 크다는 원칙이 적용되었기 때문이다.

그럼에도 불구하고 여행의 자유라는 보편적 기본권을 제한하는 이 제도의 정당성을 납득하기는 쉽지 않다. 2005년 이라크, 2007년 아프간에서 이슬람 무장 테러단체에 의한 두 건의 선교사 피살 사건은 우리 역사적으로 초유의 사건으로서 정부로서는 단호한 개선책이 필요했고 그것이 테러 위험국가에 대해 사전에 허가를 맡지 않는 한 여행을 불허하는 여행금지제도였다. 거칠고 극단적이지만 당시의 시대상과 여론을 반영하는 측면도 있었고 지금껏 존속되고 있으며 우크라이나와 같이 추가적인 요인이 생길 때마다 금지국가도 추가되고 있다. 현재 금지국가 역시 대부분이 중동에 편중되어 있는데 리비아, 시리아, 예멘, 이라크, 수단, 소말리아, 가자지구(팔레스타인), 우크라이나 등이다. 언젠가는 최소한 형사처벌을 동반한 여행금지제도는 사라지는 것이 자유주의를 지향한다고 하는 우리나라의 가치에도 부합한다고 본다.

③ 우크라이나 전쟁이 중동에 미친 영향은?

90년대 구소련 붕괴와 독일 통일 그리고 중국의 자본주의 시장경제 편입 이래로 세계화는 계속 확산될 것으로 기대되었다. 그러다 2008년 미국발 금융위기를 계기로 경제위기가 확산되면서 세계화의 지속 가능성에 대해 의문이 생기게 되고 마침내 2020년에는 영국이 유럽연합에 탈퇴하는 브렉시트(Brexit)까지 일어나게 되었다. 그 사이 미국과 중국 사이의 패권경쟁은 처음 경제로 시작되어 전방위에 걸쳐 치열해지고 글로벌 공급망이 교란되면서 소위 신자유주의 세계화의 종식론이 대두되었고, 마침내 2022년 2월 우크라이나 전쟁 발발을 계기로 과거 개방화된 세계화 시대로의 회귀는 어렵게 되었다는 인식이 굳어지고 있는 형국이다.

우크라이나 전쟁 이후
중동 정세는?(국가별)

우크라이나 전쟁은 기존 미국과 중국 간 글로벌 경쟁 구도를 활용해 실리를 확대해 오고 있었던 사우디, UAE, 튀르키예 등 중동 국가들에게 지정학적 이점과 석유 자원을 활용하여 기존의 동맹 구도나 특정 진영에 좌우되지 않고 자신들의 국익을 우선시하는 방향으로 대외전략을 추구할 수 있는 전략적 자율성을 확대하는 효과를 가져왔다.

이미 오바마 대통령 시절부터 시작된 미국-중동 간 미국의 역할을 둘러싼 어색한 관계는 우크라이나 전쟁이 시작될 무렵에는 반전이 없는 한 회복이 힘들 정도로 불편해진 상황이었다. 「아랍의 봄」 사태 당시 미국이 시위대 편을 들면서 리비아의 카다피나 이집트의 무바라크 같은 아랍 권위주의 정부의 연쇄 전복으로 이어지자 사우디, UAE 등 권위주의 왕정으로서는 체제수호 차원에서 오바마 행정부의 인권, 민주주의 중시 행보에 불만을 품게 되었고 더욱이 명색이 안보동맹 관계에 있는 자신들과 상의도 없이 대척 관계에 있는 이란과 전격적인 핵합의 (JCPOA, 2015)를 성사시켜 이란의 석유 수출을 보장하고 국제사회에 복귀시키자 미국의 대 중동 안보 공약에 대한 의심은 커져 갔으며, 이란의 지정학적 라이벌 사우디는 미국에만 의존해서는 안 된다는 대안을 적극 모색하게 된다. 그 중간에 트럼프 정권이 들어섬으로써 일시적으로 벌어지는 간격을 좁히는 역할을 하기는 하였으나 전반적으로 역전을 시키는 수준에 이르지는 못하였다. 그럼에도 사우디 무함마드 빈살만 왕세자와 트럼프 대통령 간의 화학적 융합은 사우디로서는 미국 전체가 아니라 민주당(오바마, 바이든)이 아니라면 협력이 가능할 수 있다는 여지를 남긴 것이라는 해석도 가능하다.

　　반면 동 시기 러시아는 역내에 적극적으로 영향력을 투사하고 상당한 성과도 거두었다. 러시아는 2015년 이래 시리아 내전에 깊이 개입해 아사드(Bashar al-Assad) 세습 독재정권을 적극적으로 도왔고 자국민을 상대로 화학무기 공격까지 감행한 시리아 정부는 10년여 내전 끝에 승리를 선언했다. 또한 러시아는 시리아 평화협상을 주도하면서 역내 질서 재편을 이끌었다. 이에 시리아와 국경을 접하는 이스라엘과 튀르키예는 러시아와의 관계를 보다 신경 쓰지 않을 수 없게 되었다. 권위주의적 성격의 중동 정부로서는 정부 교체기마다 기조가 바뀌는 미국보다 푸틴 대통령의 개인적 의지와 카리스마가 정책 방향을 좌우하는 러시아가 중동 정권의 체제수호를 위해 더 적합한 파트너라는 인식이 확산되어 갔다. 또한 2023년 들어서는 러시아의 주선으로 2011년 시리아 내전 발생 이래 단절된 사우디와 시리아 관계의 정상화가 이뤄지고 사우디의 주도로 2023년 5월 아랍연맹 정상회의에 카타르 등의 반대에도 불구하고 시리아 아사드 대통령의 참석이 성사되었으며 시리아의 아랍연맹 복귀가 확정되면서 사우디 무함마드 빈살만 왕세자로서는 국내 개혁과 경제발전에 필요한 중동 지역 안정에 한 걸음 다가가는 정치적 성과를 거두게 된다. 이러한 과정에 러시아의 조력이 결정적 역할을 하였음은 물론이다.

중동의 시각에서 우크라이나 전쟁은 우크라이나와 러시아 사이의 전쟁이 아니라 미국과 러시아, 미국과 중국과의 첫 열전(hot conflict)으로서 새로운 국제질서를 가늠할 중요한 전선으로 보고 있으며 어느 한 편을 들 생각이 없어 보인다. 미국이 중동에서 힘의 균형을 줄이는 동안 러시아, 중국과의 협력 강화를 통해 얻은 것이 많다고 보기 때문이다. 특히 러시아와의 OPEC을 통한 유가 협력은 중동 산유국들의 세계 유가에 미치는 영향력을 유지하는데 결정적인 기여를 하였다. 2016년 이전 배럴당 50달러에도 못 미치던 국제유가를 OPEC 바깥에 있던 러시아와의 감산 합의를 도출해 끌어 올리고 OPEC+까지 창설함으로써 사우디를 비롯한 중동 산유국들은 저유가 위기의 고비를 넘겼다. 그리고 우크라이나 전쟁 발발 이후 미국의 증산 노력에도 불구하고 국제유가를 유지하려는 사우디의 주도로 OPEC 안에서 추가적인 감산이 계속 이뤄지면서 감산 기조는 여전히 유지되고 있으며 여기에 러시아도 호응하고 있는 추세이다.

<그림 40> 대 러시아 제재 동참 국가를 파랗게 표시한 지도. 한국, 일본, 대만을 제외하고는 서구권 일색이다.

출처: EIU

미국의 안보동맹 사우디와 UAE는 미국 주도의 대러시아 제재에도 참가하지 않았다. 심지어 전쟁 발발 직후 유엔안보리(UNSC) 회원국인 UAE는 규탄결의안 표결에도 대화와 외교를 통한 해결을 지지한다는 명분으로 기권을 하였으며 러시아에 대한 비판은 없었다. 사우디도 마찬가지였다. 특히 사우디 빈살만 왕세자의 바이든 대통령으로부터의 통화 제의 거절은 두 나라 관계를 보여주는 상징적 사건으로 회자된 사건이었다. 반면 사우디 빈살만 왕세자는 러시아 푸틴 대통령과는 통화해 OPEC+ 체제의 결속을 확인하고 러시아와 우크라이나 사이의 중재까지 제안한다. 사우디는 우크라이나 전쟁을 계기로 자신의 최대 무기인 석유 파워를 최대한 행사하는 쪽으로 외교 노선을 전환했다. 전쟁으로 석유 값이 급등하자 미국은 증산을 요구했지만 사우디는 오히려 감산을 주도했다. 거대 산유국 중 하나인 러시아와 공조하는 것이 더 낫겠다는 판단이었다. 2022년 3월에는 친러 정부인 시리아 아사드 대통령이 UAE를 방문하여 2011년 시리아 내전으로 단절된 양국 관계를 정상화함으로써 미국에 외교적 타격을 가하는 등 우크라이나 전쟁으로 러시아의 국력이 위축되면서 중동에 투사되는 영향력이 축소될 것이라는 예상을 뒤엎고 중동 주요국들이 미국과 러시아 사이에서 중립 노선을 취함에 따라 상대적으로 미국의 입지가 축소되고 러시아의 입지가 확대되는 듯한 상황이 조성된다.

이러한 흐름은 미국의 핵심 우방인 이스라엘도 예외가 아니다. 이스라엘도 대러시아 유엔안보리 규탄결의안에 동참하지 않았고 미국 주도의 대 러시아 제재에도 참여하지 않았다. 결국 대러시아 제재에 참여한 국가들의 규모는 40여개 이상이지만 한국, 일본 등을 제외하고는 북미와 유럽의 서방 중심으로만 구성되고 있다. 이스라엘은 러시아의 우크라이나 침공을 비판하면서도 대화로의 해결이라는 원칙론적 입장을 취하는 수준에 머물렀고 오히려 전쟁 발발 직후인 22년 3월 이스라엘 총리가 중재를 명목으로 모스크바를 방문하기도 하고 우크라이나가 요청한 아이언돔과 같은 방공무기 지원은 거절한다.

튀르키예 역시 우크라이나 이후 격렬해지는 중동의 지정학 게임에서 미국과 러시아간 줄다리기를 이용하여 실익을 극대화한 대표적인 케이스라고 할 수 있다. 튀르키예는 전쟁 초반에는 유엔의 규탄결의안에도 참가하고 우크라이나의 요청을 받아들여 러시아 함대의 보스포러스 해협 출입 금지 조치를 취하는 등 러시아를 견제하기도 하다가 객관적인 중재자를 자처하며 비록 무위로 끝나긴 했지만, 러시아와 우크라이나 양국 외교장관을 자국의 영토로 초청해 평화협상을 중재하는 외교 역량을 발휘하기도 한다. 그러나 동시에 전쟁 전부터 우크라이나에 자국산 드론을 수출해 오던 튀르키예는 전쟁 기간 중 우크라이나에 자국산 무기수출을 전쟁 전에 비해 수십 배 증가시키는 실익을 취한다.

무엇보다 압권은 우크라이나 침공이 야기한 지정학적 격변 중 하나인 중립국 스웨덴과 핀란드의 나토(NATO) 가입의 열쇠를 다름 아닌 튀르키예가 쥐었다는 것이다. 에르도안 대통령은 2022년 6월 두 중립국이 나토 가입 신청을 하였지만 두 나라가 튀르키예내 쿠르드족을 지원했다는 빌미로 가입을 반대하면서 미국과 갈등을 빚어 왔다. 결국 미국이 그간 부정적이었던 튀르키예에 대한 미국 전투기(F-16) 판매를 승인하는 조건으로 튀르키예는 2023년 7월 나토 정상회의에서 두 중립국의 가입을 승인하게 된다. 결국 튀르키예는 미국과 러시아 사이에서 줄다리기를 통해서 자국의 실리를 얻어가게 되는데 미국과 튀르키예가 같은 안보동맹(NATO)에 속해 있음에도 이와 같이 진영논리가 작동하지 않는 것을 보면 나토(NATO)의 동진(東進)이 우크라이나 전쟁의 한 원인이라는 해석도 다소 무색하다는 생각이 든다.

카타르와 같은 천연가스 부국은 우크라이나 전쟁을 계기로 러시아를 대신할 유럽의 새로운 가스 공급처이자 미국의 새로운 비(非)나토 동맹국으로 부상하면서 존재감을 높이고 있다. 카타르도 다른 중동 주요국들과 마찬가지로 우크라이나 전쟁 자체에 대해서는 중립적 태도를 보였으나 사우디, UAE가 미국의 석유 증산 요구를 거절한 것과 달리 천연가스 수출 확대 제안에 동의하였으며 우크라이나 전쟁을 계기로 러시아와 에너지 디커플링을 추진할 수밖에 없는 유럽에게 세계 2위의 LNG 수출국으로서 대안으로 떠올랐다. 특히 전체 가스 수입의 55%를 러시아에 의존해온 독일은 22년 11월 카타르와 연 200만 톤의 LNG를 15년간 공급받는 장기계약을 체결한다. 미국 바이든 행정부는 사우디와 UAE로부터 단교를 당하기도 한 카타르를 2022년 비NATO 동맹국으로 지정함으로써 역내 라이벌 구도를 활용하기도 하였다.

한편 중동 내에서 걸프 산유국들에 비해 경제적으로 취약하고 2011

년 「아랍의 봄」으로 분출된 내적 모순을 극복하지 못한 채 코로나 위기까지 겹쳐 위축된 상황에 있던 이집트, 튀니지, 모로코 등 북아프리카 국가들은 유엔안보리 러시아 규탄 결의안, 대러시아 제재에 참여하지 않거나 기권을 택했는데 이들은 우크라이나와 러시아에서 밀을 대량 수입하는 국가들로서 국제 식량가격에 민감한 나라라는 공통점이 있다. 이집트의 경우 우크라이나 전쟁 직후 이들 식량 가격이 60% 이상 급등하였고 5% 수준이던 인플레이션율이 단기간에 15% 수준으로 급상승하자 민심이 크게 동요하고 시위대가 늘어나면서 2011년 「아랍의 봄」이 다시 재현될 가능성까지 대두되기도 하였고 유사한 상황이 튀니지, 이라크, 레바논에서도 발생하였다.

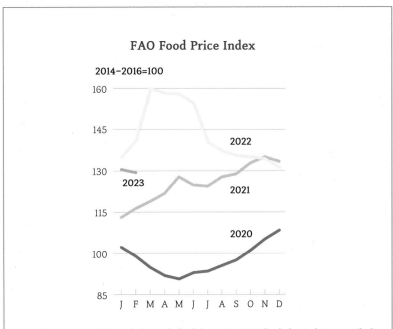

<그림 41> FAO 식량가격지수. 전쟁 직후 60% 급등한 식량 가격은 22.7월 흑해곡물협정 이후 안정을 되찾았다.

다행히 러시아와 우크라이나 사이에 「흑해곡물협정」이 22년 7월 체결되면서 세계 밀 수출의 1/3을 차지하는 우크라이나와 러시아의 밀 수출이 재개되고 국제가격이 안정을 되찾아 가면서 중동내 취약국가들의 식량안보 위기는 완화되었다. 그러나 이러한 국가들의 불안 요소들은 현재 가까스로 수습된 상태라고 보여지며 향후 전쟁의 전개 양상이나 다른 외부 충격에 언제라도 부정적으로 분출할 여지가 크다고 하겠다. 지난 「아랍의 봄」 이래 분출된 정치 개혁과 민주화 요구가 해결되지 않고 대부분 권위주의 정부들에 의해 강제로 진압된 채 만성적인 식량 및 경제위기가 지속되어 온 상태인 이들 나라들은 또 다른 국가 실패 위기가 대두될 가능성을 배제할 수 없다.

우크라이나 전쟁이 몰고 올 중동 질서의 변화는 매우 예측이 어려운 문제로서 무엇보다 이 전쟁이 언제 어떻게 종결될지를 포함해 많은 변수에 좌우될 것이다. 현재 전체적인 국제질서가 서구 대 비서구, 자유주의 대 비자유주의, 미국 대 중국·러시아 진영 간의 경쟁 구도라고 본다면 중동에서는 이러한 대결의 선명성이 혼탁해지고 각국이 실리를 좇아 상호 이합집산하면서 기존의 동맹이나 파트너 관계의 상식을 초월하는 현상이 보편화될 것이다.

사우디, UAE 등의 대러시아 중립기조와 중국과의 접근 확대는 미국의 고립주의적 대 중동안보정책에 대한 반작용으로서 만이 아니라 국제 석유시장의 안정적 유지라는 실익의 측면이 더 크다고 볼 수 있다. 즉 미국과 일부러 거리를 두려고 해서가 아니라 사안에 따라 협력의 우선 순위가 바뀔 수 있는 문제라는 것이다. 그러므로 진영간 대결의 논리로서 민주주의와 같은 가치의 측면은 중동의 주요 국가들에게 중요하게 받아들여지지 않고 있다. 우크라이나를 침공했음에도 불구하고 러시아나 푸틴 대통령에 대한 비판 여론이 강하지 않으며 러시아의 입지가 크게 축소된 것으로 관찰되지도 않는다.

우크라이나 전쟁 이전 이뤄진 아브라함 협정(2020)으로 시작된 중동의 데탕트 분위기는 2023년 3월 중국이 중재한 사우디-이란 간 국교 재개 합의를 계기로 본격적인 긴장완화의 단계로 접어들고 있으며 우크라이나 전쟁 발발로 중단되었던 이란 핵협상까지 재개될 경우 시리아 정부의 아랍권 복귀 예멘 내전의 마무리 수순과 맞물려 전반적인 지역 정세의 안정으로 이어질 가능성이 크다고 하겠다. 이 과정에서 사우디, UAE, 튀르키예 등 역내 주요 국가들은 자신들의 레버리지를 이용하여 미국·이스라엘을 한 축으로 한 안보협력과 중국, 러시아를 다른 축으로 한 경제적 실용주의를 사안에 따라 동시에 추구할 것으로 기대된다.

중동의 군주 호칭이 다른 이유 - 다양한 정치, 제도적 환경의 차이

중동 지역 국가들의 정치체제는 크게 군주를 중심으로 한 왕정과 대통령제를 중심으로 한 공화정으로 나뉘며 대개 사우디를 중심으로 한 걸프 지역의 산유국들은 왕정을, 그 밖의 지역은 공화정을 택하고 있다. 그런데 특이한 것은 왕정 국가의 국왕들의 명칭이 모두 다른데 아랍말로 사우디, 요르단, 바레인, 모로코의 국왕은 말리크(Malik), 쿠웨이트와 카타르 국왕은 아미르(Amir 또는 Emir), 오만의 국왕은 술탄(Sultan)이다. 연방형 전제군주제 국가인 UAE의 경우 국왕은 대통령이다.

이렇게 국왕을 칭하는 용어가 나라마다 다르게 발전한 것은 7세기 중반 아라비아 반도에서 이슬람교가 창시된 후 중동과 주변 전역으로 이슬람 공동체가 전파되고 분화되는 역사와 밀접한 관계가 있다. 우선 이슬람의 창시자인 예언자 무함마드를 시작으로 후계자이자 이슬람 공동체 전체의 지도자로서 칼리파(Khlaifa)가 선출되는데 칼리파는 기독교 사회의 교황의 권위에 더하여 세속 군주의 정치적 힘까지 가진 정교일치의 지도자의 역할을 하는 막강한 자리였다. 그런데 선출직이던 1대~4대의 정통 칼리파 시대를 지나 661년 우마이야 왕조부터는 칼리파가 세습되는 세습왕조 시대로 접어들고 8세기에 들어서는 중앙의 힘이 약해지고 왕국의 분권화가 진행되면서 칼리파가 각 지역에 파견한 지방 관리인 「아미르(Amir)」의 독자적 권한이 강해지게 된다. 아미르는 총독, 사령관, 부족장 등 다양한 의미로 번역되는데 우마이야 왕조(661~750)를 이은 압바스 왕조(750~1517)에는 명목상 칼리파가 존재하였으나 각지에 아미르가 독립적인 제후(토후)로서 존재하면서 사실상 다른 문화권의 국왕이나 다름없는 존재가 된다. 그래서 현재 중동 일부 국가가 아미르를 국왕의 호칭으로 쓰는 것도 이 시절의 영광에 근거한다고 할 수 있다. 아미르에는 칼리파의 후계자란 의미도 있으며 그래서 칼리파의 아들을 아미르, 딸을 아미라(Amira)라고 하기도 하였다. 지금도 사우디의 「알사우드」 왕가의 왕자와 공주들은 모두 이 호칭으로 불리운다.

「에미리트(Emirate)」라는 말은 아미르가 다스리는 나라라는 뜻이다. 아랍에미리트연합(UAE: United Arab Emirates)은 아부다비, 두바이, 샤르자 등 7개 토후국(emirates)의 연합체를 뜻하고 각각의 에미리트(Emirate)의 통치자는 아미르(Amir)가 되는 것이다. 만약 아미르국(Emirate)이 별도로 독립을 해 나라를 구성하면 쿠웨이트와 카타르같이 단일 국가가 되는 것이고, 그래서 이들은 지금도 군주의 칭호로 아미르를 쓰고 있다. 아미르는 독립적인 왕의 의미도 있으나 칼리파가 파견한 총독의 의미도 내포하므로 왕보다 위계가 한 단계 낮은 것으로 여겨지는 경향이 있으며 공국(公國)의 통치자인 공(公)과 흡사하다고 보기도 한다.

「술탄(Sultan)」은 이슬람 왕조의 분권화가 한참 진행되던 시기에 각지에 나타난 세속 군주에게 칼리파가 하사하던 칭호에서 유래한다. 그 뜻은 통치자, 권위, 군사령관 등을 의미하며 아랍어로 힘을 의미하는 「술타나」에서 왔다고 한다. 술탄은 「아미르」보다 늦게 나타난 것으로 이슬람 사회가 분화되면서 각지에서 독립적으로 군림하던 아미르들이 세속적 성격의 술탄이 됨으로써 더 독립적 성격이 강해진 것이라고 할 수 있겠다. 최초 10세기 아프간 왕국에 들어선 가즈니 제국의 아미르였던 마흐무드가 술탄이 된 이래 가즈니가 셀주크투르크에게 병합이 되고 이후 분열되면서 각지에 술탄을 자처하는 군주들이 나타나면서 이슬람 세계에서 강력한 지배자를 상징하는 술탄은 의미가 점점 퇴색하기 시작한다.

그리하여 오스만투르크 시대에는 콘스탄티노플을 점령한 메흐메트 2세 이후부터는 '왕중의 왕', '황제'라는 의미의 「파디샤(Padişah)」라는 호칭을 쓰기 시작했으며 술탄은 상대적으로 그 위치가 격하되어 낮은 위치의 군주를 뜻하거나 일부 왕족에게 주어지는 칭호로 바뀐다. 군주의 호칭으로서 「파디샤」가 제정되고 나서도 술탄이란 용어는 황자, 황녀를 칭하는 용어로 사용되었으므로 오스만제국의 역대 군주를 술탄이라고 하는 것도 관용적으로 용납은 되지만 엄밀히 말하면 파디샤가 맞는 말이다. 한편 페르시아(이란)의 경우도 오스만과 같이 페르시아어로 같은 의미(왕중의 왕)의 「샤한샤(Şahanşah)」로 불렸으며 1979년 아야톨라 호메이니의 이슬람 혁명으로 퇴위당한 이란 팔라비 왕조의 마지막 군주 「무함마드 레자 팔라비」 국왕이 마지막 「샤한샤」였다. 이란은 현재 명목상 대통령제 국가이나 그 위에 종교 최고지도자(라흐바르)가 있는 신정정치 국가이다.

표 17 중동 군주국의 국가 및 국왕의 호칭 비교

국가	국가 호칭	국왕 호칭
사우디, 요르단, 바레인, 모로코	마믈라카(المملكة) ⇒ 왕국	말리크(Malik) ⇒ (대)왕
쿠웨이트, 카타르	다왈랏(دولة) ⇒ 국가(제후국)	아미르(Amir) ⇒ (소)왕
UAE	에미리트(아미르국)연합	대통령(President)
오만	술타니트(Sultanate)	술탄(Sultan)

현재는 오만, 브루나이의 왕과 말레이시아의 지방 군주들이 술탄 칭호를 사용하고 있다. 그 밖의 이슬람권 국가들은 위에서 언급한 대로 왕(말리크), 토후(아미르)라는 호칭이 일반적이다. 모로코도 프랑스로부터 독립한 직후에는 이전부터 쓰던 술탄 칭호를 썼으나 얼마 뒤 국왕(말리크)으로 바꾸었다.

말리크(Malik)는 레반트와 메소포타미아 지역 부족사회의 왕이나 부족장을 지칭하던 토속적 개념으로 이슬람과 아랍 부족 이전부터 존재하던 매우 오래된 개념이었으며 현재는 정통성 있는 왕국, 즉 큰 나라의 왕이라는 의미를 내포하는 것으로 해석된다. 현재 사우디를 비롯해 요르단, 모로코, 바레인 국왕이 사용하고 있다.

그러므로 중동에서 왕국은 두 종류로 나눌 수 있는데 말리크가 왕으로 있는 '왕국(마믈라카)'과 일반적인 의미의 '국가(다왈랏)'로 나누며 단, 아랍에미리트(UAE) 같이 아미르국(토후국, 에미리트)의 연합체인 경우에는 국가명 말미에 '토후국(이마 랏)'이라는 이름을 쓰고 있다.

사우디가 자신들이 중동의 진짜 왕이라고 자임하는 데는 이유가 있는데 현실 적으로 가장 큰 국토와 인구를 가지고 있다는 것도 있지만 이슬람의 성지인 메카 와 메디나를 가지고 있기 때문이다. 그래서 사우디 국왕의 정식 명칭을 「메카와 메디나의 수호자 사우디 왕국의 국왕(말리크)」이라고 스스로 칭하고 있다. 이 명칭 은 1986년 사우디 파흐드 국왕 시절에 생긴 명칭인데 당시 1979년 이란의 이슬 람 혁명 이후 중동 내 수니-시아간 종교적 우위 경쟁이 펼쳐지면서 수니파 맹주 였던 사우디 왕가의 신앙적 정통성을 강조하고자 명칭을 그렇게 바꾼 것이다. 중 동권에서 사우디아라비아에 대해 명분으로 이길 수 있는 유일한 왕가는 요르단 의 하심 왕가로 알려져 있는데 선지자 무함마드의 유일한 직계혈통으로 인정받 고 있기 때문이다.

한편 바레인은 중동권에서 가장 작은 섬나라이고 정치·경제적으로 사우디에 의존하는 나라이며 왕실 자체도 연원이 깊지 않은데 지난 2002년 갑자기 「다왈 랏」에서 「마믈라카」, 즉 왕국을 칭하였다. 그 이유가 "입헌군주국 개헌을 위해 국 가(다왈랏)로 하면 면이 서지 않으니 왕국이 되어야 한다는 것이었다."라고 한다. 당연히 주변국들은 반대했고 사우디도 비난에 합류했지만 오만은 그냥 넘어갔 다. 왜냐하면 오만은 이슬람 칼리프가 세속 군주에게 주는 칭호였던 술탄을 사용 하고 있었기에 애초에 절묘하게 이 문제를 빠져나갔기 때문이다. 결국 바레인의 국명 변경은 미국의 지원으로 바레인이 원하는 방향으로 매듭이 났다. 친미 국가 로서 비록 중동의 작은 나라지만 전략적 요충지로서 미 해군 5함대와 중부사령 부가 있는 바레인의 전략적 가치가 남달랐던 미국으로서는 국명 변경에 매달리 는 바레인의 간청을 못 들어 줄 일이 없었을 것이다.

우리 눈에는 국가(제후국)나 왕국이나 무슨 차이가 있을까 하고 생각하기 쉬운 문제이지만 중동과 아랍에서 국가명은 지배층끼리의 자존심이 걸린 문제이다. 조선시대에서나 볼 수 있던 국가 호칭에 관한 논쟁이 21세기에 벌어졌다는 것 자체가 중동 지역이 얼마나 명분과 체면에 집착하는 사회인지를 보여주는 단적인 예라고 볼 수 있겠다.

5
PART

∙
∙
∙

결론

중동 정치를 왜 어떤 맥락에서
살펴야 하는가?

중동과 사업적 인연이 있든 그렇지 않든 중동이 특수한 사람만이 왕래하거나 석유와 같은 에너지 수입처로만 인식하는 사람들은 이제 많이 줄어든 것 같다. 2022년 사우디 빈살만 왕세자의 방한에 삽시간에 쏠린 엄청난 국내적 관심은 사우디 판 왕자의 난을 통해 집권한 젊은 개혁군주에 대한 개인적 호기심을 넘어 우리 경제가 그의 비전을 통해 중동 사막에서 다시 한 번 도약의 기회를 잡기를 바라는 사람들의 심리가 깔려 있었기 때문이었다고 본다.

그만큼 중동은 우리에게 어려운 시절 희망의 땅이었고 도약의 기회였다. 그러나 이제 소위 「중동 붐」을 맞이하여 다시 한 번 관심이 높아지는 지금을 계기로 기존보다 사회 전반에 걸쳐 우리의 중동 전반에 관한 관심과 지식의 폭이 한 단계 업그레이드되기를 희망해 본다.

특히 중동을 상대로 비즈니스를 하는 또는 하려는 기업인들의 경우 중동에 관한 정치적 뉴스와 정보들이 쏟아져 나올 때 이것들이 경제와 비즈니스와 상관없는 것으로 간주하고 흘려보내는 경향이 있으나, 향후 다음의 맥락에서 관심을 두고 본다면 중동의 정치적 또는 지정학적 측면이 어떻게 글로벌 지정학은 물론 우리 경제에 직간접적인 영향을 주는지 이해하는 데 도움을 줄 것이라고 생각한다.

세계를 상대로 물건을 팔고 비즈니스를 해야 하는 우리로서는 중동을 이해하지 못하면 세계를 이해하기 어려운 시대에 살고 있다. 세계를 모르면 내 주변에 일어나는 현상의 뜻과 원리를 이해하지 못하며 경영이나 투자에 관한 결정도 잘못될 가능성이 높아진다. 미국을 비롯해 서구의 경우 언론에서 다뤄지는 중동 뉴스의 비중이 아주 크다. 북한 뉴스의 비중보다 훨씬 크다고 할 수 있다. 세계 전체에 미치는 파급력에 중동의 안정적 관리는 북한이 있는 동북아시아의 안정보다 훨씬 중요한 변수였다. 그래서 미국으로서는 동시에 두 개 전쟁이 일어나지 않도록 관리한다는 說(설)도 있다. 이란과 관계를 개선하던 오바마 행정부 시절 미국은 북한과는 긴장 관계에 있었다. 중동은 그만큼 미국의 세계전략에 있어 앵커(anchor) 역할을 해 온 지역이었으며 그러므로 우리가 한반도적 시각에만 매몰되어 세계문제를 바라보면 균형감을 잃을 수 있다.

중동에는 세계 경제를 여전히 좌지우지하는 석유 자원이 있다. 북한은 핵이 있지만 상대적으로 국지적인 문제이다. 이란의 핵문제는 중동 전체의 핵무장화라는 함의를 담고 있어 북한 핵문제와는 차원이 다른 도전이다. 우리 언론은 너무 한반도 위주로 보고 지식과 정보를 전달하는 경향이 있다. 여기에 국제문제에 대한 뉴스의 소스(source)도 서구 미디어에만 거의 의존하니 지식의 편향성이 심하다. 세계사적 전환의 중심에 있었던 중동의 사건이나 변화에 대해서는 소개되는 지식과 정보의 양 자체가 적거나 서구의 시각에 의해 필터링된 내용들을 전달하다 보니 편향성이 심해졌다. 굳이 알 필요 없거나 오히려 많이 아는 것이 자랑스럽지도 않은 매우 「제3세계적」인 것이 되고 만 측면이 있다. 그러니 70년대 중동 붐을 시작으로 중동과 관계를 튼 지 40~50여년이 지났지만 일반대중의 중동에 대한 관심과 지식은 오히려 우리 윗세대들이 현장 근로자로서 중동의 사막을 누볐던 70~80년대 보다도 낙후된 느낌이 들 정도이다.

우리가 세계 10위권의 경제 대국에 올라섰다고 자부하는 상황에서도 올림픽, 월드컵, 엑스포 등 대형 국제행사 유치에 목을 매고 각종 국제 랭킹에 집착하는 것은 대외적 인정과 존재감이 수출로 먹고 사는 우리나라의 생존과 직결된다고 인식하기 때문이다. 그만큼 우리를 둘러싼 세계에 대한 정확한 이해는 필수이며 그 세계를 이해하는데 중동에 대한 이해가 필수라는 점을 자각하였으면 좋겠다. 우리의 객관적 국력이나 대외의존도에 비해 중동에 대한 이해는 매우 부족한 편이다. 세계화를 선도했던 우리 기업과 산업도 예외가 아니라고 본다. 석유 공급처이자 건설공사의 수주 대상으로만 봤지, 그 이상의 파트너십이 진지하게 고민된 적이 얼마나 있는지 궁금하다. 수출과 현지 진출이 대기업 위주로 이루어지다 보니 그런 측면도 있을 수 있겠지만 대기업조차 각 국가별 환경과 인맥을 고려한 장기적인 신뢰 구축 관계가 얼마나 체계적으로 형성되어 있는지 의문이 든다. 지금까지 중동시장에서 이룬 것도 물론 적지 않지만, 우리의 역량과 위상을 감안했 때 우리 사회 전반의 중동에 대한 지지와 관심이 더 커질수록 중동에 관한 우리의 경제적 아웃리치는 더욱 활발해질 것이다.

글로벌 지정학의 핵심으로서의 중동

세계적으로 지정학적 충격이 경제로 파급되고 기존의 정치와 경제의 상식이 파괴되는 현상(교란 상황)이 보편화되고 있다. 사회주의 국가인 중국을 미국이 나서서 자본주의 경제 체제로 적극 편입시키더니 이제는 미중 간의 패권경쟁이 본격화 되면서 서로를 밀어내는 디커플링(decopuling)이 국제경제의 화두가 되었다. '90년대 이래 세계화 시대의 논리에 따라 중국의 값싼 노동력과 제조 능력에 기반한 글로벌 분업구조에 익숙해 있던 전 세계 기업들은 미중간 진영논리에 따라 재편성이 불가피하게 되었다. 2022년 2월 시작된 우크라이나 전쟁은 정치와 경제가 총동원된 진영간 대결 구도를 더욱 선명하게 만든 거대한 지정학적 사건이면서 세계 경제에 지각변동을 일으킨 사건이었다.

중동은 세계의 화약고로서 불리며 늘 전 세계 지정학의 중심에 있어 왔지만 지금은 미중경쟁과 우크라이나 전쟁의 맥락에서 그 중요성과 비중이 더욱 증가하고 있다. 미국이 아프간, 이라크, 시리아에서의 연쇄 군사력 철수를 통해 개입을 줄이고 그 공백을 중국과 러시아가 메우려는 상황에서 터진 우크라이나 전쟁은 코로나 사태로 침체를 겪던 국제 유가와 중동의 존재감을 회복시켰고 사우디, UAE, 카타르 등 산유국이자 전통적인 친미 안보 동맹국들이 친미 일변도가 아니라 오히려 미·러 사이에 중립을 취하는 모습을 보이고 있다. 지금의 중동을 알고 경제적 관계를 맺기 위해서는 이러한 정도의 지정학적 맥락은 이해하고 있는 것이 필요하다. 파트너가 기업이든 공공 기관이든 중동은 사실상 민관이 한 몸처럼 움직이는 경우가 많으므로 지정학적 이해를 공유한다고 봐야 한다.

현대 중동 국가들은 유럽 국가들의 지정학적 계산에 의해 탄생했고 여전히 열강이 만들어 놓은 국경선과 종파적 갈등이 복잡하게 얽히면서 독특한 게임의 논리를 만들어내고 있다. 그리고 이러한 논리들은 시대의 변화에 따라 복잡성이 가중되면서 긴장의 높낮이를 반복하고 있다. 대표적인 것이 2023년 3월에 중국의 중재 하에 이뤄졌던 사우디와 이란 간의 7년 만의 관계 정상화 합의이다. 이 합의가 얼마나 지속력이 있을지, 이를 계기로 중국이 경제협력 파트너에서 평화중재자의 역할까지 얼마나 영향력을 넓힐지는 모두 불확실하지만, 역내의 긴장 완화와 미국의 입지 축소 쪽으로 분위기가 흐르는 것으로 보인다. 그렇다면 이런 변화의 동인(動因)은 이미 언급한 바대로 내부의 경제문제라는 급한 불을 끄기 위해 외부의 안보위협 해소라는 공통의 이해가 작용했기 때문이라고 봐야 할 것이다. 또한 중국으로서도 페르시아만의 안정은 세계 최대의 에너지 수입국으로서 중동 지역의 불안정은 에너지 공급에 큰 타격을 가져올 수 있는 문제이다. 실제로 2019년 예멘 후티 반군의 사우디 정유시설 공격으로 생산에 차질이 생기면서 당시 유가가 14%나 급등하면서 10년 만에 가장 큰 폭으로 상승하자 중국도 에너지 수급에 큰 차질을 보게 된다. 또한 이란의 核(핵)위협에 대한 이스라엘의 선제공습과 이로 인한 이스라엘-이란 간의 전쟁 발발 가능성도 중국이 나서 중동의 긴장 완화를 촉진할 유인으로 작용했다고 볼 수 있다. 중동이 다시 화약고가 된다면 중국 시장의 재개방과 재가동을 통한 중국의 경제성장 추진에 결정적 타격이 될 것임이 분명하기 때문이다.

중동의 지정학은 우리나라에도 지대한 영향력을 미쳐왔다. 미국의 중동 정책의 결정적 변화의 고비마다 한미동맹의 틀안에서 아프간과 이라크에 파병을 하였으며, 그때마다 중동파병의 국익적 의미를 두고 정치적 내홍을 겪어야 했으며, 테러단체에 의한 우리 선교사 살해 사건과 같이 미국의 대테러 전쟁이 한국의 국내 정치 문제로 순식간에 이전되면서 국론이 분열되는 과정을 보았다. 가깝게는 2018년 제주도에 입국한 예멘 난민 집단 입국 사건 또한 중동의 지정학적 사건이 국내정치 문제로 비화한 사례라고 할 수 있는데 무비자로 입국한 예멘 내전 난민들의 숫자가 급격하게 증가하면서 추방을 요구하는 측과 난민적 지위를 인정해 주어야 한다는 측간의 치열한 국론의 대립이 발생하였고 국내 기관 간에도 이해가 상충하였다. 우리나라가 이러한 문제를 다루어본 경험치가 부족하기 때문이다. 이렇듯 중동에서 벌어지는 정치 작용은 글로벌 지정학이란 이름으로 중동 외부의 나라들에 순식간에 전파된다. 한국 역시 이러한 관계에서 자유로울 수 없으며 중동의 지정학적 상황은 우리 기업이 충분히 관심을 가질만한 민감한 변수임이 틀림없다.

천편일률적 중동 해석의 위험성

중동은 넓고 다양하다. 한국인들은 중동을 특정 이미지로 단순하고 천편일률적으로 생각하는 경향이 있다. 아랍권 22개국에 비아랍 세 나라(이란, 이스라엘, 튀르키예)까지 총 25개국 6억이 넘는 인구에 북아프리카 서쪽 끝 모로코에서 아라비아 반도의 동쪽 끝 페르시아의 이란까지 기후는 물론이요 문화적 다양성과 정치, 경제적 수준과 역사적 배경도 차이가 많다. 같은 이슬람권이라고 해도 종교가 일상을 강하게 지배하는 사우디나 이란과 같은 나라가 있는가 하면, 매춘이 합법이고 지리적 차이만 있지 프랑스와 같은 서구 국가와 차이가 없을 만큼 세속화된 튀니지 같은 나라가 있을 만큼 중동의 스펙트럼은 너무나 다양하다. 심지어 중동하면 연상되는 억압적이고 보수적인 이미지의 종교 경찰이 있는 나라는 전체 무슬림권 중에서 말레이시아, 이란, 사우디 세 나라 정도인데 그나마 사우디는 빈살만 왕세자 즉위 이후에 전면적인 사회 개혁조치의 일환으로 종교경찰의 권한을 거의 빼버린 상태이고 말레이시아는 중동도 아니지만 명목상 이슬람 외 헌법상 종교의 자유를 허용하고 있는 나라이다.

문제는 우리가 중동과 거래를 안 하고 살 수 있으면 모를까 그렇지 않다면 이러한 편견이 정상적인 거래에 많은 걸림돌로 작용한다는 것이다. 비즈니스의 반경이 동남아, 유럽, 남미에만 머물 작정이라면 모르겠지만 중동에 우리 제품을 내다 팔고 중동산 에너지를 계속 수입하며 고정적인 거래처를 계속 유지할 계획이라면 중동의 다양성에 보다 더 관심을 가져야 한다. 아시아에 한, 중, 일 외에 동남아, 서남아 등 다양성이 셀 수 없듯이 중동이란 말 안에 담겨진 다양성도 무시할 수 없다는 뜻이다. 최소한 그 안에 천차만별의 다양성이 있다는 정도의 인식은 갖고 있어야 중동이란 말 속의 함정에 빠질 가능성을 줄일 수 있다.

중동의 다양성을 구분 짓는 가장 효율적인 방법은 정치체제 차이를 통해 보는 방법이다. 즉 군주제인지 공화제인지 보는 방법과 종교적으로는 이슬람이 정치에 직접 관여하는지 여부에 따라 이슬람주의 체제인지 세속주의인지로 구분해 보는 방법이다. 이 부분에 대해서는 앞 장에서 다룬바 있다. 여기에 더해 각 국가들이 20세기 초중반에 오스만으로부터 독립 이후에 영국과 프랑스 중 어느 나라의 식민지배 하에 있었는지도 그 나라의 정치문화와 지배엘리트의 성향을 파악하는 데 도움이 된다. 물론 그중의 많은 나라들이 20세기 중반 이후에는 냉전의 영향으로 미국의 영향 속으로 편입되었으며 미국과의 친소관계로 그 나라의 대외관계 성향을 파악하는 것도 유익한 방법이다.

이런 식의 정치적 맥락을 알고 비즈니스를 하는 것과 아닌 것의 차이는 시간이 갈수록 벌어질 것이다. 이것은 사전에 알고 조심하면 피해갈 수 있는 컨트리 리스크(country risk) 차원의 문제가 아니라 수출이든, 투자든, 프로젝트 수주이든, 거래방식을 막론하고, 해당하는 나라에 대해 반드시 파악해야 하는 기초정보라고 할 수 있다. 이러한 리스크와 잠재력에 대해 나라마다 격차가 크기 때문에 중동 비즈니스가 어렵다고도 할 수 있다.

중동 사업에 대해 손사래를 치거나 회의적으로 입장을 피력하는 사람들은 대개 정정(政情) 불안과 거버넌스의 불투명성으로 인한 문제(미수금 등)를 지적한다. 틀린 말은 아니지만 다 그런 것이 아니라는 것이 논점이다. 그런 나라의 예로 많이 언급되는 것이 이라크인데 여기처럼 정권이 안정이 안 된 경우는 누가 가도 사업 환경이 좋다고 볼 리 만무하다. 그렇다고 사우디처럼 막대한 오일머니로 네옴시티와 같은 천문학적인 자본이 투입되는 초대형 기가 프로젝트를 발주하는 나라들은 전체 중동국가 중 걸프 지역의 소수에 국한될 뿐이다. 한편, 회의적인 애기만 듣고 이라크와 같이 잠재력이 큰 시장을 방임할 수도 없다. 방치한다면 분명히 다른 데서 낚아채 갈 것이기 때문이다. 분명히 알아야 할 것은 우리가 비교적 중동시장에 대한 안목과 관심이 상대적으로 작을 뿐이지 다른 경쟁국들은 중동과의 거래의 역사가 훨씬 길고 인적 인프라도 폭이 넓다는 것이다. 중동 자체가 긍정적이든 부정적이든 우리보다 세계화의 세례를 더 빨리 받은 곳이고 열강끼리 치열한 각축전이 될 만큼 자원이 풍부한 곳이기도 하다. 대량살상무기(WMD)의 존재를 명분으로 한 부시 행정부의 이라크 사담 후세인 정권 축출이 석유 자원을 노린 것이라는 지적이 있을 만큼 전략적 자산이 많은 곳이고 그것이 정치적 불안의 원인이 되기도 한 곳이다.

필자가 최근 오랜만에 만난 한 카타르의 정치인이자 사업가는 몹시 기분이 좋아 보였다. 이유를 물어보니 이라크 북부 쿠르드족 자치지역인 쿠르디스탄에 쓰레기 재활용 사업과 교통사업 두 가지를 할 수 있는 사업권을 어렵게 갖게 되었다면서 이 나라 저 나라 출장을 다니면서 외국 파트너 기업을 구하고 있다는 것이었다. 벌써 튀르키예업체, 유럽업체 들과 중간에 인도 대리인을 내세워 교섭을 벌이고 있다고 하였다. 우리도 현장에 진출해 있으면 이런 기회를 많이 포착할 수 있을 것이다. 무시하거나 회의적인 채로 앉아 있으면 다른 데서 채갈 것이다.

탈석유 산업다각화의 성공과 중동 정치

미국의 자체 셰일 오일 생산을 통한 에너지 자립과 재생에너지 사용을 통한 지구 온도 낮추기를 골자로 하는 파리기후협약(2015)을 계기로 세계 경제의 흐름이 탈석유 경제로의 전환을 추진하면서 전통적인 중동 산유국의 고민도 깊어가고 있다. 이에 따라 2010년대 중반을 전후로 본격적으로 등장한 것이 지금은 익숙한 사우디의 「비전 2030」의 네옴시티 프로젝트와 같은 중동 각국의 탈석유 산업다각화 비전들이다.

그런데 이러한 탈석유에 비전을 실현을 위한 재원 마련을 위해서는 당분간 석유 수입에 의존하지 않을 수 없는 역설이 현실인데 유가의 미묘한 변동 폭조차도 이들 개별 국가재정의 적자와 흑자 여부에 지대한 영향을 미치고 산유국으로서는 이를 방어하기 위해 가용한 모든 수단을 동원하지 않을 수 없다. 물론 사우디와 같이 시장지배력이 있는 나라가 이러한 노력을 주도하며 작은 나라들은 OPEC 안에서 집단행동을 통해 이러한 목표에 접근한다.

미국이 우크라이나 전쟁 이후 인플레 압력 때문에 안보 동맹국인 사우디에 증산 요청을 했지만 사우디가 오히려 러시아와 협력하여 계속 감산 기조를 유지한 것은 국익에 기반한 냉정한 정치적 계산이 깔려 있기 때문이다. 아울러 기존에 미국의 전략 비축유 방출과 재매입 지연으로 인한 사우디 원유에 대한 수요 감소에 대한 사우디의 미국에 대한 섭섭한 감정, 사우디에 대한 미국 무기수출 제한 조치, 그리고 인권을 강조하면서 공개적으로 빈살만 왕세자를 비난한 바이든 행정부에 대한 서운한 감정들이 복합적으로 작용하였을 것으로 본다. 어찌 됐든 사우디로서는 최우선 목표인 탈석유 산업다각화와 2030년이라는 시간표 달성에 최우선 순위를 두고 있고 이란과의 전격적인 관계 개선과 미중경쟁 구도를 이용해 중국과의 협력 확대도 이러한 목표 달성에 필요하다고 보기 때문이다. 반면 기존 안보동맹인 미국과는 어느 정도 거리를 유지하더라도 냉정하게 국익에 충실하겠다는 의지를 읽을 수 있다.

기존에는 사우디가 인권이나 민주주의 같은 가치 공유는 어렵더라도 미국과 중동에서의 지정학적 이해를 공유함에 따라 안보동맹의 일원으로 같은 진영에 속한 것으로 간주하여 왔지만 이제는 그 진영의 울타리가 과거에 비해 느슨해지고 있다. 즉 같은 진영에 있으면서도 각자의 이익을 추구하는 동상이몽(同床異夢)과 오월동주(吳越同舟) 상황이 펼쳐진다고 봐야 할 것이다. 물론 이러한 사우디나 중국의 움직임에 맞춰 미국의 대응도 탄력적으로 수반될 것이다.

결국 이렇게 지정학과 경제가 복합적으로 상호작용하는 과정을 사우디와 같은 산유국들이 얼마나 슬기롭게 자기 주도적으로 유리하게 끌고 가느냐에 따라 탈석유 산업다각화라는 목표가 그들의 의도대로 현실화 될지 판가름 날 것이다. 향후 중동의 정치 역량의 핵심이 바로 여기에 집중될 것이며 지금 우리가 제2, 제3의 「중동 붐」이 왔다고 흥분해 마지않는 중동 특수는 이 산업다각화를 위해 중동 국가들이 얼마나 성공적으로 정치력을 발휘하느냐에 따라 좌우된다고 봐야 할 것이다. 여기에 왕국의 미래 존립 기반과 사우디 빈살만 왕세자와 같은 차세대 권력자 그룹의 리더십도 달려있다. 그렇기에 중동 열사의 땅에서 벌어지는 탈석유의 몸부림은 결코 먼 나라 남의 일이 아니라 우리 기업, 일자리, 경제와 관련된 일이다.

진출 국가의 선정

이 책의 서두에서 부분에서 진출 국가 선정의 조건을 다루었지만 사실 거기에서 언급한 조건들을 두루 만족하는 나라를 중동에서 찾기는 힘들다. 국가 재정도 좋고 내수와 소비력도 있으며 정치도 안정되고 제도도 합리적이며 개방성과 성장 잠재력까지 갖춘 나라는 중동이 아니라 어디든 찾기가 어려울 것이다. 그런 나라라면 내수시장이 차고 넘쳐 외국 기업이 비집고 들어갈 여력이 있을지도 미지수다.

이런 한계를 감안하고 중동 내에서 상대적으로 경제적 활동성과 GDP, 정부재정 역량을 감안하고 한국과의 특수성까지 고려했을 때 최종적으로 우선 고려할 국가군에 오를 만한 나라로는 사우디, UAE, 이란, 이집트 정도를 제시할 수 있다고 보며, 그 다음 카타르, 쿠웨이트, 이라크 정도를 꼽을 수 있겠다. 기존의 통념(?)과 크게 다른 것이 없다고 생각할지 모르겠으나 이 정도 국가만으로도 중동 비즈니스의 벅찬 관문을 경험하는데 부족함이 없다는 것이 필자의 생각이다. 이스라엘과 튀르키예도 경제권 자체로야 무궁무진한 협력 파트너이지만 이 책에서 다루는 중동 경제의 범주에 넣기에는 무리가 있어 논외로 한다.

● —————
사우디아라비아 　사우디가 중동 경제에서 차지하는 위상과
한국과의 각별한 인연은 굳이 언급이 필요 없
을 정도이다. 한국에게 70년대 주베일 항만 9억 불 공사를 시작으로 중
동 특수의 서막을 제공한 나라이며 지금까지 부동의 제1위 석유 공급원
이었다. 사우디는 우리에게 중동을 상징하는 나라이지만 막상 중동에
와서 느끼는 사우디의 위상은 그 이상이다. 사우디는 경제력, 정치력, 종
교력 3박자를 갖춘 중동의 거의 유일한 나라이다. OPEC(석유수출국기
구)을 이끌어 가면서 비OPEC인 미국, 러시아 등의 영향력 확대에도 불
구하고 여전히 세계 유가에 결정적 역할을 하고 있고, 관계의 등락(登落)
을 거듭하지만 미국과 연대하여 중동의 정치 질서를 설계해 왔으며, 수
니파 종주국을 자임하면서 모든 무슬림들이 죽기 전에 한 번은 순례를
해야 한다는 성지(聖地) 메카를 관리하고 있다. 또한 오일머니를 근간으
로 요르단, 이집트를 비롯해 경제난에 봉착하는 주변 아랍 국가들을 구
하는 해결사 노릇도 하고 있다. UAE, 카타르 등이 압도적으로 외국인
노동자에 의존하는 데 비해 사우디 인구 3천5백 만 중 2/3가 자국민일
정도로 상대적인 인구대국이며 외국인 중에도 아랍인구가 많아서 그만
큼 아랍권 내에서 영향력이 강하다.

　현재 사우디는 2017년 혜성처럼 등장하여 중동의 판도를 바꾸고 있
는 「미스터 에브리씽(Mr. Everything)」 무함마드 빈살만 왕세자가 사활을
걸고 국가개조 개혁을 추진 중이다. 과연 '네옴시티(Neom City)'로 상징되
는 전면적인 탈석유 다변화 경제로의 개혁과 여성인권 증진으로 상징되
는 과감한 사회개방 드라이브가 빈살만 왕세자의 공언대로 석유를 벗
어던진 새로운 사우디의 비전을 달성하여 사우디는 물론 중동 전체에
엄청난 변화를 가져올지 세계의 이목이 쏠려있다. 이는 단순히 다시 한
번 사우디가 한국경제와 기업에 풍부한 오일달러의 매력을 듬뿍 선물

할 것인가의 차원을 넘어서 인류발전 역사의 한 획을 그을 수 있느냐의 문제라고 보기 때문이다.

중동 안에서 보이는 사우디 국민들의 이미지는 역내 최대 강국이라는 이미지와 더불어 까다롭고 막무가내라는 인상이 강하다. 종교적 원리주의에 석유 부자, 과시적 소비, 고집이 세고 거칠다는 이미지가 중첩된다. 우리나라 언론에도 종종 소개되지만 외국인 노동자에 대한 인권탄압과 공개처형을 불사하는 가혹한 이슬람 형벌체계, 두바이나 바레인, 튀르키예 등 사우디인이 즐겨 찾는 관광지에서 벌어지는 난동 소식들을 잊을 만하면 한 번씩 접한다. 필자는 중동에 근무하면서 왜 이런 일들이 자주 발생할까 생각해 보았는데 처음엔 단순히 기질적 원인인가 보다 하고 치부하다가 나중에는 이슬람 율법의 엄격한 집행에 따른 스트레스의 누적과 중동 내 최고 크고 강한 나라의 국민으로서의 우월감이 중첩되면서 일탈이 벌어지는 것이 아닐까하고 추측했다. 한편 전체 인구 3천5백 만 중 자국인 인구가 70% 이상인 만큼 자국 인구 비중이 10~20% 수준인 UAE, 카타르에 비해 사우디 국민들이 그만큼 눈에 뜨일 수밖에 없고 초특급 대우를 받는 직계 왕족(Sheikhs)만 해도 4천 명이 넘는다고 하니 중동 곳곳에서 사우디인과 연관된 크고 작은 사고가 생길 가능성도 확률적으로 크다고 할 수 있겠다.

아랍에미리트(UAE)

사우디가 중동의 전통적 슈퍼파워라면 UAE는 중동의 얼굴이자 관문이며 오늘날 두바이로 상징되는 중동의 현대적 이미지를 만든 일등공신이다. UAE는 석유개발의 역사는 사우디보다 늦지만 개발 초기부터 석유에 대한 과잉 의존도를 경계하고 다각적인 경제 개발을 진행했다. 아부다비와 두바이 두 개 에미리트(Emirate)가 중심이 되어 이끄는 7개 토후국으로 구성된 연방국가인 UAE는 경제구조만 본다면 80% 이상이 비석유 부문일 정도로 고도 산업화 경제에 가깝다.

특히 중동은 물론 아시아와 유럽을 잇는 지리적 다리 역할을 하는 두바이의 경우 UAE 전체 석유 생산의 6% 정도밖에 되지 않고 전체 경제의 98%가 비석유 부문일 정도로 관광, 물류, 금융, 부동산, 서비스업 중심의 다채로운 경제를 구축하고 있다. 우리나라 700만 재외동포(국적자는 약 250만) 중 중동 지역 거주자가 약 2만 명, 전체의 겨우 0.25% 수준인데 그나마 절반이 UAE에 거주할 정도로 중동 진출 한국인들의 거점이 된 지 오래이며 공공 기관, 기업을 불문하고 아프리카·중동 지역 관련 컨트롤 타워 업무는 거의 두바이에서 이뤄지고 있다.

UAE와 관련해서는 아부다비와 두바이 사이의 묘한 권력관계를 주목할 필요가 있다. 인구는 두바이가 350만 정도로 아부다비보다 2배나 많지만 영국으로부터 독립한 후 뿔뿔이 흩어진 에미리트들을 통합해 단일 국가화한 것은 아부다비 통치자 알나흐얀(Al Nahyan) 가문이었고, 단독 국가화를 고심한 두바이가 막판에 합류함으로써 가능했다. 그러나 두 에미리트는 상반되는 발전경로를 걷게 되는데 석유 수입의 60% 이상을 차지하는 아부다비가 상대적으로 보수적이고 점진적인 개혁과 점진적인 다변화 노선을 택한 반면, 석유에 의존할 길이 없는 두바이는 60~70년대 중동의 파리라고 일컬은 레바논 베이루트 모델에 착안하여 90년대 이후 중동적 폐쇄성을 과감히 버리고 개방경제를 도입하여 많은 의구심을 불식시킨 끝에 지금의 두바이 모델을 일구어냈다.

그런데 두바이 경제가 관광, 물류, 부동산, 금융에 치중하는 사이에 2008년과 같은 세계금융위기가 오고 부동산과 금융에 물린 수많은 두바이 국영기업들이 도산 위기에 처하자 아부다비가 구원투수로 나서 두바이의 국영기업들을 인수하여 위기를 넘기게 된다. 두 에미리트는 명목상 같은 국가지만 추구하는 경제의 성격과 대외정책 노선에도 차이가 있고 두 통치 가문 간에도 미묘한 견제 관계가 있는데 2008년 구제 금융을 계기로 권력의 추가 아부다비 쪽으로 급속히 기울었다는 평을 듣는다. 두바이의 개방경제가 아부다비의 자원경제에 비해 부족한 밑천을 드러냈다는 평을 듣는 원인이 된다. 삼성물산이 시공을 맡은 세계 최고층 '버즈 두바이'가 금융위기 이후 아부다비 통치자이자 연방 대통령인 '칼리파 빈 자이드(Khalifa bin Zayed Al Nahyan)'의 이름을 따서 '버즈 칼리파'로 바뀐 것은 이를 상징하는 사건이다. 이외에도 두바이의 많은 랜드마크의 주인이 아부다비로 넘어가면서 이름이 바뀐 경우가 많다.

〈그림 42〉 세계 최고층(828m, 163층) 버즈 칼리파 전경. 2008년 금융위기를 거치며 명칭이 버즈 두바이에서 변경되었다.

걸프만 바다 건너 이란은 중동 최대의 경제 대국이 될 잠재력이 풍부한 나라이다. 인구가 8천5백만 명으로 사우디의 3천5백만에 비해 압도적으로 많아 순수 자국민만으로도 노동력이 풍부할 뿐 아니라 내수시장도 크고 GDP 규모로도 석유가 잘 팔릴 때는 세계 20위권을 넘나든다. 무엇보다 원유매장량이 베네수엘라, 사우디, 캐나다에 이어 세계 4위, 천연가스 매장량도 러시아에 이어 2위나 되는데 바다 건너 카타르와 해상유전을 공유하고 있다.

여전히 원유수출이 총수출의 80% 이상을 차지할 만큼 자원 의존적이지만 바다 건너 아라비아 반도와 달리 강수량이 풍부하고 4계절이 있어 농업의 비중도 높다. 이는 역내 라이벌 사우디 등 걸프 지역(GCC) 국가들이 갖지 못한 엄청난 장점이다. 제조업 역량도 상당하여 인구의 20%가 자동차, 의약, 화학, 식품 등의 제조업에 종사하고 있는데 서방의 원유수출 제재에 대항해 자생력을 기르려는 와중에 생존의 방편으로 추진한 경제다변화 차원에서 제조업이 발달하게 되었다.

그러나 역설적이게도 이란하면 떠오르는 키워드는 '잠재력'과 더불어 '미국'과 '제재'이다. 2015년 오바마 행정부 당시 맺은 핵협정(JCPOA)를 2018년 트럼프 행정부가 일방적으로 파기함으로써 모처럼 훈풍을 맞았던 이란의 경제와 대외관계는 다시 격랑에 빠지게 된다. 이후 바이든 행정부가 들어서면서 재차 핵 합의를 복원하려는 시도도 하고 사우디와 러시아를 중심으로 원유 감산 움직임이 일면서 미국의 이란 제재도 느슨해지게 되고 이 틈을 타 2020년 이후 이란산 원유의 수출이 크게 증가하면서 이란 경제는 한숨을 돌리게 된다. 2021년은 석유와 가스 수출로 인해 무려 60% 가까이 경제규모가 증가하는데 결국 국제사회의 제재만 벗어날 수 있다면 이란의 경제력은 중동의 판도를 바꿀 수 있다는 얘기도 된다.

문제는 과연 언제쯤 이란이 미국과 완전한 타협을 하고 제재를 벗어나 국제사회와 자유롭게 거래를 할 수 있느냐이다. 한국을 비롯해 외국 기업들은 미국의 금융제재에 매우 민감하다. 소위 세컨더리 보이콧 대상으로 낙인찍히는 순간 미국 당국에 고소당하고 천문학적인 배상을 물게 된다. 몇 년 전 한국 굴지의 시중 은행 중 하나도 미국 당국에 적발되어 한화 1천억 원에 달하는 벌금을 낸 사건도 있었고 이런 사건들에 자극받아서인지 우리 금융권은 트럼프 행정부 당시 한국에 체류하는 이란 유학생부터 주한 이란대사관에까지 계좌 발급을 거부하는 일도 있었다. 미국 재무부가 계좌발급은 금융제재 대상이 아니라고 했는데도 우리 금융권은 '이란' 이름만 나오면 손을 놔버린 것이다. 주한 이란대사의 하소연이 언론을 탔고 한국 정부에 항의도 많이 했는데 한사코 해결이 안 되다가 한국 정부의 조력을 통해 가까스로 대사관 계좌를 만들 수 있었다.

　잠재력과 한계가 병존하는 이란 경제는 장기적으로 미국과의 관계를 해결하지 않고서는 제재로 파생되는 약점을 메꾸기는 불가능하며 소위 '저항경제'를 유지하면서 자체적인 제조업이나 과학기술 역량을 배양한다고 해서 될 일이 아닌 듯하다. 핵문제를 놓고 10년 넘게 지루한 씨름을 벌이다 간신히 서방과 합의를 이루어 냈다가 미국의 정권이 바뀌자 다시 뒤집혀 버리는 상황이 이란으로서는 억울하고 답답할 만도 하다.

　경제는 이윤의 논리를 좇고 정치는 힘의 논리를 좇는다. 국제사회의 냉엄한 논리는 그렇다. 이란은 사우디, UAE와 같이 일사분란한 리더십에 의한 내부 단속도 어렵다. 교육 수준이 높은 국민과 민주주의에 대한 열망이 있는 시민사회가 있기 때문이다. 설상가상 히잡 착용 문제로 여성인권 문제까지 떠올라 국내 사정도 매우 혼란스럽다. 여러모로 해결

할 일이 첩첩산중인 나라이지만 사우디와 더불어 중동의 양대 강국의 위상도 쉽게 바뀌지 않을 것이다.

● ──
이집트
이집트의 객관적 스펙을 보자면 애초에는 중동의 경제대국이 되기에 모자람이 없는 나라이다. 많지는 않지만 석유와 가스도 나고 인구는 1억으로 최대이며 땅은 남한의 10배가 넘는다. 풍부한 노동력을 바탕으로 제조업도 꽤 발달해 있으며 나일강 덕분에 농업도 발달해 있다. 탁월한 지리적 위치 덕에 유럽과 아시아를 잇는 관문인 수에즈 운하를 통해 벌어들이는 외화도 상당하다. 그래서 지금까지 중동에서 사우디, 이란과 함께 지역강국의 위상도 지녀왔다.

그러나 지금은 경제력의 약화와 정치적 혼란으로 인근의 아랍 산유 부국에 비해 위상이 많이 뒤처져 있고 산유 부국에 자국민들이 노동자로 진출하여 외화 송금을 하는 나라가 되었다. 반복되는 경제위기 때마다 IMF와 사우디, UAE 등 걸프 산유국들의 원조를 받으면서 위태롭게 위기를 넘겨 오고 있다. 걸프 국가들과 마찬가지로 'Vision 2030'이라는 자체 경제개발계획도 갖고 있지만 생산과 교역을 늘릴 수 있는 경쟁력을 시급하게 확보할 수 있는가에 대해서는 의구심이 많다.

특히 2012년 '아랍의 봄(the Arab Spring)'을 계기로 집권한 이슬람주의 세력인 '이슬람형제단(Muslim Brothers)' 정권을 곧바로 쿠데타로 전복시키고 2014년부터 집권중인 '엘시시(el-Sisi)' 정부에 의한 군(軍)의 과도한 경제 개입이 가뜩이나 취약한 민간부분의 경쟁력을 축소하면서 구조적 취약성을 더욱 악화시키고 있다는 우려를 낳고 있다. 만연한 부패와 정치적 불안정도 취약성을 심화시키는 요인이다.

그럼에도 불구하고 이집트 경제가 갖고 있는 잠재력을 과소평가해선 곤란하다. 저성장과 고실업에 고전하고 있지만 광대한 국토와 1억이 넘는 인구 속에 교육받은 노동력의 비중이 상당하다는 것이 이집트 경제의 가장 큰 매력이다. 그래서 중동에 진출한 우리 기업들 중 이집트에 진출한 비율도 교역수준(수출 16억 불, 수입 3억 불)에 비해 적지 않은 편이다. 또한 석유산업 부문도 현재는 전체 수출의 20% 정도지만 2015년 이후 지중해에서의 연이은 가스전 신규 발굴을 비롯해 외국 기업의 투자를 발판으로 유전개발에 박차를 가함에 따라 향후 석유화학 부분에 큰 진전이 있을 것으로 예상되며 이 분야에서 우리 기업의 참여도 늘어날 수 있을 것이다. 이집트는 결국 지금의 에너지 자원 의존, 관광 수입, 수에즈 운하 수입, 해외 노동자 송금, 외국 원조와 같은 지대 추구형(rentier state) 경제를 끌고 가서는 광대한 국토와 인구의 장점을 못 살리는 '성장 잠재국' 수준에 계속 머물 가능성이 크다. 어떻게든 산업경쟁력을 끌어올려 경제의 체질을 바꾸는 방향으로 가지 않는 한 한국과의 경제협력의 수준도 걸프 국가의 수준에 비해 계속 미달할 것이다.

기업은 어떤 자세와 준비가 필요한가?

중동을 기회의 시장으로 바라보는 기업가는 중동의 안팎에서 벌어지는 지정학적 사건들이 먼 나라 남의 일이 아니라 시공을 초월하여 바로 나의 기업과 우리 국민 경제에 영향을 미치고 있다는 것을 알아야 한다. 그리고 이것은 중동과의 사업적 연계성을 떠나 현실적으로 우리보다 더 밀접하게 글로벌 정치경제의 핵심 의제로 기능해 온 중동을 이해하지 않고서는 세계 경제도 이해하기 어렵고 기업경영을 위한 올바른 결정을 내리기도 어렵다는 뜻이다. 이러한 맥락에서 이 장에서는 앞 장의 논의를 기반으로 중동진출을 희망하는 기업의 입장에서 시행착오를 줄일 수 있는 자세와 준비는 어떤 것들이 있을지 제시해 본다.

정치가 경제를 압도: 룰이 깨지는 세상에 적응하라

미중 경쟁과 우크라이나 전쟁을 거치면서 세계를 진영 간의 대립 전선으로 나누려는 경향이 갈수록 노골화되고 있다. 이것은 표면적으로 서구적 가치인 자유민주주의 대(對) 사회주의적 전체주의의 간의 대결이라든지 자본주의적 시장경제 대(對) 국가관리 자본주의 간의 대결 등으로 묘사되지만 표방하는 가치와 관계없이 국가간의 냉정한 이해에 따라 모이고 흩어지는 합종연횡이라고 보는 것이 더 정확할 것이다.

세계가 진영으로 갈리고 있는 지금 시대는 기존의 상식과 룰(Rule)이 깨지는 시대이다. 미중 갈등은 인건비가 싼 곳을 찾아 기업이 물건을 만들어 팔 수 있는 경제 상식이 사라지게 하고 있다. 비싸더라도 각자의 진영 안에 공장을 세워 물건을 만들기를 강요함에 따라 물건은 비싸질 수밖에 없다. 세계화의 시대는 가고 세계화와 자유무역을 선도했던 미국이 앞장서서 비싸더라도 중국에 있는 공장을 미국에 옮겨 지으라고 하면서 보호주의를 선도하고 있다. 경제적 효율은 사라지고 물가는 자연스럽게 비싸질 수밖에 없게 된 세상에 살게 되었다. 지금 세계적으로 유례없는 초인플레이션을 경험하고 있고 미국이 초고금리로 대응하고 있지만 이러한 비효율이 고착화된다면 인플레이션은 쉽게 사라지지 않고 상설화될 것이며 미국의 초고금리 기조는 다른 국가들을 계속 압박할 것이다.

우리에게 익숙한 세계화의 시대는 미국 패권의 시대(Pax Americana)이기도 했다. 한국을 비롯한 미국의 동맹국들에게 안보를 제공하고 패권국인 미국이 무역적자를 감내해 가면서 자국의 소비시장을 유럽과 아시아의 수출국들에게 내주면서 기축통화인 달러를 공급하고 대신 패권국 대접을 받던 시절이었다. 지금은 이 공식이 많이 흐트러졌다. 미국은 과거와 같은 의미의 패권국을 할 의지도 역량도 없으며 같은 진영에 속한 국가들에도 많은 비용부담을 요구하고 있다. 그래서 진영 안에서도 결속력은 냉전시대와 비교하여 훨씬 유동적이라고 할 수 있으며 우크라이나 전쟁 당시 대러시아 제재에 참여한 나라들의 규모에서 보듯이 특정 진영에 속한다고 보기 어려운 중간지대의 국가들 역시 많다고 할 수 있다.

우크라이나 전쟁이 강대국이 무력에 의해 약소국의 주권을 침해한 노골적인 국제법 원칙의 위반을 보여줬지만, 이 밖에 자본주의의 원초적인 기본인 재산권 보호의 원칙도 위협받을 수가 있다는 점도 보여줬다. 세계 금융 메커니즘을 장악하고 있는 미국은 우크라이나 전쟁이 터지자 러시아를 결제망(swift)에서 배제시켜 버렸는데 미국에 맡겨 놓은 러시아 외화자금을 결제할 수 없게 되니 부도 위기에 몰릴 수밖에 없다. 또 전쟁에 책임이 있는 러시아 올리가르흐(Oligarch)들의 미국 내 자산을 처분하여 우크라이나를 돕자는 의회 결의를 추진하기도 하였는데, 혹시나 우리가 미국의 제재 대상이 되어서 미국내 자산이 이러한 처지에 처한다고 가정한다면 모골이 송연할 것이다. 지금은 피아(彼我)를 나누는 전쟁이라는 격변 상황이긴 하나 재산권 보호라는 원초적인 룰이 깨지는 것은 경제를 하는 입장에서 쉽게 볼 수 있는 사안이 아니라고 본다.

그런데 앞 장에 언급한 탈석유 산업다각화 실현을 위해 미국과의 거리두기를 마다하지 않는다는 사우디식 대외전략은 미국을 포함한 강대국들과의 관계에서 자신들의 우선 가치를 분명히 드러낸 것이라고 하겠다. 안미경중(安美經中)이라는 균형자 역할을 하겠다는 전략적 모호성을 버리고 적극적인 가치지향 노선을 택한 우리와 달리 사우디의 경우는 전략적 중립노선을 오히려 노골적으로 천명한 것이나 마찬가지이기 때문이다. 사우디가 이것이 가능한 이유는 무엇일까? 사우디가 가진 막강한 레버리지(leverage), 즉 유가 결정력과 사우디 없이 중동문제 해결을 기대할 수 없는 지정학적 파워가 아닐까 한다. 우리에게 그만한 레버리지가 있는가? 자원은 커녕 핵을 가진 북한이라는 거대한 약점을 갖고 있지 않은가?

중동과 관계를 맺고자 하는 기업인이라면 세계 경제의 기존의 속성을 깨는 새로운 룰이 기업 활동과 우리 경제에 어떤 영향을 미치는지 관찰하자. 특히 중동의 각 나라들이 각자의 환경에서 어떻게 이러한 부작용을 최소화하고 역(易)이용하는지 살펴보면서 새로운 비즈니스 기회를 포착하는 지혜를 가져보자.

중소기업도 글로벌 비즈니스 직접 챙겨야

중동을 포함해 해외시장의 개척이 필요하고 GDP의 무역의존도가 70%가 넘는 우리나라로서는 정말 중요한 일이긴 하지만 방법론적으로 쉬운 일이 아니다. 우리나라 해외시장은 대기업 위주로 개척하고 활동해 왔고 중소기업은 대기업에 납품하거나 협력업체로 해외에 진출하여 대기업 그늘에서 일하는 구조로 해왔다. 해외시장을 직접 개척하는 부담은 없었으며 엄밀히 말해 우리의 세계화 수준에서 그럴 여력도 경험도 없었던 것이 현실이다.

그러나 이제 중소기업도 글로벌 비즈니스를 더 이상 미룰 수 없고 직접 챙겨야 할 때가 왔다. 두바이, 아부다비, 카타르 등지에서 활발히 개최되는 온갖 종류의 국제 전시회(fairs)를 보면 무수히 많은 유럽이나 중동의 중소기업들이 참석해서 활동하는 것을 본다. 중동 기업들이야 지리적 이점과 정보 접근성 면에서 참석에 편리한 점이 있다고 치더라도 작은 부스를 차지하고 있는 수많은 유럽의 중소기업들을 보고 있자면 아시아 등에 비해 산업경쟁력이 밀리기 시작하는 구대륙이라고는 하나 여전한 유럽 제조 산업의 저력을 느끼게 된다. 특히 스위스와 같이 종업원 250명 이하 중소기업이 전체의 99%를 차지하는 나라의 경우 중소기업들이 자력으로 해외 비즈니스를 개척해 나가는 모습들이 부럽다.

이를 위해서는 개별 중소기업의 역량을 탓하기 전에 우리의 교육시스템부터 근본적으로 개혁하여 중고등학교 시절부터 비즈니스 영어부터 시작해서 글로벌 소통능력을 가르쳐야 한다. 이런 세계화 교육을 통한 인적 자원의 기초 역량이 만들어져야 자생적인 해외시장 개척이 가능하며, 그러지 않고서는 각자도생(各自圖生)식 우연적 요소에 의존할 수밖에 없다. 현실적으로 비싼 사교육을 받은 재원들이 중소기업에 투입되기 어려운 구조라면 공교육의 질을 높일 수밖에 없다. 공교육을 통해 인력을 양성해서 공급해주지 않고 중소기업에게 알아서 해외시장을 개척하라고 한다면 무책임하다. 제발 선거를 통해 형성되는 국가의 정치력이 이런 일을 훼방하는 기득권을 혁파하는 데 쓰이기를 바란다.

그래도 중소기업 수준에서 활발하게 중동을 비롯한 신흥시장을 개척하는 많은 우리 기업들을 보게 되면 존경의 마음을 품게 된다. 전시회에서 만난 기업 관계자들에게 계기를 물어보면 정부 부처나 협회의 안내로 연결이 되어 참가하게 되었다는 설명이 가장 많다. 그럼에도 불구하고 산업 강국으로서의 한국의 위상에 비춰보면 중동에서 보여지는 우리 기업들의 존재감은 주요 대기업 브랜드들을 제외하고는 아직 미미한 편이다. 따라서 산업 전반적인 글로벌 시장 개척을 위한 기초체력이 강해지기 전까지는 정부나 각종 관련 협회와의 협업에 의존하거나 기업가의 개인적 역량에 따라 글로벌 시장의 진입 여부가 좌우될 수밖에 없는 형편이 당분간 지속될 것이다.

●────────────────
중동에 한 번이라도 가봐야 한다　　필자는 국내에서 만난 지인들이나 기업가들 상당수가 여행이든 출장이든 중동에 가본 경험이 일절 없다는 사실에 적지 않게 놀란 적이 많다. 특히 세계 항공 여객의 허브가 된 지 오래인 두바이조차도 경유조차 해본 사람이 생각보다 드물다는 사실을 알고 놀랐다. 70명이 되는 최고경영자과정을 수강한 적이 있는데 기업 임원인 몇 명을 제외하고 중동에 가본 사람이 거의 없었고 반면 유럽과 동남아를 가본 사람은 거의 100%였다. 중동에 대한 우리나라 수출시장 비율이 2.4%인데 체감상 그만큼의 비율도 아닌 것 같았다.

구체적인 목적이 없으면 힘든 일이지만 항공편 경유라도 좋으니 한 번이라도 가볼 것을 권유한다. 단 한 번의 경험의 유무가 큰 차이를 만든다고 본다. 현장에 거의 가보지 않고 중동에 대해 이래저래 얘기하는 사람들이 많다. 맞는 말도 있지만 직접 와서 보고 느끼는 게 최고이다. 또 한국에 유통되는 중동에 관한 정보와 지식은 서구 중심으로 편향된 내용도 많다. 특히 정치적 사건들에 대한 서구 미디어의 전달은 종종 객관적 이해를 방해하기도 한다. 이러한 관행들이 쌓여 중동에 대한 편협한 사고의 풍토가 만연하고 굳이 알 필요가 없거나 가지 않아도 되는 곳으로 폄하하는 인식이 자리 잡았다고 본다. 그래서 유식하고 교육받은 중산층의 인식도 유럽과 북미, 동남아 정도가 한계인 경우가 많다.

중동을 한 번쯤 꼭 가보라고 하는 것은 단순히 백문불여일견(百聞不如一見)의 차원이 아니라 자신의 인연적 코드와 맞추어 볼 기회를 가져보라는 의미이기도 하다. 개인과 기업 모두 작은 인연이 기화가 되어 큰 비즈니스로 연결되는 경우가 종종 있다. 짧은 여행과 체류를 통해 각자의 가치와 목표, 능력에 맞는 질문들에 제대로 된 답을 다 할 수는 없겠지만 얼마간의 흥미라도 얻어올 수 있다면 성과라고 할 수 있다. 그 반대의 경우도 마찬가지이다.

필자가 공직생활을 시작하던 90년대와 2000년대 초에 걸쳐 상하이와 두바이의 발전상을 지켜보면서 당시 은퇴를 앞둔 외교관들 중에 본인들의 선견지명이 짧았음을 반성하던 사람들이 있었다. 중국과 두바이의 비전에 대해 설마하고 우습게 봤는데 그런 자신이 우습게 됐다는 것이었다. 미래의 일은 과거만 가지고 판단해서는 알 수 없는 것이다. 그래서 네옴시티와 같은 초대형 프로젝트 역시 현실적 비판은 비판대로 인정하되, 역사에 길이 남는 일이란 당대에는 불가능해 보이는 일들이 대부분이었다는 점을 반추해 본다면 10년쯤 후 중동의 또 다른 상전벽해(桑田碧海)를 보지 말란 법이 없지 않은가.

정부와 기관을 활용하라

중동시장 개척에 있어 개별기업 차원에서 움직이는 것도 좋지만 가능한 정부와 협회를 이용하는 방안을 적극 추천한다. 중동 나라들 대부분은 정부와 기업이 사실상 한 몸인 경우가 많다. 국영기업 중심의 산유국일수록 더욱 그렇다. 국왕이 최고경영자이고 장관들이 계열사 사장이라고 보면 된다. 국가의 거버넌스와 기업경영이 따로 구분되지 않는다. 그러므로 상대방도 장관이나 정부 기관이 같이 움직일수록 대접이 융숭하고 효율적으로 핵심 인물과 주제에 바로 접근이 쉬운 경우가 많다. 그래서 중동에는 각종 외국 정부와 기업들로 구성된 사절단이 끊이지 않으며 두바이, 아부다비, 리야드, 카타르 등 관문 도시를 둔 중동 국가들은 일부러 각종 전시회나 이벤트를 계속 유치하고 기획하여 이런 외부인사들의 방문이 계속 이어지게 함으로써 비즈니스 기회가 창출되도록 유도한다. 우리 정부도 분야별로 중동 시장정보와 공동 시장개척을 위한 사절단이나 상담회를 꾸준히 개최하고 있다. 특히 요즘은 네옴시티 등 중동 특수에 대한 기대심리를 반영하여 주요 부처에 민간협력을 위한 「원팀(One Team)」이란 것이 구성되어 있는데 관(官)의 역할을 중시하는 중동의 특수성을 반영하여 부처 나름의 역할을 모색하는 것이라고 할 수 있겠다. 민간 기업의 입장에서는 이러한 것들의 실질적 효과를 비판적으로 보고 일시적인 전시행정이라고 치부할 수도 있겠지만 자체 해외사업의 경험과 역량이 있는 대기업과 달리 의지는 있지만 해외 마케팅을 위한 인적 자원이나 통로가 막막한 중소기업의 처지에서는 정부나 코트라(KOTRA), 무역협회(KITA)와 같은 각종 기관 차원에서 진행하는 박람회나 상담회, 시장개척단 등의 다양한 사업과 정보 제공도 무시할 수 없는 우군이 될 수 있다.

현재 대통령까지 나서서 「1호 세일즈맨」이 되겠다고도 하였는데 정치적 구호같이 들리기도 하지만 해외의존도는 절대적으로 높은데 무역수지는 계속 적자가 나고 있는 우리 경제의 현실을 타개해야 한다는 정부의 절박한 의지가 담긴 구호로 들리기도 한다. 표현이 조금씩은 달라도 정부는 바뀌어도 항상 이러한 구호와 조직은 늘 있었다. 국가 주도의 외국 시장에 우리 중소기업의 진출을 돕기 위해 민관이 협력해 나가자는 것이야 반박 불가의 좋은 취지가 아닐 수 없다. 다만 취지는 일정해도 5년 단위로 유사한 정책이 타이틀만 바뀌는 식으로 흘러오다 보니업계의 민원을 반영하여 효율성이 계속 개선되는 방향으로 업데이트가이뤄져야 할 것으로 본다. 그래도 부처나 기관 간 업무의 중복이나 비슷한 지원책과 보고서의 재탕이라는 비판이 없지 않지만 이러한 기관들의 지속적인 활동은 우리 산업계가 해외와 중동에서 활동하는데 든든한 지지대가 되어 주고 있다.

과거에는 국경과 민족 정체성을 초월한 세계화가 각광받던 시절이었다. 미중경쟁과 보호주의로 회귀하는 지금 시대는 다시 민족과 국가 정체성이 중요해지는 때로 진입하고 있다. 기업도 마찬가지이다. 기업도 정부와 필요할 땐 팀플레이(Team Play)를 하는 것이 필요하다. 개인도, 기업도, 정부도, 필요할 때 의지할 존재는 우리 스스로뿐이다. 정체성을 상실하면 기댈 곳이 없다.

인맥과 관계 형성의 중요성

2022년 11월 한-사우디 수교 60주년을 맞아 사우디 빈살만 왕세자가 외교 실무진의 힘겨운 교섭 과정을 거쳐 한국을 방문했을 당시 한국의 대기업 총수들이 단체로 왕세자 앞에서 한 줄로 앉아 왕세자를 만나던 사진이 널리 회자되었다. 사실 「미스터 에브리씽」 왕세자 입장에서 그 자리는 한국의 대기업 오너들에 대한 일종의 면접을 보는 자리라고 할 수 있었는데, 자신이 할 사업에 비즈니스 관계를 맺어도 될만한 사람들인지 테스트해보는 것이다.

2장의 문화 편에서 강조한 바와 같이 사람을 사귀고 신뢰를 쌓는 것은 중동 비즈니스의 최고 핵심이다. 사람에서 시작해서 사람으로 끝난다고 해도 과언이 아니다. 트럼프 행정부의 중동 정책이 이란 핵협상 파기 등 일부를 제외하고 오바마 행정부에 비해 크게 친아랍적이지도 않지만 빈살만 왕세자의 지지를 받은 것은 트럼프 대통령의 사위인 제러드 쿠쉬너를 비롯한 트럼프 가문과 왕세자 간의 돈독한 인적 유대가 큰 역할을 하였다. 2017년 11월 리츠칼튼 호텔에서의 왕자의 난 사태 당시에도 트럼프 대통령은 일찌감치 빈살만 왕세자에 대해 힘을 실어 주었다. 이들의 끈끈한 관계는 2022년 4월 빈살만 왕세자가 사우디 국부펀드(PIF)를 통해 실체가 모호함에도 불구하고 사위 쿠슈너 소유 사모펀드 회사에 대해 20억 달러를 투자한 데에서 드러난다.

우리나라는 지금껏 대기업을 중심으로 중동시장을 개척해 왔지만 과연 중동의 왕실과 파워 엘리트를 중심으로 얼마나 인맥과 네트워킹을 구축하고 있는지 궁금하다. 개별 기업마다 기업 비밀 차원에서 고급 인맥을 갖고 있다면 다행이고 우리가 모르는 개인 차원의 전문가들이 중간에서 활약하고 있다면 그것도 좋은 일이다. 그러나 상식적으로 우리 언론이나 산업계 전반에 중동의 경제계 거물이나 주요 인사에 대한 소식이나 동정에 관한 정보가 거의 보도되지 않는데 과연 그런 인맥이나 네트워킹이 작동되고 있을지 썩 자신이 없다. 사우디나 중동에 관해서는 빈살만 왕세자와 같이 그때그때 흥미 위주의 내용이 아니면 거의 보도가 되지 않고 있다. 내밀한 정보통을 인용한 직접 기획기사도 없다. 그만큼 우리 스스로 중동에서 발로 뛰는 정보통이 적고 고급 인맥에 대한 정보가 없기 때문에 결과적으로 우리가 듣는 정보도 빈약하다고 생각한다.

지식은 책이나 유튜브를 통해서 습득이 가능하지만 사람과 인맥은 발품과 시간을 투자해야 한다. 현지인을 직접 만나지 않고서는 고급정보나 제대로 된 비즈니스 기회를 얻기는 어렵다. 그래서 어떻게든 현장을 가보는 것이 좋다는 것이고 개별적으로 어려우면 관(官)을 활용해서든 단체로든 가보는 것이 좋겠다고 권유하는 것이다.

일단 중동 현지인과 대면할 기회만 갖게 되면 한국인의 장점이 발현될 가능성이 높아진다. 겸손하되 활발하게 소통하고 2장에서 소개한 대로 이슬람 문화에 대해 존중하는 자세만 갖춘다면 한국 기업인이 환영받지 않을 가능성은 몹시 낮다고 본다. 이슬람 문화가 복잡하고 예절이 정리가 안 된다고 생각된다면 우리 기준에서 시골의 동네 어르신을 대할 때의 표준적인 예절 정도를 연상하고 행동하면 무리가 없다고 본다.

품질과 브랜딩을 차별화하라   현장에도 가보고 좋은 현지 파트너를 만나 인맥도 개척했지만 결국 기업이 가진 본질적 가치인 품질과 브랜딩이 뒷받침되지 않으면 사상누각(沙上樓閣)이 되고 말 것이다. 분야를 막론하고 한국산 제품에 대한 중동 소비자들의 인지도와 신뢰도는 높은 편이지만, 그것은 보편적인 것이고 개별 기업의 입장에서 "좋고 안 좋고" 평가받을 확률은 1/2이라고 볼 수 있다. 그러므로 기존의 자사 제품의 평가에만 매몰되거나 자만하지 말고 진지하게 시장 진출을 고려한다면 중동의 특성과 특정 국가의 소비자 기호를 반영하도록 조정할 필요가 있다. 필자도 주변에서 원래의 품질과 시장 평판은 좋은데도 중동 바이어와 소비자에게 의미 전달이 제대로 안 되면서 좌초되는 경우를 몇 번 본적이 있다. 물론 품질이 뛰어나도 너무 고품질이기 때문에 안 되는 경우도 있다. 제품마다 중동과 한국, 동남아의 소비자 환경이 다르기 때문이다.

중동에서 한국산 제품의 수입시장 점유율은 최근 4%에 수준에 불과하다. 중국, 미국, 독일, 일본에 비해 많이 뒤처져 있다. 그래도 스마트폰, 자동차, 가전제품, 화장품 등 소비재를 중심으로 주력상품이 구성되다 보니 실제보다 존재감이 커져 보이고 중동 사람들의 눈에도 한국하면 제조와 과학기술 강국의 이미지가 강하다. 여기에 최근에는 한류 열풍까지 가세해 줌에 따라 시간이 갈수록 다양한 국산 소비재 수출에 긍정적 영향을 미칠 것이 분명하다.

그럼에도 불구하고 중동에서 보이는 한국산 제품이나 우리 기업의 숫자는 아직은 여전히 소수이다. 대기업 중심의 진출구조도 원인이지만 애초에 중동에 대한 관심이나 진출 필요성에 대한 기업 전반의 고민이 크지 않은 것도 원인이다. 구슬이 서 말이어도 꿰어야 보물이듯이 우리 제품을 중동시장에 진출시키려는 노력이 좀 더 있었으면 좋겠다. 진출만 되면 호평 받을 제품은 국내에 차고 넘치지 않는가.

그러므로 앞에서 말한 정부 기관이나 협회 등을 통해서든 주변에는 찾기만 하면 의외로 다양한 정보와 채널이 있기 마련이다. 시간을 들이고 발품을 팔아 기관의 문을 두드리고 무역협회나 코트라에도 연락해 자료도 받아보고, 만약 여건이 되면 두바이에서 연중 열리는 박람회에 한 번 와서 분위기를 관찰해보는 노력을 기울인다면 초기에 들이는 시도로 가치가 충분하다고 본다. 개인의 운명도, 기업의 운명도 한 치 앞을 모르는 것처럼 전화 한 통, 한 번의 출장이 기업의 운명을 바꿔 놓을 수도 있지 않은가.

맺음말

글을 마치고 보니 아쉬운 점이 많이 남는다. 비슷한 말을 여러 번 반복하고, 하고 싶었던 말들 중에 미처 못 한 말도 있었던 것 같다. 무엇보다 원고를 모두 넘기고 나서야 터진 이스라엘-하마스 전쟁을 다루지 못한 점은 아쉽다. 그래도 중동의 지정학적 중요성과 경제적 영향에 대한 지적은 본문에 이미 충분했다고 본다. 이제 손을 떠났으니 편집의 마법을 기대할 뿐이다. 지난 여름 바깥 온도 50도를 넘나드는 열사의 중동나라 방 한 켠에서 몇 달 동안 이 책을 쓰면서 고민하였다. 과연 이 책이독자 누군가를 중동과 인연을 맺게 할 만큼 내용이 충실한가. 아니면최소한 쉽게 읽힐 만큼 소소한 재미라도 갖추었는가. 출장이나 여행길비행기나 대합실에서 편안하게 읽고 싶은 책을 쓰고 싶었으나 책을 쓰는 동안에 그런 책을 쓰는 것이야말로 보통 이상의 공력이 요구되는 일임을 깨닫게 되었다.

70년대 경부고속도로를 지은 실력으로 두 주먹 불끈 쥐고 맨땅에 헤딩하는 정신으로 중동에 진출하던 우리 기업들이 이제는 일류 선진기업 대접을 받고 있다. 심지어 한류 소프트파워라는 생각지도 못한 후광효과까지 업고 있는 격세지감을 누리고 있다. 그러나 중동의 기대에 부응할 만큼 우리나라 기업이 중동에 대한 이해도와 해외사업을 위한 글로벌 역량을 갖추었는가에 대해서는 아직 아쉬운 점이 많다. 이 책을 쓰게 된 주된 동기도 여기에 있다.

못 먹고 가난하던 시기, 사막의 중동 땅에서 경제발전의 마중물이 될 외화를 벌어들일 것이라고 누구도 예상하지 못하였다. 반전의 주인공은 대한민국 기업과 근로자들이었다. 그때와는 비교할 수 없을 만큼 성장한 우리 기업들이 중동이란 코드에 맞게 글로벌 역량을 재조정해 준다면 지금 다시 한 번 우리의 잠재력을 활짝 펼칠 수 있다. 서구의 견제, 중국의 물량공세를 극복할 수 있는 한국 기업만의 독보적 장점은 오히려 우리보다 중동 파트너들이 더 잘 알고 있는 듯하다. 우리가 더 한 발 다가가면 된다.

물론 본문에도 여러 번 언급했지만 중동은 쉽지 않은 시장이다. 함정도 많고 지뢰도 많다. 서로 간의 기대의 차이도 있다. 그러나 쉬웠다면 먼 곳의 우리한테까지 기회가 오지 않았을 것 아닌가. 필자는 중동에 진출하는 기업은 경제적 변수에만 치중하지 말고 문화적 이해와 지정학적 맥락을 감안한 복합적 시야를 기를 것을 줄곧 강조하였다. 이것은 중동만이 아니라 다른 지역에도 해당될 수 있으며 이러한 과정을 통해 글로벌 사업을 위한 역량이 자연스럽게 커질 것이라고 확신한다. 이 책을 펼치는 것이 중동과의 장대한 비즈니스 인연을 잇는 작은 발걸음이 되기를 바란다.

참고문헌

《1장, 2장》

Ade Asefeso MCIPS MBA, "CEO Guide to Doing Business in Middle East: United Arab Emirates, Saudi Arabia, Kuwait, Bahrain and Oman", AA Global Sourcing Ltd, 2012.

Alon Levkovitz, "The Republic of Korea and the Middle East: Economics, Diplomacy, and Security", Academic Paper Series, Korea Economic Institute, August 2010. Vol.5, No.6

Deloitte Insights, "전염병과 전쟁의 세계 경제 여파" 2022.No 21

Invest Chosun, "한국 시장에 오일머니 앞다퉈 몰려드는 이유는?" 2023.6.7, http://www.investchosun.com/site/data/html_dir/2023/06/05/2023060580010.html

Marek Dabrowski Marta Domínguez-Jiménez, "The socio-economic consequences of COVID-19 in the Middle East and North Africa", 2021.2.14.

Middle East Institute, "Bridge to a Brighter Future? South Korea's Economic Relations with the Gulf", 2019.1.8.

Radha Sterling, "Detained In Dubai: The Risks of Doing Business in The Arabian Gulf", https://www.detainedindubai.org

The Economist, "Why a global recession is inevitable in 2023", 2022.1.8.

Tim Marshall, "The Power of Geography: Ten Maps That Reveal the Future of Our World", Elliott & Thompson Ltd; First Edition, 2021.4.22.

World Bank, "Eruptions of Popular Anger: The Economics of the Arab Spring and Its Aftermath", http://hdl.handle.net/10986/28961, 2018.

World Bank, "Distributional Impacts of Covid-19 in MENA", 2021.12.

국제금융센터, "중동경제 전망 및 주요 성장 동력 점검", Issue Analysis, 2023.4.10.

권이현, "무함마드 빈 살만 왕세자, 모래 위에 사우니의 미래를 건설하는 파워맨", 매경, 2023.6.19.

김강석, 새로운 협력 기회를 품고 중동시장이 다가온다, KDI 경제정보센터, 2023년 3월호.

김형욱, 양지연, " 중동 지역 진출역사 연구", 경영사연구 제33집, 제2호(통권 86호), 2018.5.31.

매일경제, "오일머니, 게임·콘텐츠 등 신산업 투자 '마중물'", 2022.11.25.

매일경제, "오일머니 넘치는 중동으로 가자" 건설·방산·조선 'K삼총사' 뛴다, 2023.2.13.

매일경제, "UAE 투자유치 속도전… 윤 기업 정부 원팀 힘 모아야", 2023.1.31.

서울경제, "중동왕족 행세까지, '꾼들' 술수 더 악랄해져", 2023.2.31.

서울신문, 사설, "글로벌 경쟁에 끝없이 밀리는 위기의 한국 기업", 2022.9.20.

손성현, "중동 주요 국부펀드의 최근 투자동향 및 시사점", KIEP, 2023.4.24.

위키백과, "지역별 재외한인 현황", 2019년, https://ko.wikipedia.org/wiki/

은진기, 갈길 먼 한국 기업의 글로벌화(Globalization), https://brunch.co.kr/@jinkieun/7

임성수, 손원호, 중동을 보면 미래 경제가 보인다, 시그마북스, 2022.9.1.

전경련, "OECD 국가와 한국의 인적 자원 경쟁력, 현황과 시사점", Global Insight, 2022.6.9.

전문건설신문, "해외건설 수주, 질적 성장으로 패러다임 바꿔야한다", 2023.2.7.

주간경향, "'사우디 김' 코인사기극 '급'이 달랐다", http://m.weekly.khan.
co.kr/view.html?med_id=weekly&artid=202208191158581&code=115, 자
국민 고용정책 강화하는 카타르 및 GCC 국가들, KOTRA 해외시장뉴스,
2010.10.16.

주동주, 서정민, 박철형, 윤정현, 빙현지, 강지현, "중동의 구조 변화와 한·중동
산업협력 전략", 산업연구원, , 2012.10.30.

중소기업신문 "해외건설 비상… 중동 수주 10% 그쳐", 2022.4.6, https://
www.smedaily.co.kr/news/articleView.html?idxno=227935

프레시안, "한국의 성장은 어떤 '갈림길'에 이르렀다", 2019.1.8.

한국경제. "외국인직접투자 대비 해외직접투자 월등히 높아… 407조원 순유
출", 2022.7.26.

한국무역협회, "중동(neo Middle East) 경제협력 및 수출확대 방안", Trade
Brief, 2023.2.6, No3.

한국무역협회(KITA), "新중동(Neo-Middle East) 경제 협력 및 수출 확대 방안",
TRADE BRIEF, 2023.2.6.

《3장》

Al Jazeera, "On Happiness and Hypocrisy", Marwan Bishara, 22 March 2022

"Business Etiquette and Culture in Middle East", Understanding MENA
Region, Doing Business in Middle East, The Complete Guide Part 1~3,
tgmresearch.com

CNN, The world's happiest countries for 2023, 2023.3.20.

CSIS, "Ties that Bind, Family, Tribe, Nation and the Rise of Arab
Individualism", A Report of CSIS Middle East Program, 2019a

Donna Marsh, Doing Busines in the Middle East: A cultural and practical
guide for all Business Professionals, Robinson edition, 2015.5.11.

Forbes, The Importance of Patience As a Business Owner, 2022.9.19.

KIEP, "중동 주요국의 여성 경제활동 확대정책과 한국의 협력방안: 사우디와 UAE를 중심으로", 연구보고서, 2019.4.

KOTRA, "설문조사를 통해본 중동의 한류열풍, 두바이, 다마스쿠스, 리야드 등 중동 11개 도시의 한류 설문조사 결과" , 2012.4.16.

Miami Herald, "Fake Saudi prince from Miami sent to prison for 18 years", miamiherald.com, 2019.5.31.

Organization of Islamic Cooperation(OIC),"14th "OIC Report on Islamophobia", March_2022

Sahar F Aziz, "Legally White, Socially Brown: Racialization of Middle Eastern Americans", Routledge Handbook on Islam and Race, 2020.8.18.

Thunderbird,"Five Keys to Business Success in the Middle East", School of Global Management, Arizona State University, 2012.5.12, http://thuderbird.asu.edu

Tina Gullerfelt,"Racial hierarchies and Igrant Labour in Dubai – a critical analysis of processes of racialization", CERS Working Paper 2016, Leeds university, UK

Washington Post, "Black Lives Matter protests spark debate over racism in the Arab world", July 8. 2020.

World Happiness Report, 2023, https://worldhappiness.report/ed/2023/

버나드 루이스, "이슬람 1400년"(개역판), 김호동 옮김, 도서출판 까치, 2010.3.10.

엄익란, "금기, 이슬람 여성을 엿보다", 한울아카데미, 2018.10.25.

엄익란, "중동내 K 콘텐츠의 저변 넓히려면 문화와 사람에 대해 공부하라", 나라경제, 2023년 3월.

오은경, "이슬람의 가치는 왜 꼭 '히잡'이어야 하는 걸까", 시사저널, 2022.11.6.

이슬람에 대한 우리들의 다섯 가지 오해와 편견들 1편, 2편, 난민인권센터, 2019.9.23, https://nancen.org/1974

"이슬람에서 여성의 현실", http://www.islammission.org/culture/islamic-woman-reality, 2020.8.25.

"2023 해외한류실태조사", 한국국제문화교류진흥원 · 문화체육관광부, 2023.3.12.

《4장, 5장》

Arab Center Wanshington DC, "Royal Rifts and Other Challenges in Jordan" by Curtis Ryan, Apr 14, 2022.

Bernard Lewis, "The Crisis of Islam: Holy War and Unholy Terror", Modern Library, 2003.3.2.

Joseph A. Kéchichian, "Succession Challenges in the Arab Gulf Monarchies", Asan Report, 2015.12.

Middle East Institute, "Challenges new and old: The myriad economic issues affecting MENA through the lens of public opinion", February 28, 2023.

Middle East Institute, "Putting Diplomacy First in the Middle East, Creating Incentives for de-escalation", May 2023.

The Guardian, "'The Godfather, Saudi-style': inside the palace coup that brought MBS to power", 2022.11.29.

The Washington Post, "Kuwait's leader has died. The royals are now fighting over who will be Crown Prince", 2020.10.1.

The Reuters, "Saudi princes' detentions sent a message: don't block my path to the throne", 2020.3.9.

공일주, "우크라이나 전쟁으로 흔들리는 중동과 북아프리카", 재외동포신문, 2022.2.8.

김강석, "중동 냉전의 역사와 지역적 특성", 세계정치 22권 155-192, 서울대학교 국제문제연구소, 2015.4월.

김병현, "지정학 리스크와 한국 경제", 중앙일보, 2023.4.6.

매일경제, 경제 블록화 경고한 IMF "세계 GDP 2% 줄어들 것", 2023.4.

서상현, "중동에서의 미중 경쟁과 중동의 대응(다극화) 및 시사점", 포스코경영연구원, 2023.2.22.

서울경제, "사우디가 불붙인 미중 중동포섭 경쟁, 한 외교 경제 기회 삼아야", 2023.6.12.

안승훈, "중동의 세속 공화정, 이슬람왕정, 세속 왕정체제 간 이슬람주의 운동 비교 연구 - 이집트, 터키, 사우디, 요르단을 중심으로", 한국중동학회 논총, 제37권 제2호, 2016.10.

월간조선, "이집트와 터키의 대혼란, 이슬람주의 vs 世俗主義 정면 충돌" , 2013.8월호.

인남식, "아랍의 봄 10년: 회고와 성찰", 국립외교원 외교안보연구소, 2022.1.7.

인남식, "사우디-이란 관계 정상화의 함의", IFANS FOCUS, 국립외교원 외교안보연구소, 2023.3.15.

인남식, 최근 사우디아라비아 대미 관계의 흐름: 바이든 대통령과 빈살만 왕세자의 관계를 중심으로, 주요국제문석, IFANS, 2022-29.

이용준, "신냉전 생존법은 한미일 협력뿐", 한국경제, 2023.3.26.

장지향, "아랍의 봄 10주년: 중동 민주화의 한계", 아산정책연구원, 2020.10.5.

지만수, [글로벌포커스] '지정학적' 인플레이션과 금리, 매경, 2022.6.29

한국무역협회 중동지부, 2022년 대중동 북아프리카 수출입 동향, 2023.2.

한국중동학회논총, "코로나-19 팬데믹 이후 중동의 역내외 질서 재편과 인터메스틱 도전: 걸프 왕정과 지역 안보", 2021, vol.42, no.2.

저자 소개

문성환

학력

서울대학교 사범대학 사회교육과 학사(1996)

美 SYRACUSE大 국제정치학 석사(2002)

국방대학교 안보과정 파견(2021)

서울대학교 경영대학 최고경영자과정(AMP)(2022)

경력

외무고시 30회 합격(1996)

외교부 유엔과, 서유럽과, 재외국민보호과

駐 벨기에 EU대표부, 카타르, 이탈리아, UAE 대사관 근무

외교부 정책홍보과장(2011), 아프리카 과장(2013)

외교부 아프리카 중동 심의관(2018)

외교부 정책기획 심의관(2019)

(現) 駐 아프가니스탄 대한민국 대사

CEO가 알고 싶은 중동 이야기

초판발행　　　 2023년 11월 30일

지은이　　　　문성환
펴낸이　　　　안종만·안상준

편　집　　　　장유나
기획/마케팅　 노 현
표지디자인　　BEN STORY
제　작　　　　고철민·조영환

펴낸곳　　　　㈜**박영사**
　　　　　　　서울특별시 금천구 가산디지털2로 53, 210호(가산동, 한라시그마밸리)
　　　　　　　등록 1959.3.11. 제300-1959-1호(倫)
전　화　　　　02)733-6771
f a x　　　　 02)736-4818
e-mail　　　 pys@pybook.co.kr
homepage　 www.pybook.co.kr
ISBN　　　　 979-11-303-1889-9　　　　　93340

* 파본은 구입하신 곳에서 교환해드립니다. 본서의 무단복제행위를 금합니다.

정　가　　　　20,000원